아이 하나 키우는데
마을 전체가 필요하다

아동 성폭력의 문제와 해법

아이 하나 키우는데
마을 전체가 필요하다

로빈 삭스 지음 | **김한균** 옮김

It Happens Every Day

W미디어

차례

한 걸음씩, 변화를 이루기 위하여

아이들의 행복한 삶보다 더 중요한 사회적 문제는 없다. 더 좋은 환경을 물려주어야 할 뿐만 아니라 전쟁과 테러와 범죄와 학대로부터 아이들을 지켜내야 한다. 아이들은 이 세상의 위험들을 감당할 능력이 없기 때문이다. 나는 우리가 성폭력으로부터 아이들을 보호하는데 실패하고 있다고, 그것도 참담하게 실패하고 있다고 보기 때문에 강력한 대책의 필요성을 절감한다.

이 세상에는 다른 절박한 문제들도 많은데 굳이 내가 이 문제에 초점을 맞추려는 이유가 무엇인지 묻는다면 아동 성폭력이야말로 우리 사회에 널리 퍼진 역병疫病이기 때문이라 답하겠다. 피해자들의 피로 얼룩진 장소가 어두운 골목길이 아니라 바로 우리 가정과 학교와 교회들이기 때문이다. 미국 연방 법무부 범죄 통계에 따르면 성폭력 피해자의 67%가 아동청소년이며, 이들 피해자 일곱 명 중의 한 명은 여섯 살 미만이다. 18세가 되기 전까지 소녀들의 20%, 심지어 소년들도 17%가 성폭력 피해를 겪게 된다. 통계적으로 2분당 한 건 꼴로 성폭력 사건이 일어나는데, 그 중 3분의 2는 아동이 피해자다.

이 정도로는 경악스럽지 않다면 이런 사실은 어떤가? 아동청소년 성폭력 피해자의 93%는 아는 사람에게 성폭행을 당한다는 사실 말이다. 아동 성폭력이라는 역병은 낯선 사람에 의해 널리 퍼진 병이 아니다. 아동 성폭력의 폭발적인 증가는 가족, 친지, 선생님, 코치, 이웃 사람 등 바로 우리 아이들이 신뢰했던 사람들의 범죄이기 때문이다.

신고자가 누구인지, 그리고 어떤 조사방법을 썼는지에 따라 수치는 차이가 나지만 아동 성폭력은 거의 매일 일어나고 있다. 그것도 가정과 학교는 물론 차 안, 벤치, 공원, 골목길을 가리지 않고 전국 어디서나 일어나고 있다. 성범죄 전담검사 시절에 나는 날마다 최소 다섯 건의 성폭력 사건을 새로 맡았다. 연방 법무부에서는 네 건의 성폭력 범죄가 신고될 때마다 미신고 성폭력 사건이 한 건 있을 것으로 추정한다. 나는 1천 명이 넘는 로스앤젤레스 검찰청 소속 검사들 중의 한 명이며, 또 80명의 성폭력 사건 전담검사 중의 한 명이었으니 성폭력 문제가 어느 정도 규모인지 가늠해볼 수 있겠다.

나는 새로 접수된 성폭력 사건 말고도 날마다 이메일과 피해자 가족이 익명으로 걸어오는 전화, 아동 성폭력 사건 신고를 어떻게 다루어야 할지 묻는 경찰의 전화까지 거의 수백 통을 받는다. 사람들은 아동 성폭력 사건이 성인 대상 강간을 비롯한 어떤 범죄와도 다른 성격의 범죄임을 알기 때문에 전담검사인 내게 메일을 보내고, 또 전화를 걸어온다.

범죄의 성격상 대부분의 사람들은 아동 성폭력일 가능성이 있는 사건의 신고를 몹시 주저한다. 그래도 어떤 아동이 위험에 처해 있음을 알아차린 사람에게는 어떻게 대처해야 할지에 대한 정보가 절실히 필요하다. 그래서 인터넷을 찾아보지만 접근이 쉬운 만큼 특정 상황에 대처하기에는 불완전한 정보가 많다. 변호사를 찾아 물어보려 해도 비용이 드는 데다 아동 관련사건 전문변호사는 극히 드물다. 기자에게도 물어보지만 기자는 보도가 업무이니 피해자와 사건의 비밀을 지켜주지 못한다.

물론 필요한 정보를 찾아 원하는 답을 얻는 게 최선의 시나리오다. 하지만 긴장한 나머지 섣불리 결론을 내리거나, 또는 오해에 따른 불완전한 잘못된 정보를 얻게 될 뿐이다. 그래서 직접 이 책을 쓰기로 마음먹게 되었다. 나는 일선검사가 아동 성폭력 사건을 기소하면서 실제 어떤 일들이 진행되는지를 조명해보고자 한다. 이러한 사건들을 어떻게 수사하고 재판을 진행하는지, 법정에서 아동 증인을 다루는 특별한 기법이 무엇인지, 그리고 피고인에게 유죄나 무죄가 선고될 경우에 어떤 일이 일어나는지를 독자들은 알 수 있게 될 것이다. 또한 법 시스템과 관련된 모든 당사자들, 즉 피해자와 피고인, 경찰과 검사, 판사와 배심원 모두가 정의를 실현하기 위해 어떻게 각자의 역할을 수행하는지 설명하려 한다. 모든 법 시스템이 똑같은 방식으로 아동 성폭력 사건을 다루지 않는다는 사실을 우리는 알게 될 것이다.

지난 20년간 아동 성폭력 사건 대책에서 가장 바람직한 발전 중의 하나가 바로 팀 대응방식이다. 이를 통해 경찰, 아동보호기관, 의료 기관과 정신의학 전문가 등 다양한 개인과 기관들이 정보를 공유함으로써 가해범죄자의 수사와 기소에 기여할 뿐 아니라 피해자를 적절하게 보호하고 지원할 수 있다.

다양한 기관들이 협력하는 팀 대응방식에 대해서는 보고서와 학술 논문을 비롯한 전문적 자료들이 이미 많이 나와 있지만 검사, 수사관, 판사, 배심원, 아동보호기관들이 아동 성폭력 사건을 어떻게 다루고 있는지를 일반인들에게 알려주는 책은 거의 없었다. 이 책에서는 편견, 폭로, 미신과 진실을 분별하고, 그동안 어떤 성과가 있었는지 또 앞으로 변화를 위해서 무엇이 필요한지를 솔직히 말하고자 한다. 따라서 이 책은 학술적인 연구서가 아니라 날마다 아동 성폭력 범죄를 기소했던 현장 경험을 정리한 것이다.

이런 말을 들어본 적 있는가? "닫힌 문 안 쪽에서 일어난 일들을 밖으로 알려서는 안 된다." 누가 만들어냈든 분명 성범죄 전담검사는 아니었을 것이다. 다시 말해 바로 이런 태도 때문에 결과적으로 아동 대상 성범죄가 널리 퍼지게 된다. 닫힌 문 안 쪽에서 일어나고 있는 일이 아동 성폭력이라면 개인의 문제라고 방관해서는 절대 안 된다. 그것은 명백한 범죄다. 닫힌 문을 열어 세상 앞에 드러내고, 법정 안으로 가져와야 하는 사건이다.

아동 성폭력 전담부서 검사로서 나는 그동안 우리 사회에서 가장 연약한 아이들에게 저질러진 가장 끔찍스런 범죄들을 다루었다. 상점 강도, 마약거래, 주거침입절도 같은 사건들은 맡지 않는 대신 전담부서에 소속되어 아동 대상 성범죄와 관련된 최초진술부터 수사와 공판, 형 선고에 이르기까지 모든 관련 절차를 다루었다. 그런 만큼 진행 단계에 따라 서로 다른 역할을 감당해야 했다. 때로는 수사관의 역할을 맡아 증거를 추적하고, 때로는 피해 아동과 면담하면서 어렵고도 난처하며 몹시 불편한 질문을 해야 한다. 자신의 의사표현을 못하는 아이들을 위해 대변자가 되어야 할 때도 있다. 또 경찰과 대학생들 앞에서, 지역주민회의에 나가 형사 사법 시스템과 관련 제도들을 통해서 우리 아이들을 어떻게 하면 더 안전하게 보호할 수 있을지 교육하고 강연하는 역할을 할 때도 있다. 공판검사로서 변호사와 판사와 증인에 맞서 설전을 벌여야 할 때도 물론 있다. 어떤 날에는 종일 법정에서 소송 사건 하나에만 매달리기도 한다. 하지만 거의 날마다 여러 역할을 동시에 수행하면서도 정신을 가다듬고 업무완수를 위해 노력한다.

내 전형적인 하루 일과를 예로 들어보자. 우선 아침잠을 깨울 자명종은 필요 없다. 아침 6시쯤이면 저절로 깨어난다. 오늘은 5시 15분에 눈을 떴다. 정신없이 보낼 하루를 시작하기 전에 이른 아침 조용한 시간을 갖기로 마음먹었기 때문이다. 정말 나만을 위한 귀한 한 시간이다. 저술 작업을 얼마나 했나? 며칠 후에 법원에 제출할 구형求刑

문서를 작성했던가? 아침 8시 30분에 해야 할 연설문을 교정했던가? 가해자 측 변호사와 유죄인정협상을 제대로 하려면 오늘은 공판사건 기록을 읽어야 할까? 이메일을 확인하면서 무슨 일부터 처리할까 고민하는 사이에 전화벨이 울린다. 전화번호 213이 화면에 뜬다. 무슨 의미인지 알겠다. 로스앤젤레스 경찰국 전화번호다. 누군가 체포된 거다.

"검사님 안녕하세요. 강도살인계 샬린 형사입니다."

최악의 사건이 일어났는가, 겁부터 난다. 누군가 아이를 학대해 죽였나?

"무슨 일인가요?"

"저, … 강간범 모나한 사건 기억나시죠?"

한숨이 나온다. 그 끔찍한 사건뭉치다.

"체포됐습니다. 기자들이 찾아오고 있어요. 오늘 아침 10시까지 어떻게 하실 건지 결정해주세요."

혼자 불평을 해보지만 소용없다는 걸 안다. 그 귀한 나만의 한 시간이 이제부터는 업무를 위한 시간이 된다. 상상할 수 있는 모든 문젯거리가 뒤엉킨 연쇄강간사건을 다뤄야 한다. 기자들이 찾아오기 전에, 판사가 질문하기 전에, 검사장이 메일을 보내오기 전에 무엇을 해야 할지 파악해야 한다.

그래도 나는 이 일을 사랑한다. 핏줄 속으로 아드레날린이 솟구쳐 들어오고, 진한 블랙커피 향에 정신이 든다. 다시 한 번 치열하게 업무에 뛰어든다. 바로 이런 일을 하기 위해 태어났다는 생각이 든다. 사실 일이 터지면 먼저 나부터 찾는 경찰관들을 좋아한다. 이 사람들은 내게 전화를 하면, 즉시 일어나 전화를 받고 바로 사건을 맡을 수 있다는 걸 안다. 그 어느 때보다도 아동 피해자를 보호하기 위해 열정적으로 일하는 내 자신이 마음에 든다. 당장 오늘 오전 10시 전까지 정확하고 합리적인 판단을 내리기 위해 최선을 다하는데 자부심을 느낀다.

하루도 빠짐없이 업무에 열성적인 경찰관, 사회복지사, 병원 의료진들로부터 놀라울 정도로 많은 전화가 걸려온다. 얼마나 많은 피해자들이 초저녁 시간부터 병원 응급실에 실려와 '강간 응급 키트' 처치를 받고 있는지 놀라울 지경이다. 누구도 들어보지 못했을 성폭행을 당한 아이들은 또 얼마나 많은지 더욱더 경악스럽다.

이 책은 뉴스거리조차도 되지 못하는, 법정에 늘어선 이름 없는 피고인들과 남녀 피해자들에 관한 이야기다. 가끔 내 삶이 텔레비전 드라마 같다는 느낌이 들 때가 있다. 하지만 내가 지켜보았던 사건들은 현실이다. 나는 우리 시스템의 장점과 단점을, 발전하는 모습과 정체된 모습을 모두 보았고, 너무나 인상적인 피해자들도, 정말 정신이 이상한 피해자들도 만나보았으며, 가해자의 특징들도 알게 되었고, 학대받으면서도 가해자를 편드는 아내들도 목격했다.

그동안 과학수사가 얼마나 발전해왔는지 모르지는 않지만 여전히 대도시에서조차도 과학수사기관의 예산은 크게 부족하다(인구 1백만

명에 달하는 도시의 아동 성폭력 전담부서 컴퓨터가 아직 DOS 프로그램을 쓴다면 상상이나 할 수 있겠는가! 실제 그렇다). 나는 사람들이 믿고 싶지 않을 사실들을 실제로 봐왔다. 모든 상식과 논리가 무너지는 그런 사실들 말이다. 나조차 믿을 수 없는 일들도 목격해왔다. 나 스스로 이젠 세상에 있을 수 있는 일들은 다 봤다고 생각하는 순간마다 상상조차 할 수 없는 사건들이 내 사무실로 들어온다.

나는 이 책에서 우리가 뉴스에서 접하지 못한 형사 사법 시스템의 실상을 보여주고자 한다. 아동 성폭력에서 알려지지 않은 부분을 이해할 수 있도록 우리 시스템이 어떻게 대처하고, 어떤 부분에서 실패하고 있는지 설명하고자 한다. 아는 것이 힘이라고 믿기 때문이다. 실제 검사들이 하는 일들을 보면서 시스템이 어떻게 움직이는지 더 많은 사람들이 알게 될수록 나와 우리 아이들이 더 잘 보호받을 수 있다고 생각한다.

아동 성폭력 사건 수사과정과 어떤 사건이 형사 사건이 되거나, 사건화 되지 않는 이유에 대해 다룬다. 그리고 법정에서 여섯 살 증인이 10대 증인과 어떻게 다른지, 또 아동과 청소년 증인 모두 성인 증인과 어떻게 다른지 설명하려 한다. 변호사가 재판 중에 판사석 옆으로 가서 판사와 실제로 어떤 대화를 나누는지에 대해서도 알려주겠다.

나는 이 책의 시작부터 끝까지 잔인하다 싶을 정도로 솔직하게 말하려 한다. 내게는 신뢰가 전부다. 전하려는 내용을 독자들은 듣고 싶지 않을 수도 있겠지만, 나는 있는 그대로를 말하려 한다. 나를 분노케 한 사건을 독자들에게 전해서 그 분노를 함께 느끼도록 할 참이다. 내 가슴을 찢어 놓았던 사건을 읽다보면 자신도 모르게 책장 위에 눈물을 떨구게 될 만큼 최선을 다해 전하려 한다.

내가 이 책에서 쓰는 말들이 교양 있는 여성답지만은 않을 거라는 점은 주의를 당부하고 싶다. 흉악성범죄자들이 아동을 덮치는 어두운 세상에 살다보면 누구나 거칠고 어두워진다. 하지만 말 속에 담긴 열정이 이해되기를, 그리고 어쩌면 그런 열정이 독자들 속에서도 솟아나기를 바라는 마음 간절하다.

제1장
팀 대응방식이 필요하다

열다섯 살 기념일을 한 달 앞둔 어느 날, 리리아나는 자신의 인생에서 최고의 날을 기념하는 파티 초대장을 직접 돌리려고 아빠가 운전하는 트럭에 올랐다. 초대장을 돌릴 첫 번째 집에 도착하기 전에 아빠는 주차장에 차를 세웠다. 무얼 의미하는지 리리아나는 잘 알고 있다. 전에도 수백 번이나 되풀이 했었으니까. 아빠는 트럭 뒤로 데려가서는 그녀의 바지를 벗기고 성기를 삽입하고는 끝낼 때까지 천천히 신음소리를 낸다. 누구에게도 말하지 말라고 협박하고는, 사랑한다 말한다.

그 날도 마찬가지였다. 아무 것도 달라지지 않았다. 몇 년 전, 리리아나가 아빠에게 어떤 고통을 당하고 있는지 엄마에게 털어놓았을 때도 마찬가지였다. 엄마의 반응이라고는 침실 문을 잠글 수 있는 자물쇠를 사다준 것뿐이었다. 3년 내내 아빠는 한밤중에 강간하는 대신 트럭에 태워 데리고 나갔다. 그 날 목요일 아침처럼 말이다.

리리아나는 주차장에서 어떤 일이 벌어지게 될지 알고 있었지만, 바로 그 날 이후 자신의 삶이 어떻게 바뀌게 될지는 전혀 알지 못했다. 의식 있는 시민 한 사람이 어떤 사내가 어린 소녀를 트럭 뒤로 데리고 가는 걸 목격하자마자 911 응급전화에 신고했다. 이후 몇 시간 만에 현대적이고 체계적인 최고 수준의 팀이 아빠를(엄마도) 체포한 후, 리리아나에 대한 조심스럽고 친절한 면담과 의학적 검진을 진행했으며, 자매들을 함께 안전한 쉼터에서 지낼 수 있게 조치하고, 리리아나를 위한 즉각적인 위기 개입과 장기적인 심리치료 계획을 수립했다.

팀 대응방식이 갖추어지지 않았던 예전 같았으면 리리아나는 재판 때까지 현장에 최초 출동한 경찰관에게, 수사담당 경찰관에게, 검사에게, 의학적 검진을 맡은 의사와 간호사에게, 그리고 아동보호 전문기관에서 나온 사회복지사에게, 다시 말해 상호협력과 연계가 이루어지지 않은 각각의 담당자들에게 진술을 하고 또 하는 일을 되풀이했어야 했었다.

아동 학대 사건 처리 시스템은 변화하고 있지만 하루아침에 변하거나 더 나은 방향으로만 변하는 건 아니다. 예컨대, 리리아나 사건 수사가 진행되면서 이미 적어도 여섯 건 이상 리리아나와 관련된 학대 의심사건들이 서로 다른 지역의 서로 다른 정부 기관들에 신고됐었다는 사실이 드러났다. 하지만 가해자나 피해자에 대한 조치를 위한 연계된 노력은 없었다. 사건이 신고될 때마다 따로따로 처리되면서 결과도 제각각이었다. 단 한 번도 리리아나에 대한 종합적인 조사가 이루어지지 않았다.

"팀 안에서는 '나'가 아니라 '우리'다." 비행기를 타고 여행하는 동안 기내 카탈로그에서도 본 적이 있을 만큼 따분하고 진부한 말이기는 하지만, 최초 신고부터 기소와 후속 절차가 진행되는 동안 관련기관들이 협력해 팀을 이루어 아동 학대 사건을 해결하는 방식의 핵심을 담은 슬로건으로서는 훌륭하다.

아동 성폭력 사건의 적절한 처리는 어렵고 복잡한 문제다. 상처 입고 공포에 질린 나이 어린 피해자에 대한 조사는 조심스럽게 공감하는 마음으로 해야 하지만, 면담하는 사람이 어떤 의도를 드러내서는 안 된다. 피해자가 피해자 본인의 이야기를 할 수 있도록 주의해야 한다. 면담하는 사람이 피해자의 목소리를 빌어 자기의 이야기를 하려 해서는 안 된다. 이런 식의 조사는 법정에서의 유도질문과 비슷하다. 유도질문에서는 이미 답이 정해져 있거나, 답이 제시되어 있다. 여러 개의 보기 중에 답하게 하더라도 유도질문이 될 수 있다. 예를 들어 '너의 침실에 있었니, 거실에 있었니?'와 같은 식의 질문이다. 이런 질문은 아동이 답하고 싶은 대로 답하지 못하게 한다. 더 심한 경우에는 범죄가 실내에서만 일어날 수 있다는 의미가 된다(어떤 경우에는 차 안과 같은 다른 장소에서 일어날 수 있다).

피해자와 가족을 지원하기 위한 자원은 종합적으로 제공되어야 한다. 피해자의 안전을 위한 특별한 조치도 필수적이다. 관련 증거는 헌법과 관련 법적 기준에 따라 수집되어야 하며, 적절하게 보관되어야 한다. 보건기관, 사회복지기관, 법 집행기관과 법률 구조기관의 대표들로 구성된 관계기관 협력팀은 아동 성폭력 사건의 다양한 측면과 복잡한 일들을 다루는데 최선의 방식이다. 팀원들은 협력해서 피해자와 가족에게 필요한 지원을 조정하고, 신속하게 최소한으로 조사를 진행하고, 기소 준비과정에서 피해자와 사회에 더 효과적으로 기여할 수 있다. 관계기관 협력팀은 개별 기관 각각의 역량을 모두 합친 것보다 더 큰 역할을 할 수 있으며, 불필요한 업무의 반복을 피하고 더 신속히 문제를 처리할 수 있다.

전체 팀의 일부를 이뤄 업무를 하면서도 각 팀원들은 각자의 역할을 계속한다. 검사는 사건을 기소하고, 수사기관은 수사를 진행한다. 모든 사건이 같은 구성의 팀을 필요로 하지는 않는다. 예를 들어, 가해자가 낯선 사람이고 부모가 적절히 피해 아동을 보호하고 있다면 아동보호기관의 참여는 필요 없다.

각 팀원들이 특정한 업무를 맡고 있지만, 팀 대응방식은 각 구성원들의 역량을 최대한 효과적으로 활용할 수 있도록 조정해준다. 예를 들어, 팀 대응방식으로 일함으로써 아동가족복지기관과 수사기관은 가해 부모에 대한 조사 시기를 언제 할 것인지 함께 결정을 내릴 수 있다. 기관 간 협력조정은 수사나 기소에 방해가 될 실수를 줄일 수 있다. 조사면담을 너무 많이 하거나(유도질문이라는 피고인 측 이의제기가 나올 수 있다), 핵심질문을 물어야 할 적절한 때를 놓치거나, 범죄자에게 수사과정을 누설하는 등의 실수 말이다. '사공이 많으면 배가 산으로 간다'는 속담은 아동 성폭력 사건에도 들어맞는 말이다.

팀을 이루게 되면 다양한 배경과 훈련과 경험을 지닌 다양한 전문가들의 지식과 기술이 합쳐진다. 이러한 협력은 아동보호에 열성적인 모든 팀원들로 하여금 아동을 위해 더할 나위 없는 전문적인 자원이 되고, 각 사건마다 최선의 결정을 내릴 수 있는 맞춤형 계획을 세울 수 있게 해준다.

물론 기관협력을 위한 노력이 늘 값진 성과를 거두는 것만은 아니다. 기관들 사이에 갈등이 일어날 수도 있다. 전문가들마다 나름의 관점이 있고, 어느 정도 각자의 목표가 있다. 팀원들은 함께 일하는 동안 화를 내면서 차라리 각자 따로 일했던 '나빴던 옛날'을 그리워하게 될 수도 있다. 하지만 피해자를 보호하고 가해자를 기소한다는 궁극적 목표에 초점을 맞추고 소통을 하면 대개 그런 갈등은 사라지기 마련이다.

이제 각 팀원들에 대해 차례로 설명해보기로 한다.

1. 변호인

피해자 변호인advocate(우리나라 아동 · 청소년 성보호법(제18조의 6 제
1항)에서도 아동 · 청소년 대상 성범죄의 피해자 및 그 법정대리인은 형사절
차상 입을 수 있는 피해를 방어하고 법률적 조력을 보장받기 위하여 변호인
을 선임할 수 있다 - 역주)은 피해자의 대변인으로서 말 그대로 피해자
보호를 담당한다. 변호인은 피해자와 형사 사법 시스템 사이의 다리
역할을 한다. 피해자가 필요로 하는 사항을 사법 시스템에 전달할 뿐
만 아니라, 피해자에게 사법 시스템에 관해 설명해준다. 변호인은 협
력팀원으로서 각 관련기관들 간의 연락업무를 담당하며, 팀원 모두가
아동을 위한 최선의 이익에 초점을 맞추도록 조정역할을 한다. 또한
팀원 모두에게 가능한 지원과 자원을 확보해주는 역할을 한다.

이렇게 보면 정말 일이 많은 사람 같다. 사실이 그렇다. 변호인은
전체 시스템이 원활하게 돌아가도록 윤활유 역할을 한다. 모든 팀원
들이 필요한 지원과 정보를 서로 주고받을 수 있도록 지속적으로 점
검한다. 더구나 지금처럼 경제는 침체되고 범죄는 증가하는 시기에는
사건의 신속한 처리가 더더욱 중요하다. 사건처리를 위해 타 부서에
남아도는 자원을 끌어다쓰는 처지가 되지 않게 하는 일도 대체적으로
변호인의 몫이다.

변호인은 가족 간 발생한 성폭력의 피해자와 가해자 사이에 복잡하
게 얽힌 삶의 다양한 모습들을 이해할 수 있어야 한다. 가족관계의 논

리가 종종 피해자의 반응과 행동과 태도와 의사결정을 좌우하기 때문이다. 변호인이 얼마나 이해심 있고 친절한지에 따라 피해자들은 위로와 지지를 받고, 형사 사법 시스템에 대처할 힘도 얻게 된다.

현대사회에서 가족이라는 말이 문화와 종교와 민족과 계급에 따라 어떻게 차이가 나는지에 대해서도 섬세한 이해가 필요하다. 두 사람의 동성 파트너와 자녀든, 남녀 부부와 자녀든, 여러 세대가 동거하든, 싱글맘의 가족이든, 어떤 형태든 피해자가 가족이라 여기는 관계인 경우 변호인 역시 있는 그대로 '가족'으로 받아들인다. 가족의 법적 개념은 법적 판단에 어느 정도 영향을 미치기는 하지만 가족들 사이의 관계에서 비롯된 의미와 감정들이야말로 변호인이 피해자를 돕기 위해 필요한 논리를 만들어주고 지탱해준다.

가족관계의 논리는 대단히 중요하다. 아동 성폭력 사건의 85%는 피해자와 가해자가 가족과 같은 서로 가까운 관계 안에서 일어난다. 변호인은 가족 논리가 피해자와 해당 사건에 어떻게 영향을 주는지 팀 내의 다른 구성원들도 이해할 수 있도록 돕는다.

● 아동이 가해자에게 애정을 품는 경우가 드물지 않다. 육체적, 감정적, 경제적으로 가해자에게 의존해 있을 경우 문제는 더 복잡해진다. 피해 아동이 가해자로부터 벗어나기를 바라는 것이 아니라 그저 학대가 멈추기를 바랄 뿐일 수 있다. 피해 아동은 가해자에 대한 애정과 의지하려는 마음, 학대를 당하면서 겪는

감정들이 뒤섞인 혼란에 빠진다. 이로 인해 아동 피해자의 가해자와 피해 사실에 관한 진술이 겉보기에는 모순된 형태로 나타날 수도 있다.

● 가해자는 종종 피해자를 협박하거나 강압적으로 비밀을 유지하려 든다. 가해자 자신이 피해자가 신뢰하는 부모나 부모와 같은 인물인 경우가 많기 때문에 피해자는 가해자가 위협하는 것처럼 학대 사실을 발설할 경우 어떤 나쁜 일이 정말 일어날 것이라고 믿기 쉽다.

● 아동은 성폭력에 다양한 형태로 반응한다. 모범적인 아동이 되기 위해 애쓰거나, 형제자매 중 더 나이 많은 아동이 어린 동생을 보호하는데 열중하기도 한다.

● 아동이 삶의 기술을 배우는 과정에서 필요한 것은 가장 가까이서 보살펴주는 사람들의 도움과 관심이다. 그래서 아무 관심을 받지 못하느니 고통스러워도 성적 접촉이라는 관심이라도 원할 수 있다.

● 어떤 아동은 너무 어리거나 고립되어 있어서 성폭력이 비정상이라는 사실조차 모를 수 있다. 가해자의 위협이나 비밀을 지키라는 명령이 너무 무서워 다른 생각을 해볼 수 없다.

● 어떤 아동은 성적 만족감을 경험하기도 한다. 그래서 수치심과 자기혐오가 더 심해지기도 한다.

● 화와 분노와 무력감이 피해자를 압도하기 때문에 자학 또는 자

기 파괴적 행동에 이르기도 한다.

2. 형사

순찰근무 중인 경찰은 아동 학대 사건 신고에 가장 먼저 대응하게 된다. 경찰들은 1차 수사를 통해 누가, 무엇을, 언제, 어디서, 왜 했는지 기초사실을 조사한다. 때로는 1차 수사과정에서 법의학 전문가를 불러 지문을 채취하고 DNA 증거를 찾거나 혈흔을 검사하기도 한다. 1차 수사에 이어, 사건은 추가 수사를 담당하는 전담형사에게 넘겨진다.

순찰경관과 달리 전담형사는 특정 업무에 전문화되어 있다. 모든 경찰서에 이러한 특화된 부서가 있는데, 로스앤젤레스 경찰을 예로 들어보기로 한다. 로스앤젤레스 경찰국에서는 모든 성인과 아동 대상 성폭력 범죄를 중요 폭력 범죄로 분류한다. 예외적으로 친족 간 학대 사건인 경우에는 아동 대상 폭력부서에서 담당한다.

로스앤젤레스에서는 경찰신고 접수가 되는 즉시 범죄 유형에 따라 분류되어 각 사건 전담형사에게 배정된다. 일단 담당형사가 최초 수사보고서를 접수하는 즉시 관할 지방검찰에 보내 검토를 받게 된다. 다른 형사 사건의 절차와 상당히 다른 부분이다. 일반 사건들의 경우 형사가 수사를 종료하고 정식 기소여부를 판단해야 할 때까지는 검사가 개입하지 않는다. 하지만 성폭력 범죄사건에서는 검사가 수사 시작 시점부터 사건을 검토하고 수사에 참여하거나, 해당 사건을 다루는 전문가 팀을 지원한다. 성폭력 사건의 경우 검사가 조기 개입하는 이유는 사건이 복잡한데다가 피해자와 그 가족과의 신뢰감이 대단히 중요하기 때문이다. 검사들은 합법적, 비합법적인 부분과 해당 사건에서의 범죄 구성요건 등을 입증하는데 무엇이 필요한지 알고 있기 때문에 직접 개입하여 사건의 성공적인 기소 가능성을 크게 높인다.

3. 의사와 간호사

의료진의 성폭행 피해자 검진과정이 피해자에게 극도의 불편함과 고통과 당혹감을 주기 때문에 고통스럽고 상처를 입을 수 있다고 여기는 사람들도 있다. 하지만 꼭 그렇지만은 않다. 기술의 발달로 대부분의 의학적 진단은 상처나 고통을 주지 않는다. 피해자에게 더 편안한 검진방법도 있다. 질 확대경colposcope이라는 망원경 형태의 광학도구가 있는데, 아동 대상 성폭행으로 인한 상처 정도를 살피기 위해 생식기 부위를 확대해 보여준다. 질 확대경은 피해 아동의 신체에 접촉하지 않고 추가검사 없이 카메라로 촬영할 뿐이다.

검사와 수사관들도 검사과정에서 피해 아동의 생식기나 신체 일부를 촬영한 경우, 그 민감성을 알고 있어서 수사목적이든 재판과정에서든 이러한 촬영 자료가 공개되는 당혹스럽고 불편한 상황이 되지 않도록 유의한다. 이를 위해 검사와 수사관들은 아동보호를 위한 절차를 지키고 있다. 예를 들어, 피해자 사진촬영 시 얼굴은 나오지 않게 하며, 의료전문가들이 검사결과를 확인하고 설명해줄 때까지 기다린다. 의학적 검진은 아동 성폭력 조사과정에서 핵심증거를 제공해줄 수 있다. 검진 그 자체만으로도 폭행이 어떻게 발생했는지뿐만 아니라 피해자 관련 신체적, 과학적 증거도 드러난다.

일단 배심원들은 과학적, 물리적 증거를 기대하기 때문에 수사팀으로서는 의학적 검진을 생략할 수 없다. 분명 의학적 검진을 통해 확보할 수 있는 최고의 증거는 피해자의 증언을 뒷받침할 일정한 신체적 상해다. 체모, 피부, DNA를 비롯한 과학적 증거를 찾을 수 있다는 점은 의학적 검진의 효과다. 이를 통해 피해자가 진술하는 학대 사실과 의학적 검진결과가 일치한다는 점도 보여줄 수 있다. 그리고 수사팀의 수사가 얼마나 신중했는지, 피해자의 피해 고발내용이 얼마나 중한지를 보여준다.

대부분의 병원에서 의학적 검진을 하려면 부모나 보호자의 동의가 필요하다. 하지만 아동 학대의 경우에는 동의를 요구하지 않는다. 아동보호기관이나 지역 수사기관들은 부모들이 거부해도 검사를 요구할 권한이 있다.

의학적, 신체적 검진은 형사 사건에서 검사에게 강력한 증거를 제공해준다. 아동 성폭력 사건의 경우 특히 중요한 데, 아동은 자신들의 피해 사실에 대해 경찰이나 법원에서 제대로 설명하지 못하는 경우가 종종 있기 때문이다. 의학적 검진은 검사와 수사관들로 하여금 성폭력 피해 사실을 더 잘 밝혀내고, 더 잘 이해할 수 있게 해준다.

또한 보호기관 종사자들에게는 피해 아동이나 부모들도 모르는 내상이나 성병 감염을 찾아내고 진단해서 대처할 수 있게 해준다. 상해 정도를 완벽하게 파악해야 의사들도 피해 아동에게 가해자들로부터 당한 정신적, 육체적, 심리적 상처와 관련해 치료와 대처 방법을 알려줄 수 있다.

UCLA 대학병원 강간피해치료센터 엘리엇 슐만Elliott Schulman 박사는 의학적 검진 후 아동 피해자에게 상당한 도움이 될 조치를 취해준다. 피해자의 나이와 상관없이, 그리고 성폭력 피해 중에서 성기 삽입 행위가 있었는지의 여부와 무관하게 순결증명서certificate of virginity를 발급해준다. 나는 슐만 박사의 생각에 동의한다. 처녀성은 서로 합의한 성교 행위에 의해서만 잃을 수 있다. 하지만 많은 아동이 신 앞에서, 가족들에게 또는 장래의 배우자에게 자신이 더 이상 처녀가 아니라는 절박한 두려움을 가진다. 상처에 시달리던 많은 아동이 의학적 검진을 마친 뒤 순결증명서를 받고 안심하게 된다.

재판을 대비해야 하는 실무검사의 입장에서도 의학적 검진은 전략적으로 장점이 있다. 배심원들은 경찰수사관이 철저하게 빈틈없이 수사를 했을 것을 기대하기 때문에 의학적 검진 결과가 없는 사건의 경우 신뢰성이 떨어진다고 본다. 종종 의학적 검진 결과 관련 증거가 없는 경우도 있지만, 그래도 검사를 했다는 사실 자체가 관계기관 협력 팀이 충분히 공정하게 조사했다는 증거가 될 수 있다(그리고 왜 아무런 증거가 발견되지 못했는지에 대해 재판과정에서 전문가가 증언케 할 수도 있다).

4. 진술조사 전문가

아동 성폭력 사건 수사에서 진술조사 전문가forensic interviewer(우리 나라에서도 여성 · 학교 폭력 피해자 원스톱지원센터와 해바라기 여성 · 아 동센터에 성폭력 피해 아동 및 장애인 진술조사 전문가를 두고 있다 - 역주) 는 핵심 역할을 한다. 진술조사 전문가는 피해자의 신뢰를 얻어야 하 고, 아동이 감추고 싶어 감정적으로 강하게 저항하는 정보도 끌어낼 수 있어야 한다. 그렇지만 감정 예민한 아동에게 특정한 대답을 끌어 내기 위해 암시를 주어서는 안 된다. 아동 진술 면담을 누가 하는지는 각 주나 도시마다 다르지만, 대체로 아동 진술 면담을 전담하는 자격 있는 진술조사 전문가가 맡게 된다. 로스앤젤레스 검찰청에서는 검 사가 담당하는데, 다른 지역에서는 수사관이나 아동보호기관 종사자 가 하는 경우도 있다. 실무적으로 볼 때 검사가 아동 진술 면담을 맡 게 되면 기소에 지장을 줄 수 있고, 검사가 증언대에 서야 하는 경우 도 있기 때문에 바람직하지 않다고 생각한다.

초기 피해자 면담은 대단히 중요하면서도 어렵다. 매우 전문적으로 들리는 '진술조사 전문가'라는 용어에도 불구하고, 공식적인 진술조사 전문가 교육이나 훈련은 거의 없다. 대부분의 진술조사 전문가들은 실무경험을 쌓아 전문가가 된 경우다. 암시를 주거나 유도하지 않으면서도 효과적으로 아동에게 진술을 받는 법은 실무상의 경험과 참관, 기초적인 수업들을 통해 배우게 된다. 초기 피해자 면담 진행에 관하여는 남가주 대학USC 토마스 리옹Thomas Lyon 교수의 아동 증인 질문방식에 관한 조언(Thomas D. Lyon & Martha Matthews, "Model Points and Authorities Regarding Questioning of Child Witnesses" http://works.bepress.com/cgi/viewcontent. cgi?article=1037&context=thomaslyon)이 도움이 된다.

(1) **아동은 증인이 될 능력이 있다고 일단 전제해야 한다. 따라서 나이에 합당치 않은 질문을 함으로써 증인으로서의 능력을 부인해서는 안 된다** – 사람들이 생각하는 바와 달리 아동도 법적으로 다른 증인들처럼 법정에서 증언할 수 있다. 하지만 여덟 살짜리 증인에게 '진실'이 무엇인지 정의해 보라고 질문해서 당황하게 만들면 증인 자격이 없다고 보이게 할 수 있다. 진실이 무엇인지에 대해서는 철학자들도 수백 년 동안 논쟁을 벌여왔다. 아동에게 거짓말을 하면 어떻게 되는지 물어보고, 뒤따르는 대답을 들어보면 거짓말과 진실 사이의 중요한 차이점을 이해하고 있음을 알 수 있다.

(2) **아동 증인은 나이에 합당한 선서를 해야 한다** - "당신은 엄숙히 선서합니까…"라는 식의 증인선서는 여섯 살 아동에게는 별 의미가 없다. '신 앞에서'라는 개념은 어른에게도 어려운데 하물며 아동이라면 더 어렵다("나에게 이런 일이 일어나게 하다니 정말 신이 있는 걸까요?" 내가 열세 살의 친족 강간 피해자에게 실제 받은 질문이다). 판사와 법정 안에 있는 모든 사람들에게 사실 그대로만 말하고, 이야기를 지어내지 않겠다는 간단한 약속으로 충분하다.

(3) **증언을 주저하거나 감정적으로 상처받을 위험이 있는 아동 증인은 판사실에서 비공개 증언할 수 있게 해야 한다** - 법정에 나온 아동은 정확하게 구체적인 사실까지는 알지 못해도 중요한 일이 진행 중이라는 사실, 즉 부모나 가족의 장래나 자신을 보호해줄 사람들의 문제가 좌우된다는 점을 알고 있다. 게다가 피해 아동을 판사가 내려다보고 있는 증언대 위에 혼자 세우고, 바로 앞 피고인석에 가해자가 앉아 있는 상태라면 증언을 기대하기 어렵다. 판사실조차도 아동에게는 충분히 두려운 곳이다. 판사 집무실이 아동 증인에게 편안하게 느껴지도록 판사의 가족사진을 눈에 띄게 책상 위에 놓고, 벽에는 그림이나 포스터를 붙이고 책장과 장식품을 배치해서 판사의 진행 절차가 좀 더 일상적인 편안한 분위기에 놓일 수 있도록 하는 경우도 있다. 이런 노력은 심각하게 상처받은 아동에게 사건 관련 핵심문제를 질문하고 솔직한 답을 얻는데 큰 도움이 된다.

(4) **아동 증인에 대한 모든 직접질문과 교차신문의 경우 나이를 고**

려해야 한다 – 나이를 고려하지 않는 부적절한 질문의 형태는 다음과 같다. ① 선택의 여지없는 질문 ② '얼마나 많이'를 묻는 질문 ③ '몇 시에'를 묻는 질문.

자녀가 있는 사람이라면 아이에게 '언제'라고 묻는다면 '지금 당장'이라거나 '어제' 또는 '내일'이라고 답한다는 걸 안다. 항상 올바른 대답은 아니지만 아이로서는 최선의 대답이다. 게다가 아동에게 어떤 일이 얼마나 여러 번 일어났는지, 아빠가 얼마나 여러 번 네 거시기를 만졌냐는 식으로 묻는다면 아이들의 대답은 늘 '다섯 번'이다.

아이들이 왜 그리 번번이 다섯 번이라고 이야기하는지 정확한 이론은 모르겠으나, 셀 수 없이 여러 차례 일어난 어떤 일에 대해 말하고 싶을 때 아이들이 선택하는 숫자인 것으로 보인다. 그렇다고 아이가 거짓말을 한다거나 기억력의 문제가 있다는 뜻은 아니다. 이런 식의 '얼마나 여러 번' 또는 '몇 월 몇 일'과 같은 질문은 하지 않는다. 다른 방법으로 입증하려 한다. 예를 들어, 엄마가 매주 수요일 일을 나가면서 론 아저씨에게 아이들을 맡겨둔다고 진술했다면 아동에게 '엄마가 일하러 나가면서 론 아저씨에게 돌봐 달라 맡겼던 날'에 무슨 일이 있었는지를 묻는다.

(5) **아동 증인은 증인 역할에 대해 설명을 들어야 한다** – ① '난 몰라요' 설명: 아동에게 변호사나 판사가 질문을 한다고 해서 답을 알고 있어야 한다는 뜻은 아니라고 설명해 주어야 한다. 예를 들어, "내가 아침에 뭘 먹었을까?"라고 물었을 때 아동이 아마 계란과 시리얼을

먹었을 거라고 답하면 이렇게 말해준다. "넌 지금 추측하고 있는 거 잖아. '난 몰라요'라고 말해야 옳지." 아이들에게 내가 아침에 뭘 먹었는지 묻는다면, 모른다고 답해야 한다. 왜냐하면 늘 출근하는 길 도중에 아침을 먹기 때문에 아이들이 알 도리가 없다. "난 몰라요"라고 답하는 것은 전적으로 올바른 답이며, 정말 모를 때에는 유일하게 진실한 답이다.

② '난 이해가 안 돼요' 설명: 명확하고 간략하게 묻는 기술은 솔직히 변호사들조차도 모르는 경우도 있다. 그래서 아이에게 어른들이 묻는다고 해서 언제나 그 질문이 말이 되는 건 아니라고 설명해주는 일이 중요하다. 질문을 이해할 수 없으면 그렇다고 말해야 한다. 그러면 누구든지 설명을 달리하거나 이해할 수 있게 물어야 한다.

③ '당신이 틀렸어요' 설명: 나는 아동 증인에게 내가 어른이라 해서 가끔 실수하는 경우도 없는 건 아니라고 말해준다. 내가 만일 사실과 다르거나 정확하지 않은 말을 한다면 바로잡아달라고 한다. 그런다고 네가 곤란해지지 않으며, 나도 결코 화를 내지 않을 것이라 말해준다.

④ '면담자는 아무것도 모른다' 설명: 아동은 어른이라면 모든 사실을 알고 있다고 생각하는 경향이 있다. 그 결과 어른들이 이미 알 것이라 생각하고 몇 가지 사실은 말하지 않는다. 나는 아동에게, 나는 아무것도 모르니 네가 모든 걸 말해주어야 한다고 설명해준다. 좀 더 정확하게 나는 네 가족, 네 친구 그리고 네가 어떻게 생활하는지 모른다고

말해준다.

(6) **아동에게는 증언을 시작할 때 자유롭게 답할 수 있는 질문, 서로 친밀한 관계를 형성할 수 있는 질문부터 해야 한다** - 서로 부담 없이 어색함을 덜 수 있는 질문을 주고받는 일은 누구에게나 중요하다. 아동 성폭력 피해자의 경우는 특히 더 중요한 일이다. 법정에서 증인에 대한 질문은 말할 것도 없고, 아동 증인과 면담하면서 처음부터 아동의 음부나 성폭력에 관한 이야기나 누가 몸을 만진 행동이 좋은 일인지 나쁜 일인지에 관해 이야기할 수는 없다. 서로 친밀한 관계를 형성할 수 있는 가장 좋은 질문은 일상생활에 관한 물음이다. 몇학년인지, 제일 좋아하는 과목이 무엇인지, 스포츠를 좋아하는지, 그림색칠을 좋아하는지, 세사미 스트리트에서 제일 좋아하는 주인공이 누구인지 묻는다. 이러한 질문과정에서 아동을 편안한 기분이 들게해줄 뿐만 아니라, 질문자나 배심원도 아동 증인이 집중해서 분명하게 답하는지 봄으로써 아동의 인지능력이나 발달 정도에 대해 알 수 있게 된다.

(7) **아동에게는 가능한 한 피해 사실을 이야기로 진술할 수 있게 질문을 해야 한다** - 최초 면담에서와 마찬가지로 피해 사실에 대한 가장 정확하고 진실한 증언을 들으려면 무슨 일이 일어났는지 처음부터 끝까지 아동 자신의 언어로 말하게 해야 한다. 왜곡되지 않은 진실을 확인할 수 있는 장점도 있는데다가, 아동으로 하여금 자신의 이야기를 처음부터 끝까지 간섭받지 않고 말하게 해주면 전에는 기억하지

못했거나 빠뜨렸던 귀중한 정보들이 나오는 경우도 종종 있다. 그리고 이런 방식으로 자신의 이야기를 하도록 해주면 불쾌한 일을 묘사해야 하는 불안감에서 빨리 벗어날 수도 있다. 때로 피고인 변호사 측에서 검사 측 질문이 '이야기를 하도록' 유도한다며 이의제기를 한다. 이러한 문제는 "그 다음엔 무슨 일이 일어났지?" 식으로 질문하면 해결할 수 있다. 배심원들은 이야기를 듣길 원하니 증인도 자신의 이야기를 하면 된다.

5. 검사

내 역할인 검사가 어떤 일을 하는지도 설명해보겠다. 많은 이들이 법률가라면 전망 좋은 사무실에 대리석으로 장식된 넓은 책상과 근사한 검은 가죽 의자에 앉아 클래식 음악을 들으며 일한다고 생각한다. 하지만 내 사무실은 산더미 같은 파일과 책과 서류로 둘러싸인 헛간 같다. 깨끗이 치워진 곳은 내가 종일 시간을 보내는 컴퓨터 앞뿐이다. 나도 책상이 있기는 한 데, 책상처럼 보이지 않은지 한 달이 넘었고 지금은 쓰레기통이나 다름없다. 매일 검토하고 정리해야 할 새로운 사건이 접수되니, 이미 접수해 공판 준비와 증인 면담이 진행 중인 사건들과 씨름을 하고 있다는 표현이 더 맞는 말이겠다.

경찰 수사기록들에는 클립과 노란색 포스트잇을 끼워 수사관이 어떤 문제점을 수사하고 있는지 파악해야 하고, 해당 사건들에서 간과되는 부분이 없도록 챙겨야 한다. 여기에 더해 피해자와 가족들에게 사건 진행상황과 출석 신청할 수 있는 향후 공판 일정에 대해 알려주라는 메모가 전달되어온다.

새로운 사건이 접수되었다면 면담조사가 필요한 피해자가 생겼다는 사실, 면담을 하기 위해서는 내가 사건기록의 상세한 사항을 모두 검토해야 한다는 사실을 뜻한다. 검사는 병원 응급실에서처럼 원하든 원하지 않든 사건의 우선순위를 정해야 한다. 가장 급박한 위험에 처한 피해자를 가장 먼저 다루어야 한다. 하지만 '가장 급박한 위험'을 어떻게 판단할 수 있겠는가? 예컨대 다음과 같은 요소들을 고려한다.

- 피해자가 가해자와 '사랑에 빠져 있는가?' 그렇다면 피해자가 성적 관계를 지속하려는 적극적 의사가 있는가?
- 가해자가 피해자와 지속적으로 접촉해왔는가?
- 가해자가 몇 살인가?
- 성폭력의 피해가 어느 정도인가? 성교 행위인가 추행인가?

그리고 나는 대여섯 명의 수사관, 순찰경관들과 함께 일한다. 이들은 영장의 필요 여부, 혐의자 컴퓨터에서 음란물 수색이 가능한지의 여부와 같이 법적 요건과 절차에 대해 의문이 들 때마다 언제든지 나에게 자문을 구한다.

나는 성폭력전담팀 검사 다섯 명 중 하나다. 관할 지역이 매우 넓기 때문에 로스앤젤레스 지역을 분할해 담당하며, 각 전문 분야가 있다. 예컨대 내가 맡은 팀은 아동 성폭력 사건을 전담하는데, 가해자가 18세 이상이고 피해자가 미성년자인 경우의 사건이다.

지방검찰청 내 성폭력전담팀은 종일 팩스나 수사관들을 통해 사건을 접수한다. 접수된 사건은 일단 '팀 차원의 검토' 대상 사건인지를 가린다. 즉 기소할 만한 사실증거가 있는지를 판단한다. 나를 포함한 많은 검사들이 감정적이라든가 지나치게 열성적이라는 비판을 받기는 하지만, 피해자나 제삼자의 피해 사실에 대한 진술을 주의 깊게 평가하고, 이들 진술의 진실성을 합리적 의심의 여지없이 법정에서 실제 증명할 수 있다는 확신이 들지 않으면 기소절차를 진행하지 않는다. 흔히들 검사가 모든 사건을 수사하고 기소하는 줄 알지만, 실제로는 검찰에 접수된 사건들 중에서 정식으로 기소되는 사건은 50%에도 미치지 못한다. 왜 그럴까?

형사 사건 기소여부의 결정과 어떤 범죄를 기소할 것인지의 결정은 검사의 가장 중요한 역할이다. 우선 기소를 하려면 피의자가 해당 범행을 했다고 믿을 만한 상당한 이유가 있어야만 한다. 하지만 이 판단 기준을 통과하기는 쉽지 않다. 피고인이 유죄평결을 받게 하려면 배심원들에게 피고인이 '합리적 의심의 여지없이' 유죄라고 납득시킬 만한 신뢰할 수 있는 증거가 충분히 있어야 한다.

아무리 기소하고 싶은 사건이라도 검사는 기소에 앞서 법정에서 입증 가능한 사건인지 확인해야 할 의무가 있다. 이러한 의무는 정직,

고결, 윤리와 같은 법률가에게 가장 중요한 자질과 관련된다. 사건의 적합성을 적절히 평가하지 못하고 기소를 남용하는 검사는 신뢰를 잃음으로써 전체 담당사건의 성공적인 소추가능성조차 위험에 빠뜨린다. 따라서 검사가 해당 사건을 기소할지의 여부를 판단하는 요소들은 다음과 같다.

- 범죄가 실제 행해졌는가?
- 어떤 범죄가 일어났는가?(형법상 어떤 범죄에 해당되는가?)
- 누가 범행했는가?(가해자의 신원이 확인되는가?)
- 피해자도 범죄와 연관성이 있는가?(피해자가 어떻게 관여했는가?)
- 어떤 면책사유가 있는가?(피고인이 어떻게 항변할 것인가?)
- 피해자의 진술이 얼마나 분명한가?(신뢰할 만한가, 입증가능한가?)

단지 기소를 위한 기소에 그친다면 그 누구에게도 이익이 되지 않는다. 기소한 뒤 피고인이 '무죄' 판결을 받게 된다면 피해자, 특히 아동 피해자는 더욱 상처를 받게 된다.

로스앤젤레스 경찰학교의 수사관 교육에서 내 동료검사인 캐시 스티븐슨은 "당신이 기소하는 내용은 당신이 원하는 재판결과의 함수다"라고 말한다. 다시 말해 검사는 모든 사건을 기소하려는 과욕을 버리고, 기대한 유죄평결 결과를 얻을 실제 가능성에 주목해야 한다는 뜻이다. 이에 대해서는 형벌과 유죄인정협상에 관한 제11장에서 좀 더 설명하겠다. 어떤 결과를 바라는지에 따라 시간과 자원을 투입

해야 한다.

일부 아동 성폭력 사건에서는 의학적 검진상의 유용한 증거도 없고, 피해자 진술을 뒷받침할 만한 증언도 없는 경우가 있다. 이런 사건들은 피해자와 가해자로 지목된 사람 사이에 '그의 말에 따르면' 혹은 '그녀의 말에 따르면' 식의 말싸움에 불과하게 된다. 대체로 이러한 사건들은 기소할 수 없는데, 피해자는 낙심하고 가족들은 분노한다. 법에 따르면 검사 측의 증거와 피고인 측의 증거가 대등하다면 피고인에게 유리하게 결론을 내려야 하기 때문이다.

피고인에게 합리적 의심의 여지없는 유죄평결이 내려지려면 검사는 피해자의 피해사실 진술을 입증하고 이를 뒷받침할 증거를 찾아내야 한다. 피해자의 진술만으로 기소할 수 있는 사건은 드물다.

제1장 전반에 걸쳐 아동 성폭력 사건에서 필요한 입증에 대해 설명했는데, 어떤 종류의 증거가 필요한지 정리하면 다음과 같다.

- DNA 증거
- 피해자 진술에 일치하는 신체 상해와 같은 의학적 증거
- 피해자 진술을 보강하는 피고인의 자백과 진술
- 피고인의 전과 및 범죄 경력
- 피해자가 가해자에게 일부러 전화해서 성폭력에 대한 이야기를 꺼내 가해자가 일정한 부분 가해 사실을 인정하게 한 경우pretext calls. 이는 불법적인 함정수사가 아니라 전적으로 적법한 기법이다.

- 동일 가해자의 다른 피해자가 유사한 성폭력 피해에 대하여 진술하는 경우
- 피해자만이 알 수 있는 정보(용의자 생식기의 특이한 상처, 성폭력이 일어났던 호텔 객실에 대한 묘사)
- 피해자가 처음으로 성폭력에 대해 알린 사람, 피해자의 진술을 보강할 수 있는 증인

6. 사회복지사

관계기관 협력팀의 사회복지사는 아동가족 소관부처나 아동보호 전문기관에 소속되어 있다. 사회복지사는 성폭력 사건에 대한 정부 차원의 조치를 관장하는 임무를 수행한다. 사회복지사들은 해당 아동이 어떤 위험에 처해 있는지, 어떤 학대를 받고 있는지, 이에 대해 국가가 어떤 조치를 할 수 있고 또 해야 하는지를 판단한다.

사회복지사가 단순히 학대 피해 아동을 구조하는 일을 한다고 여기는 사람이 많은데, 대부분의 사회복지사들은 상담, 교육, 감독과 가정보호를 위해 필요한 조치를 취하는 많은 역할을 담당한다. 사회복지사들의 목표는 가족의 안정이지 위험에 처한 모든 아동을 국가의 보호 아래 두려는 데 있지 않다. 물론 보호받아야 할 피학대 아동은 필요한 보호를 받도록 해주어야 한다. 짐작하는 대로 결코 쉬운 일이

아니다. 사회복지사들은 필요한 결정을 내리는데 도움을 받기 위해 아동 학대 사건의 조사단계 전반에 걸쳐 참여한다. 피해 아동이 보호 조치를 필요로 하는지, 양부모나 다른 해결책을 필요로 하는지 판단 해야 하기 때문이다.

사회복지사들은 우리가 생각하는 것보다 훨씬 더 많은 사건을 다 룬다. 가해자가 피해자와 동거하는 명백한 가족 내 아동 학대 사건뿐 만 아니라, 다른 아동을 학대한 가해자의 자녀 역시 위험에 처한 경우 도 다룬다. 사회복지사들은 비非가해 부모나 가족들이 피해자에게 필 요한 지원을 할 수 있는 능력이 있는지도 평가해야 한다. 또한 사건이 진행되는 동안 피해자와 접촉할 수 있도록, 그리고 피해 아동이 가족 으로부터 부당한 영향을 받지 않도록 기소담당팀을 지원하는 역할도 한다.

우리가 팀에 관해 논의할 때 반드시 짚어야 할 것은 팀의 구성원도 아니고 수사에 관여해서도 안 되지만, 사건과 관련하여 매우 깊이 관 여하고 관심을 갖는 사람이다. 가혹하게 들릴지 모르지만 피해 아동 의 부모나 보호자, 그리고 가해자에 대한 민사피해배상 소송을 수행 하기 위해 가족이 고용한 변호사는 팀에 참여하지 못한다.

부모들이라면 면담조사과정을 지켜보거나 입회하지 못한다는 말을 듣고 싶어 하지 않는다. 하지만 선한 의도라 해도 부모가 조사 절차 에 참여해서는 결과가 좋을 수 없다. 때때로 피해 자녀가 답하기 어려 워하면 부모가 대신 답해주려 하는 경우도 있고, 아동 역시 부모 앞에서는 전적으로 솔직하게 털어놓기 어려워한다. 부모의 감정적 반응이 조사과정을 좌우하기도 한다. 사람인 이상 감정적으로 이해할 수 있지만, 부모의 태도가 오히려 진상을 밝혀내기 위한 진술조사 전문가의 조사를 방해할 수 있다. 부모를 면담조사실 밖에 있도록 하는 조치는 매우 어려운 일이지만 피해 아동을 위해서도, 사건해결을 위해서도 불가피한 조치다.

부모의 역할은 피해 아동을 면담조사실까지 데려오고, 진술조사 전문가를 포함한 조사과정 참여전문가들과 서로 인사를 나누는 데까지만이다. 부모는 아동을 데려오는 과정에서 아동을 마주하고 도와줄 전문가들과 어색해 하지 않도록 배려할 필요가 있다. 피해 아동은 부모의 말이나 태도에 매우 민감하기 때문이다. 부모 자신이 조사절차를 불편해 하는 모습을 보이면 피해 아동도 면담조사실에 들어올 때부터 불편한 감정을 갖게 되고, 질문에 답하는데 더욱 주저하거나 당황하게 된다.

부모를 면담조사실 밖에 있도록 하는 주된 이유는 의도적이든 무의식적으로든 어떠한 압박이나 재촉 때문에 면담조사에 영향을 줄 수 있기 때문이다. 면담조사의 목적은 어떠한 암시나 유도나 압력 없이 명백히 진상을 밝혀내는 것이다. 최선의 방법은 훈련받은 면담전문가에게만 진술케 하는 것이다. 또한 부모는 피해 아동이 법정진술을 하는 동안 법정에도 입회하지 못한다. 전담팀은 부모의 영향을 받지 않고 피해 아동의 사실파악과 진술능력을 더 잘 파악할 수 있게 된다.

검사, 사회복지사, 심리전문가를 포함한 관계기관 협력팀은 면담 전문가의 성별이나 어조나 질문내용과 관련해서 아동이 느낄 수 있는 불편함에 대해 매우 민감한 고도로 훈련된 전문가들이며, 팀원들은 아동이 면담과정 중 항상 안전함과 편안함을 느낄 수 있도록 문제를 파악하고 해결한다.

마지막으로 한 마디 덧붙이자면 민사소송 담당 변호사는 기소담당 팀이나 조사과정에 참여하지 못한다. 변호사들이 자신의 고객이나 피해자의 이익을 위하고자 하는 노력은 이후에 민사피해배상 소송에서 이해와 지지를 받게 될 것이다. 내가 보기에 민사소송 담당 변호사가 형사 사건에 개입하게 되면 오히려 역효과가 난다. 나아가 검사의 입장에서는 형사 사건이 완전히 끝난 후에 민사소송이 제기되기를 바란다. 물론 피해자나 피해자의 가족들은 손해배상을 받기 위해 민사소송을 제기할 권리가 있다는 걸 안다. 하지만 너무 빨리 민사소송을 제기하면 성폭력 신고사실과 관련하여 금전적 동기를 의심받을 가능성이 있다. 그래서 피해자와 민사소송 담당 변호사를 설득하기 위해 애를 쓴다. 형사 사건에서의 입증기준은 민사소송에서보다 훨씬 엄격하기 때문에 유죄판결을 받는데 협력한다면 민사소송은 아주 수월해질 것이다.

제2장
새로운 사건은 날마다 계속된다

　금요일이다. 오늘 하루는 조용히 지나가리라 생각했다. 오늘은 우리 팀 수사관 대부분이 비번인데, 월요일부터 목요일까지 10시간 교대근무를 하기 때문이다. 하지만 이번 금요일은 아니다. 오늘은 마치 주말 사흘 내내 과음하고 파티에서 지치도록 놀다가 맞이한 월요일같이 난감한 모양새다. 나는 팩스로 들어온 첫 번째 사건 문서를 집어 든다. 브리아나(12세)라는 소녀가 아빠와 함께 퍼레이드 행렬을 구경하는 중에 어떤 사내가 몸을 더듬었다는 내용이다. 엉덩이를 움켜쥐었다는 정도였다면 어떤 이들에게는 별일 아닌 것처럼 보일 수도 있다. 하지만 좀 더 살펴보면 그 이상의 문제다. 엉덩이를 움켜쥐었다는 자는 등록된 성범죄자였고, 인상착의는 최근 적어도 두 건의 미제사건 용의자와 거의 맞아떨어진다. 그렇다면 즉시 브리아나를 면담하고, 과거 다른 피해자들을 찾아내서 단순히 사진이 아니라 용의자들을 세워놓고 동일인물인지 가려내야 한다.

브리아나의 면담조사 일정을 잡는 동안 산타모니카 경찰서 레슬리 트랩넬 형사의 전화를 받는다.

"믿지 않으실지 모르겠지만 말입니다. 토마스 벨트란이 기소됐습니다. 자기 학생 중의 한 명을 성추행한 혐의입니다. 우리가 파악한 바로는 최소한 피해자가 열네 명인데, 우리가 모르는 피해자가 얼마나 더 있을지는 알 수 없지요."

벨트란은 30세의 외국인 대상 영어교사다.

"검사님, 이 사건은 교육청, 학부모, 기자들이 낌새를 채기 전에 우리가 신속히 진행해야 합니다. 아시지 않습니까? 면담조사 일정을 잡고, 수색영장을 신청하고, 용의자 집에 감시를 붙이고 지체 없이 만반의 준비를 갖춰야 하잖아요."

생각을 정리하는 동안 형사는 계속 이야기한다.

"39세의 친삼촌과 사랑에 빠졌다는 14세 소녀 사건도 마찬가지입니다. 월요일까지 해치워야 합니다. 15세와 19세 청소년 사이의 의제강간죄 사건도 빨리 처리해야지요."

나는 날마다 조사, 법적자문과 기소여부를 결정해야 할 새로운 사건을 적게는 하나, 많게는 열 개까지 맡게 된다. 이 사건들은 모두가 내용이 다르지만, 종종 이상스러울 정도로 하나의 공통점을 갖고 있다. 내 담당사건들은 모두 성인에 의한 아동 성폭행과 관련된다. 내 임무는 사실관계를 평가하여 형사 사건 성립여부를 결론내리는 것이다. 이 업무를 담당해온 지난 몇 년 동안 마치 철인이 쇠주먹으로 내 배를 움켜쥐고 있는 것만 같다.

아동 성폭행의 차별점은 바로 이런 것이다. 피해 아동의 연령은 두 살부터 열일곱 살인 경우까지 있다. 피해자 연령이 의미하는 바는 내가 기대할 수 있는 협조나 진술이 전적으로 다른 수준이라는 점이다. 나이가 좀 더 많은 아동이라면 자신들의 피해에 대해 어른들에게 곧바로 알리겠지만, 나이 어린 아동은 여러 해 동안 '비밀'로 숨기기도 한다. 어떤 부모들은 적절한 관심을 가지고 돕지만, 다른 부모들은 신경질적으로 불안해한다. 어떤 이들은 아무런 감정을 보이지 않는다. 영어를 하는 아이들도 있지만, 어떤 아이들은 이름이라도 물어보려면 통역해줄 사람을 찾아내야 할 때도 있다. 어떤 사건들은 영주권자와 관련되고, 또 다른 경우에는 불법이민자와 관련되기도 하며, 어떤 사건에는 두 경우가 섞여 있기도 하다. 법집행 공무원들을 존중하도록 교육받은 사람들이 있는 반면, 나쁜 이야기들만 듣고 부정적인 경험만 있는 이들은 경찰도, 변호사도, 시스템의 어떤 구성원도 신뢰하지 않는다. 일회성의 사건도 있고, 몇 년 동안 학대가 계속된 사건도 있다. 이런 모든 사건들이 저마다 분노와 공포와 사랑과 증오의 감정들이 뒤섞여 뜨겁게 끓어오르는 상태에 있다.

사람들은 내 하루하루가 비슷한 종류의 사건들로 채워진다고 생각하겠지만, 사실은 끝도 없이 놀라게 하는 온갖 다양한 사건들의 연속이다. 우리 사회는 모든 성폭행 사건들을 뭉뚱그려 '성폭행'이라고 이야기하지만, 수많은 다양한 모습의 사건들이 있다. 피해자들 모두가 사정이 다르고, 가해자들 역시 마찬가지다. 어떤 성폭행도 피해자의 인생관과 의사결정과 인간관계에 평생토록 영향을 미친다는 사실 외에는, 범죄 그 자체로 전형적이거나 으레 그럴 것이라 여길 수 있는 요소는 없다.

"성폭행이란 뭘까요?"

사람들에게 물을 때마다 보통은 일종의 원치 않는 성관계, 다름 아닌 강간이라고 답한다. 하지만 단순히 강간이나 원치 않는 성관계 그 이상의 불법적인 성폭력은 매우 다양한 유형이 있다. 모든 성폭행은 강간이든 강제 구강성교든 손가락 삽입이든 똑같이 파괴적인 상처를 남길 수 있다.

1. 성인 대상 성폭행과 아동 대상 성폭행

일부 지역의 검찰청은 아동과 성인 대상의 성폭행을 성범죄 사건으로 함께 다룬다. 반면 내 경우에는 성인의 아동 대상 성범죄를 전담하는 전문화된 부서에서 기소업무를 맡고 있다. 성범죄 가해청소년의 경우에는 검찰청 내의 소년 전담부서에서, 성인의 성범죄는 일반 성범죄 부서에서 담당한다. 성범죄 기소업무를 피해자의 아동여부에 따라 분담하는 방식이 가장 합리적이다. 법률 역시 각각의 성범죄를 분리하여 다룬다. 따라서 검찰 역시 다음과 같이 구분하여 다룬다.

성인의 경우에는 분명 합법적인 행위라도 상대방이 아동일 경우에는 불법이 될 수 있다. 성범죄 문제에서 이런 경우는 성교, 항문성교, 구강성교, 남성의 성기 이외 신체 일부 또는 물건의 여성 성기 삽입이나 음부를 만지는 행위를 말한다. 성인의 성범죄는 어떤 행위를 했는가보다는 동의 여부 그리고 어떻게 그 행위를 하게 되었는가의 여부에 달려 있다.

기본적으로 성인의 성범죄는 일곱 가지의 행위 방법에 한정된다. 강제력, 협박, 폭력, 강요, 부당한 위력으로써, 또는 정신상실이나 무력상태에 빠뜨려 성교를 하는 것이다. 각 행위 방법에 대해서는 특정한 법적 규정이 있다. 모두 기본적으로 겉보기와는 달리 정황상 실제 동의는 존재하지 않는 경우다. 강제력 또는 폭력에 의해 성범죄를 행한 경우에 피해 여성이 가해자에게 항거하여 피하지 않았다는 사실 때문에 성교에 대한 동의가 있거나 동의할 의사가 있었다고 보일 수 있지만, 실제 성교 행위는 협박이나 실질적 강제력이나 폭력 하에 이루어진 것이다. 법률적으로 강제력은 결과 발생에 필요한 최소한의 물리력보다 큰 힘의 행사로 규정된다.

일반적으로 동의는 특정 행위와 관련해 '적극적 협력'으로 규정된다. 따라서 성행위의 문제에서 동의는 모든 당사자가 행위의 본질과 정도에 대해 이해하고 그 행위를 함께 하기로 자유의사에 따라 선택해야 인정될 수 있다. 정황상 한 쪽 당사자가 어떤 일이 일어나는지 이해하지 못한 채 거부의사를 말하지 못하거나 외형적인 거부 행위를 하지 못했다면 동의사실이 인정되지 않는다.

성인의 성범죄에는 두 가지 주요한 항변사유가 있다. 하나는 '내가 하지 않았다'는 사유이며, 다른 하나는 '내가 했지만 서로 동의했다'는 사유다. 검사의 과제는 어떤 항변사유가 제기되더라도 이에 반박할 증거를 찾는 일이다. 예를 들어, 본인의 행위임을 부인하는 경우에는 피고인의 DNA 관련 증거가 강력한 근거가 될 것이다. 하지만 서로 합의했다고 주장하는 경우라면 DNA 증거는 별 도움이 못된다. 서로 합의했는지를 알려주지는 않기 때문이다.

2. 아동 성폭행의 특징

성인의 성범죄 사건들 중 많은 경우에 주된 쟁점은 동의가 있었는지, 그리고 동의 능력이 있는지의 여부다. 대부분의 아동 성폭행 범죄에서 동의 여부는 문제가 되지 않는다. 피해자가 아동인 경우 동의란 있을 수 없다. 법적으로 아동은 성행위에 동의할 능력이 없다. 여러 번 아동의 성적 행위 경험에 관한 진술을 들어봤지만 그래도 아동은 어떤 행위가 성행위인지, 왜 범죄자가 그런 행위를 요구했는지 이해할 수 없다. 아동은 성에 대해 이해하지 못한다.

성인의 성범죄와 아동 성폭행 사이의 또 다른 차이점은 피해자뿐만 아니라 범죄자의 연령도 문제된다는 점이다. 의회는 아동의 정상적인 성적 인지발달을 현실적으로 인식해서 이에 맞춤한 법을 제정하려고 노력한다. 연령과 관련된 큰 차이점이라면 주州마다 다른 아동 기준 연령이다. 나아가 많은 주들은 피해자의 연령대에 따라 아동 대상 성범죄를 다시 분류하기도 한다. 예를 들어, 일부 주에서는 10세를 기준으로 10세 이하의 아동에 대한 성범죄는 초범이라도 무기형에 처한다. 일부 주에서는 14세 이하와 15세 이상을 기준으로 아동 대상 성범죄를 다시 구분한다.

피해자의 연령 외에도 일부 법률에서는 피해자와 가해자 사이의 나이차를 고려하기도 한다. 예를 들어, 14세 내지 15세의 아동이 19세의 청소년과 성관계를 한 경우를 30세의 성인과 성관계를 한 경우와는 구별하여 처벌하기도 한다.

3. 아동 대상 성범죄의 종류

여전히 많은 사람들은 아동 성폭행범의 전형인 모습으로 누더기 코트를 걸치고 배회하면서 순진한 어린 소녀를 몰래 훔쳐보는 늙은이를 떠올린다. 사실 대부분의 아동 성폭행범들은 겉모습에 있어 지극히 정상적이다. 실제로 피해 아동이 신뢰할 수 있는 보통의 어른이라는 지위를 이용하여 성폭력을 저지른다.

아동 성폭행에 관련된 행위와 행동은 다양하다. 사람들이 '아동 대상 성범죄'라고 할 때 먼저 떠올리는 강간, 항문성교, 구강성교, 손가락 삽입, 도구의 삽입, 기타 성욕 만족을 위한 신체적 접촉 모두 아동 성폭행이다.

강간은 중범죄이기 때문에 철저한 수사가 필요하다. 사실 아동 대상 성범죄야말로 더 수사하기 복잡하다. 성교행위나 삽입과 무관한 경우라도 동일한 장단기 피해를 미칠 수 있는 형태의 아동 성폭력 행위는 여러 유형이 있다. 예를 들어, 성추행 형태의 아동 대상 성범죄는 일종의 신체적 접촉이 있는 성폭행과는 달리 어떠한 신체적 관련 요소도 없을 수 있다. 그래도 가해자 행태는 아동을 성욕의 대상으로 삼으려는 의도에서 나온다. 앞서 설명했듯이 성범죄자가 아동이 보는 앞에서 코트를 열어젖혀 노출하는 행위가 전형적인 예다. 다만 성추행이라는 일반적 유형에는 해수욕장에서 수영복을 입은 아동을 촬영하거나, 탈의실에 몰래카메라를 설치하거나, 아동을 소재로 한 음란한 이메일이나 편지를 보내거나, 음란한 메일을 아동에게 보내는 행위 등 다양한 형태의 부적절한 행태가 포함된다.

또 하나의 일반적인 아동 대상 성범죄 유형은 성적 착취다. 성적 착취는 성욕 만족이나 금전적 이득을 목적으로 아동을 피해자로 만드는 행위를 의미한다. 아동음란물이 바로 이 유형에 속한다. 다시 말해 아동음란물을 제작, 소지, 판매하거나 아동에게 보여주는 범죄행위다. 더 중한 경우는 아동 성매매 형태의 성적 착취다. 아동 성매매는 성폭행 및 성추행과도 종종 관련된다. 하지만 성적 착취의 사악함은 가해자가 아동의 포주노릇을 하며 금전적 이득을 취한다는 사실에 있다.

어떤 아동 성폭력 사건이든지 내 마음은 찢어진다. 특히 돈을 벌기 위해 아이를 학대한 사건에는 격분하게 된다. 내가 경험한 최악은 킴미(14세)라는 소녀의 사건이다. 킴미는 다섯 남매 중의 하나였는데 다들 아버지가 달랐고, 킴미의 엄마는 아이들의 아버지가 누구인지도 몰랐다. 킴미는 외동딸이라 가사를 돕고 다른 형제들을 돌봐야 했다. 집안의 잡일 정도라면 별 문제가 없겠지만 정말 경악스러운 건 엄마가 킴미에게 시킨 일이었다. 킴미 엄마는 옷을 입고, 책을 사고, 학교 준비물을 사려면 킴미가 돈을 벌어와야 한다고 했다(킴미는 자신이 벌어오는 돈 대부분이 엄마의 마약 구입에 쓰인다는 걸 몰랐다). 돈을 번다는 건 엄마가 데려오는 남자들에게 몸을 팔아야 한다는 의미였다. 남자들은 하고 싶은 대로 했다. 킴미를 만지고, 입 맞추고, 핥았다. 킴미의 말로는 그리 나쁘지는 않았다고 했다. 그저 누워서 즐기는 척만 하면 된다고 했다. 사실 킴미는 나에게 사건을 수사한다고 화를 냈다. 킴미는 자신이 무슨 일을 하고 있는지 알고 있고, 자신이 택한 일이라고 했다. 남자들이 자신의 몸을 더듬게 하는 일이 무슨 문제가 있는지 알지 못했고, 그 때문에 보호시설에 가야 한다는 걸 이해하지 못했다.

킴미의 이야기는 아동 성폭행의 가혹한 진실을 보여준다. 엄마가 포주처럼 갖가지 학대를 한데다가 남자들에게 신체적 학대를 받게 되면서 킴미 자신도 감정적, 심리적으로 학대받는 일에 익숙해진 나머지 그걸 정당화하려는 데까지 이르게 되었다. 그녀의 남은 인생 내내 그 영향에서 벗어나지 못할지 모른다.

킴미의 사례는 성인 대상 성폭행과 아동 대상 성폭행의 차이를 극명하게 보여주며, 왜 우리가 아동 성폭행을 심각하게 다루어야 하는지를 알려준다. 자신의 딸에게 성매매를 강요한 엄마는 딸을 많은 사람들에게 학대와 치욕을 겪게 하고, 질병의 위험에 노출시켰다. 그러면서 딸에게 이 모든 일이 정상적이라고 알도록 가르쳤다. 내 의무는 킴미를 보호하고, 킴미의 엄마를 처벌하는 일이다. 열네 살의 킴미가 어떻게 생각하든 말이다.

킴미를 보호하고, 킴미의 엄마를 기소하는 방법은 아동 대상 성범죄를 규정한 법전에 쓰여 있다. 하지만 모든 유형의 성폭력을 기소할 수 있는 것은 아니다. 의회가 법률로 범죄라 규정한 경우에만 기소절차를 시작할 수 있다.

그렇다면 가해자는 언제 감옥에 가게 되는가? 아동 대상 성범죄 관련법에 따르면 성폭력 행위, 가해자의 의도, 피해자의 연령, 가해자의 연령이 요건이다. 검사는 이들 요건을 기준으로 특정범죄의 성립 여부를 판단하게 된다. 중한 강간죄나 동성강간과 같은 사건들은 성폭력 범죄로 규정하기 어렵지 않지만, 이들 범죄 성립요건이 실제 어떻게 적용되는지 설명하기 위해 판단이 필요한 유형의 사건들을 예로 들어보겠다. 음란행위 또는 추행의 경우다.

'음란행위 내지 추행'이라면 경찰이나 검사를 소재로 한 텔레비전 드라마나 뉴스에서 우리가 많이 듣는 말이다. 올바른 행위로 보이지는 않는다. 실제로도 그렇다. 그런데도 늘 일어나는 일이다. 검사로 일하기 시작한 이래 내 책상 위에는 너무 많은 추행사건들이 쌓여서 이제는 몇 건이었는지 셀 수도 없다.

추행에 대한 고발이 그렇게 많은 이유가 뭘까? 입증도 쉽고, 유죄평결을 받기도 쉽기 때문이다. 많은 주州에서는 음란행위 내지 추행범죄를 일정 연령 미만의 아동을 성적 의도로 신체 접촉하는 행위로 규정하고 있다. 따라서 검사의 입장에서는 피해자가 몇 살인지, 신체 접촉에 해당하는 행위가 있었는지 그리고 피고인이 일정한 성적 자극을 얻고자 그런 행위를 했는지를 입증하기만 하면 된다. 성인남성이 열세 살 소녀의 가슴 부위를 옷 위로 쓰다듬었다면 검사로서는 충분히 기소할 만한 사건이 된다.

추행사건이 흔한 또 하나의 이유는 신체적 접촉 자체는 일상적으로 일어날 수 있는 행위인 반면, 성적 의도가 있을 수도 없을 수도 있기 때문이다. 예를 들어, 열세 살 소녀의 가슴을 쓰다듬은 성인남성이 치과의사일 수 있다. 치료하는 과정에서 반복해서 소녀의 가슴 위로 팔이 스칠 수 있다. 40세의 남성이 여섯 살 소년의 음부를 만진다면 모두가 경악할 사건이겠지만, 만약 이 남성이 정기적인 신체검사 중 음부를 진찰하는 의사라면 전혀 성폭력 범죄가 아니다. 모든 신체적 접촉에 성적 의도가 있는 것은 아닌데다가 사람의 의도는 가시적이지 않기 때문에 구분하기란 어렵다. 요점은 두 가지다. 첫째, 추행사건은 그 여부가 외관상 분명히 구분되기 어려워 판단이 어려운 사건이 되기 쉽다. 둘째, 의사나 교사, 운동코치와 같이 일정지위에 있는 사람들이 아동의 음부를 만졌다는 이야기를 듣게 되면 사람들은 최악의 경우를 의심하기보다는 있을 수 있는 일로 좋게 보려고 애쓰는 경향이 있다.

상황이 더 복잡해지는 경우도 있는데 아동의 음부가 아닌 다른 부위를 만져도 추행이 될 수 있기 때문이다. 일부 주州에서는 성적 의도로 접촉을 했다면 성기 부위가 아닌 다른 신체 부위 접촉도 추행으로 인정하고 있다. 예를 들어, 성인이 어린 소녀의 머릿결을 손가락으로 쓰다듬으면서 "너랑 성교를 하고 싶어"라고 이야기했다면 추행 행위로 기소될 수 있다. 내가 실제 다룬 사건 중에도 32세의 낯선 남자가 공원에서 여섯 살 소녀에게 접근해 어깨에 손을 얹으면서 "너랑 아기를 만들고 싶어"라고 이야기한 사례가 있다. 어깨에 손을 댄 행위는 말한 내용에서 알 수 있는 의도와 결합할 때 캘리포니아 주법에 규정된 추행 행위로 기소하기에 충분하다.

내가 지나치다고 보는가? 어떤 사람들은 "실제로 아무 것도 한 건 없잖아!"라고 말할 수 있다. 나는 절대 동의할 수 없다. 그런 추행 행위자들은 국가가 명백히 성범죄자로 규정하고 등록하여 감독해야 마땅하다고 본다. 추행 행위를 한 남자는 스스로 소녀에게 성적 충동을 느껴서 소녀와 성행위를 하려는 비정상적인 욕정에 따라 추행했음을 인정했다. 이 남자는 전형적인 아동성애자다.

이런 사건들은 특히 검사로서 불만이 있는 경우다. 미국 형사 사법 시스템은 범죄의 기수와 장애미수를 지나치게 구별한다. 물론 이러한 문제는 성범죄뿐만 아니라 다른 범죄에 대해서도 마찬가지다. 예를 들면, 바람피운 남자친구에게 총을 겨눈 여자에게 남자의 머리를 날려버리려는 의도가 충분히 있었지만, 방아쇠를 막 당기려는 순간 길거리에 지나가던 차량에서 나는 폭발음에 주의가 흐트러져 총알이 높이 날아가 버린 경우다. 이 여자는 살인죄 범행에 필요한 모든 행위를 다했지만 단지 우연한 사정으로 결과가 일어나지 않았을 뿐이다. 그래도 검사는 살인미수로 기소할 수 있을 뿐이며, 캘리포니아 주법에 따르면 살인기수죄 형량의 절반이다. 그래서 피고인은 단지 살짝 총알이 빗나가게 되었다는 이유로 형벌을 절반만 받게 된다. 납득할 수 없는 일이다.

성폭행의 경우도 마찬가지다. 예를 들어, 성인남성이 어린 소녀를 자신의 차로 유인하여 성행위를 시도하는 중에 소녀가 가까스로 몸을 피해 도망갔다면 단지 피해자가 성행위 전에 도망갔다는 이유로 절반의 형사책임만을 지게 된다. 가해자를 자신이 저지른 범죄만큼 중하게 처벌하려면 왜 피해자에게 범죄 결과가 끝까지 실현되어야 한다는 것일까?

내 대답은 검사로서 처음부터 법이 허용하는 최고형을 구형하겠다는 것이다. 그렇다고 모든 사건에서 무기형을 구형한다는 말은 아니다. 아동 대상 성범죄자에게 경고신호를 보내야 한다면, 검사로서 범죄자가 책임을 지고 감독감시의 대상이 될 수 있도록 법이 검사에게 부여한 가능한 모든 법적 수단을 동원하기 위해 노력할 따름이다.

다른 종류의 일반적인 아동 대상 성범죄들도 간략히 살펴보기로 하자. 강간죄는 별다른 설명을 필요로 하지 않는다. 여성 성기에 남성 성기를 삽입하여 성립한다. 성인 대상과 아동 대상 강간죄 둘 다 마찬가지다. 하지만 아동 강간사건에서는 삽입 행위가 피해자의 의사에 반한 행위인지 상호합의가 있었는지의 여부는 상관없다. 일정 연령 이하의 아동은 오직 연령을 이유로 성교 행위에 대한 동의능력이 없다고 간주된다. 일정 연령 이하라면 법은 피해 아동의 동의 여부를 확인하기 위해 조금의 시간도 낭비하지 않는다.

삽입에 의한 성범죄에 강간만 있는 것은 아니다. 항문성교의 경우는 남성 성기를 항문에 삽입하는 행위다. 손가락, 도구의 삽입 행위는 남성 성기 이외의 신체 일부나 도구를 여성 성기나 항문에 삽입하는 경우다. 구강성교는 삽입에 의한 성범죄는 아니지만, 성인남성 또는 여성이 아동의 성기를 입에 넣거나 아동으로 하여금 성인의 성기를 입에 넣게 할 경우에 범죄가 성립한다.

의제강간은 대부분의 주법에 따르면 15세 내지 18세 이하의 피해자와 18세 이상의 가해자 사이의 합의에 의한 성행위를 의미한다. 의제강간은 수사관, 검사, 판사들 모두에게 문젯거리다. 많은 사람들이

19세의 소년이 17세의 여자 친구와 성행위를 한 경우를 범죄 행위로 보지 않는다. 하지만 아동과의 성행위는 기소 가능한 범죄이며, 일정 연령 이하의 아동의 경우 합의여부와는 무관하게 범죄가 된다. 법에 따르면 아동의 경우 성인과의 성행위에 대한 동의능력이 없다고 간주한다.

하지만 실무상 피해자가 16세 이상이고 가해자와의 나이차가 3년 미만일 경우에는 의제강간죄의 기소를 사법 시스템의 정당한 작용이라고 여기는 검사는 거의 없다. 그럼에도 상당수의 의제강간 사건이 여전히 기소되고 있다. 왜 그럴까?

우리 사회 현실을 보면 의제강간죄 기소사건의 90%는 피해자의 부모나 자신보다 나이 많은 남자 친구에게 버림받은 여성이 고발하는 경우다.

앞에서 말한 범죄들 중 친족 간에 발생한 경우에는 근친상간죄가 된다. 대부분의 주에서 근친상간은 불법이다.

앞에서 아동 성매매나 아동음란물처럼 아동 대상 성적 착취에 대해 언급한 바 있다. 아동음란물에 대해 좀 더 설명해보자. 아동 성매매를 흉악 범죄로 보는 데는 아무도 이의가 없겠지만, 아동음란물의 경우에는 역겹기는 하지만 상대적으로 해악은 적다고 생각하는 사람들이 많다. 나는 그렇지 않다고 본다.

첫째, 연구결과에 따르면 아동음란물 소지와 아동 대상 성범죄 사이에는 거의 직접적 연관관계가 있다. 사실 정부조사에서도 아동 음란물 소지자들은 체포 전가지 평균 14–31명의 피해자에게 성범죄를 저질렀음이 밝혀졌다.

둘째, 미국은 세계 제일의 아동음란물 생산과 소비국가다.

셋째, 아동음란물 제작을 위해서는 아동이 음란 행위를 강요받게 된다.

마지막으로, 내가 다루었던 많은 사건들에서 가해자들은 아동음란물을 피해자들을 꾀는데 사용했다. 아동음란물 사진은 적어도 감수성이 예민한 아이들에게는 가해자가 피해자에게 의도하는 성적 행위가 정상적인 행위로 보이게 할 수 있다. 부모가 자신의 아들이나 딸에게 "그래도 누구나 다 하는 행위란 말이에요"라는 식의 변명을 듣게 될 수도 있다. 바로 가해자가 피해자에게 아동음란물 사진을 보여주면서 하는 말이다.

예를 들어, 최근에는 유명한 소셜네트워크 사이트에 아동음란물을 게시하여 "괜찮아. 모두가 다 하는 거야"라는 식의 인식을 피해자들에게 심어주려던 사건도 있었다. 이 사건에서 범인은 여학생으로 가장하여 소년들에게 자신들의 나체사진이나 영상물을 '그녀'에게 보내도록 했다. 피해자들이 사진을 전송하자 범인은 두 가지 목적으로 사진들을 사용했다. 다른 소년들에게 사진을 보여주며 다른 많은 소년들이 하는 것처럼 나체사진을 보내도록 유혹했다. 또 다른 용도는 협박이었다. 범인은 사진을 보낸 소년들에게 직접 만날 것을 종용하면서, 만나주지 않으면 급우들에게 사진을 보여주고 동성애자라고 폭로

하겠다고 협박했다. 수사결과에 따르면 30명의 소년이 사진을 전송했고, 경찰에 신고되기 전까지 일곱 명이 실제 성폭력 피해를 입었다.

결국 아동음란물과 여러 형태의 성적 착취는 실제 성폭행에 대해서만큼의 사회적 경각심이 필요하다. 특히 아동음란물은 범죄현장에 대한 증거가 된다.

4. 범죄자들의 유형

범죄자들은 과연 어떤 사람들일까? 많은 사람들이 도대체 어떤 정신 나간 사람이 아이들에게 그런 짓을 할까 의문을 갖는다. 유감스럽게도 나는 그런 범죄자들을 많이 알고 있다. 당신도 부지불식간에 그런 범죄자들과 한두 번 마주쳤을 가능성이 높다. 아동 대상 성범죄를 저지르는 사람들의 유형을 뚜렷이 분간할 수는 없다. 그렇기에 부모들은 위험스럽고 믿을 수 없어 보이는 사람들뿐만 아니라 반드시 아동의 일상에 관련된 모든 사람들을 주의해서 살펴야 한다. 사실 내 경험으로 볼 때 정작 가족들이 믿고 의지하는 사람이 아이들과 가족에게 끔찍한 일을 저지르는 경우가 매우 빈번하다.

아동 대상 성범죄와 마찬가지로 아동 대상 성범죄자의 유형도 구분된다. 주요 유형들을 보면 아동성애자, 성추행범, 기회범과 상습 흉악범이 있다. 이제 이들 범죄자에 대해 상세히 설명을 하겠지만, 아동 대상 성범죄자 유형의 전부라고 생각하지는 말기 바란다. 성범죄자 여부가 의심스러운 사람이 여기서 설명하는 성범죄자 유형에 들어 맞지 않을 수도 있다. 그렇다고 그 사람이 결백하다거나, 아동을 성적으로 학대했음에도 체포하고 기소할 수 없다는 의미는 아니다. 당신의 직감에 따라야 한다. 당신이나 당신의 아이가 어떤 사람이 접근해 오는 방법에 섬뜩한 느낌을 받았다면 조치를 취해야 한다. 그렇다고 여기저기 다니며 경솔하게 고발해야 한다는 뜻은 아니다. 하지만 당신이 우려하는 점에 대해 이야기를 해야 한다. 의심스러운 사람의 상급자나 경찰, 상담기관, 목사나 친구들에게 이야기를 해야 한다. 당신의 직감이 맞을 수도 있다. 설사 그렇지 않더라도 당신이 오해했거나 대응조치를 취해두는 편이 당신의 자녀들을 피해자가 될 위험 속에 살게 하는 것보다는 낫다.

심리학자, 사회학자, 범죄학자들에 따르면 아동성애자pedophile는 아동에게 비정상적인 성적 욕구를 가진 사람을 말한다. 이러한 정의에 따르면 실제로는 아동과 전혀 접촉하지 않아도 단지 아동에 대한 음란한 생각만으로 아동성애자가 될 수 있다. 하지만 법률에 따르면 실제 행동을 하기 전에는 아동성애자로 규정되지 아니한다.

법적으로 아동성애자는 아동 성폭행으로 유죄판결을 받거나 기소된 사람을 말한다. 적어도 법적 관점에 따라 아동성애자로 규정되려면 아동 성폭행으로 기소되어야 한다. 하지만 대부분의 사람들은 아동을 추행한다는 생각만으로도 흥분하는 자라면 실제 범죄를 저지르지 않더라도 아동성애자로 본다.

또 다른 아동 대상 성범죄자 유형은 기회범opportunist이다. 아동성애자와는 달리 기회범은 아동에 대한 성적 취향만 있는 것이 아니다. 기회에 따라 성인과의 성적 행위도 한다. 예를 들어, 열두 살 아동과 성행위를 한 30세의 성인은 그 행위가 일회적 사건인지, 아동에 대한 지속적이고 일관된 성적 취향의 결과인지에 따라 기회범이 되기도 하고, 아동성애자로 규정되기도 한다.

기회범이라는 용어의 문제점은 종종 가해자가 피해 아동에게 책임을 돌리려 한다는 것이다. 자신의 범행에 대한 책임을 인정하는 대신 정황이나 피해 아동이 성폭행의 기회를 유발했다는 식으로 책임을 회피하는 가해자들도 있다.

다음은 아동성추행범molester이다. 성추행범들은 아동을 성적으로 접촉하는 행위를 하지만 삽입 행위는 하지 아니한다. 접촉만으로도 불법행위이지만 강간, 항문성교나 기타 삽입추행범죄에는 해당하지 아니한다. 접촉행위는 피부간의 접촉뿐만 아니라 옷이나 수건 위로 접촉하는 경우도 해당된다. 또한 아동 앞에서 성기를 내보이거나 음란물을 보여주는 행위, 묶거나 공공장소 또는 타인의 소유물에 배설을 하는 변태적인 성적 행위도 모두 성추행으로 간주된다. 법률은 모든 가능한 성추행을 나열해 규정하지는 않는다. 중요한 것은 성추행범의 성적욕구 충족의 의도이지 외부적인 행동이 아니다.

정말 최악의 유형은 흉악성범죄자predator이다. 흉악성범죄자는 범죄 행위 때문이 아니라 그 횟수 때문에 더 죄질이 나쁘다. 누군가 아동과 성행위를 한다면 아동성애자다. 누군가 되풀이해서 아동과 성행위를 한다면 흉악성범죄자다. 간단명료해 보이지 않는가? 하지만 주목할 점은 대부분의 아동 대상 성범죄자들은 실제로 적발될 때까지 성폭행과 추행을 계속해서 되풀이한다고 많은 사람들이 믿고 있다는 사실이다. 상담을 비롯한 재사회화 처우들로는 그런 행동을 뿌리 뽑는데 효과가 없다고 생각한다. 초범인 아동성애자나 기회범도 장기간 아동을 추행해왔는데도 빨리 적발되지 않았던 흉악성범죄자일 수 있다. 어느 쪽이든 범죄자에게 아동 대상 성범죄 전과가 있는지, 그리고 재범가능성이 있는지의 문제다.

다행스럽게도 법률에는 이 용어가 적어도 아동 대상 성범죄자 기소, 유죄판결, 양형단계에서는 도입되어 있지 않다. 사회과학자들이 범죄자를 기회범이나 흉악성범죄자로 규정하는 것과 무관하게 개별 피해자에 대한 개별 성범죄 행위는 각각 해당 범죄로서 심리하여 그에 따른 형을 선고한다.

5. 피해자들

아동 대상 성범죄가 만연한 현실을 더 잘 이해하려면 모든 피해자가 천사 같은 여덟 살 소녀일 거라는 생각부터 버리는 게 최선이다.

나도 너무나 가슴 아픈 천사 같은 피해 아동을 수백 건의 사건에서 봐왔다. 하지만 다른 한편으로는 가해자나 심지어는 일반시민들조차도 원하는 대로 해주었을 뿐이라고 주장할 만큼 노출 심한 십대 소녀들이나 혈기왕성한 십대 소년들도 수백 명을 봐왔다.

아동의 행동이 의도적으로 유혹적이고 그래서 실제로 가해자의 욕정을 불러일으켰을 수 있다. 그렇지만 범죄에 대한 변명은 될 수 없으며, 기소를 피할 수도 없다. 만일 열 살 아이가 당신에게 다가와 당신과 성행위를 하고 싶다고 말한다면 어떻게 하겠는가? 당연히 안 된다. 왜? 끌리는 마음이 있건 없건 간에 당신은 그 아이가 아직 성장단계에 있고, 책임 있는 어른이 되기 위해 교육을 받고 있는 중이며, 아직 판단력을 길러야 하는 단계라는 걸 알기 때문이다. 그렇기 때문에 아동 성폭행에 대해서는 동의여부가 결코 유효한 항변사유가 될 수 없다. 피해 아동이 겉모습과 행동이 아무리 나이 들어보였다 해도 아동은 자신의 판단의 본질과 결과에 대해 이해할 능력이 없다. 마찬가지로 법률은 아동에게 투표권이나 계약당사자의 지위를 인정하지 않으며, 음주와 흡연을 금하고 있으며, 아동에게는 성행위를 동의할 능력이 있다고 보지 아니한다.

'아동은 성행위를 동의할 능력이 없다'는 원칙을 아주 잘 보여주는 사건이 하나 있다. 캐시(15세)는 자신의 오빠가 다니는 학교의 농구시합 구경을 몹시 좋아했다. 자주 경기를 보다가 점수를 기록하는 일까지 맡게 되었고, 농구팀의 원정 경기 대부분도 따라다니기 시작했다.

캐시의 엄마는 딸을 응원해 주었고, 별달리 조심해야 할 이유가 없다고 생각했다. 아들도 농구팀원이고, 코치는 유부남인데다가 코치의 아들도 농구팀원이라는 걸 알고 있었기 때문이었다.

점수기록 일을 하는 동안 캐시와 코치는 이야기를 나눌 기회가 많았고, 서로 친해지게 되었다. 코치는 성실하게 일하는 캐시를 인정해 주고 그녀가 얼마나 예쁘고 성숙하게 행동하는지 칭찬해주었다. 시합이나 훈련이 끝나면 자원해서 캐시와 캐시의 오빠를 집까지 태워다 주고, 곧 팀과 관련된 공식적 일을 구실로 캐시와 통화도 하게 되었다.

캐시는 맡겨진 일도, 주목받는 일도 즐겼고, 그녀가 아는 어떤 소년들보다 코치가 더 성숙하고 친절하다고 생각하게 되었다. 캐시는 코치가 47세임을 알았지만 운동선수다운 활력과 성격 때문에 훨씬 젊어 보였던 데다가, 늘 나이 많은 남자를 좋아해왔다. 만나게 된지 3개월 만에 코치는 캐시에게 체력단련실에서 만나자고 제의하고는 사랑을 고백했다. 호기심과 우쭐함에 캐시는 코치와 함께 해변으로 가서, 캐시의 표현에 따르자면 '사랑을 나누었다.' 이들의 관계와 성행위는 2년 동안 계속되었다. 비밀을 유지할 수 있는 장소라면 어디서건 성행위를 했다. 캐시는 엄마와 친구들에게 남자 친구가 있다고 이야기했지만, 다른 학교에 다니는 소년이라고 거짓말을 했다. 유부남인데다가 자신보다 30살이 많지만, 그래도 캐시에게는 동화 속 왕자님이었던 것이다.

어느 날 캐시는 코치를 놀래주려고 체력단련실에 들렀다가 코치가 다른 학생과 성행위를 하는 장면을 보고 말았다. 충격을 받은 캐시는 여느 십대들처럼 깊이 상심한 나머지 친구들에게 모든 사실을 털어놓았다. "그 사람이 어떻게 그럴 수 있어?"라고. 하루 만에 소문은 마을 전체로 퍼져나갔고, 코치는 구속되었다. 캐시는 여전히 코치를 사랑했기 때문에 체포 사실에는 화를 냈다. 어찌 되었든 전적으로 서로 합의한 관계였고, 캐시는 관계를 끝낼 생각도 없었다.

십대 미성년자의 동의여부는 사람들의 사건 인식에 영향을 미칠 수 있다. 하지만 우리 모두가 알아야 하는 사실이 있다. 아동이 성범죄 대상이 되는 거의 유일한 이유는 바로 성인이 자신의 권위나 지위, 통제력을 악용해서 자신의 성적 욕망을 충족하는 행위를 아동이 동의하고 승낙하도록 하기 때문이다. 아동이 보호와 양육, 교육, 주거 등을 의지하는 경우에 강압의 정도는 특히 심하다. 미성년 아동은 어른의 뜻을 거절하면 생존이 위협받을 것이라고 생각하게 된다.

청소년들이 어른처럼 보인다고 해서, 의도적으로 어른처럼 보이게 차려 입었다고 해서 성인이라 할 수 없다. 여섯 살이든 열여섯 살이든, 치마를 얼마나 짧게 입었든, 화장을 얼마나 진하게 했든 아동이라면 성인범죄자들로부터 마땅히 보호받아야 한다.

제3장

상식을 뛰어넘는 사건들

　빈스(16세)는 고등학생이다. 통학버스를 놓치는 바람에 등교시간에 늦지 않으려고 뛰어가고 있었다. 어떤 여자가 차를 세우고 태워주겠다고 하자 고마운 마음에 승용차에 올라탔다. 그녀는 자신이 미용실을 운영하고 있다면서 이발하고 싶지 않은지 물었다. 빈스는 사양했지만 그녀는 미용실 명함을 건넸다.

　나중에 빈스에게 왜 차에 탔는지 물으니 "별로 위험해 보이는 여자가 아니었어요"라고 말하며 어깨를 으쓱할 뿐이었다.

　빈스가 차에 타자, 차를 세운 여자는 빈스의 옷 위로 다리와 샅을 더듬기 시작했다. 바지를 벗으라고 하면서 빈스의 바지 지퍼를 내려 성기를 끄집어내고 양손으로 문지르기 시작했다. 차문이 잠긴 채로 약 10분간 행위가 계속되었다. 빈스의 증언에 따르면 결국 발기가 되었으나 사정까지 이르지는 않았다. 마침내 행인들이 가까이 지나가자 여자는 행위를 멈추었고, 행인들이 다 지나가고 난 뒤에 차문을 열고 빈스를 내리게 했다.

곧바로 빈스는 학교로 뛰어갔고, 사촌형과 마주치자 방금 일어났던 일을 말해주었다. "이런 복도 많은 자식!" 사촌형은 웃었다. "그냥 해 버려"라고 부추기는 사촌형의 말이 빈스는 옳다고 생각하지는 않았다. 경찰서에서 자원봉사자로 일했던 동안 문제가 있을 때는 경찰에 먼저 신고해야 한다고 배웠기 때문이다.

빈스는 학교 본관으로 가는 길에 전직 로스앤젤레스 경찰이었던 학교 행정관과 마주치자 곧바로 사건에 대해 이야기했고, 행정관은 즉시 형사를 학교로 호출했다. 그리고 빈스를 피해자보호센터로 데려왔고, 나와 면담하게 되었다.

형사가 빈스를 센터로 데려오는 동안 다른 순찰경관들은 명함에 적힌 주소로 미용실을 찾아가 빈스가 진술한 인상착의에 일치하는 오타라는 여성을 찾아냈다. 체포 후 오타의 전과를 확인한 경찰은 오타가 등록 대상 성범죄자인 데다가 실제 이름은 오토라는 사실을 밝혀냈다. 남자였던 것이다.

보통 사람들이 생각하는 아동 대상 성범죄와는 다른 '특이한' 사건들이 있다. 피해자의 특성이나 가해자의 외관, 성폭행이 일어난 정황 등이 전형적인 성범죄 유형에 들어맞지 않는 사건들이다. 다수의 이러한 '특이한' 사건들은 허상과 오해로 둘러싸여 있다. 자주 발생할 만한 사건으로 인식되지 않기 때문에 적발이나 신고가 더 드물다.

이 장에서는 네 가지 유형의 '특이한' 사건들을 조명해봄으로써 이러한 사건들의 적발과 기소를 어렵게 하는 허상과 오해를 벗겨내 보고자 한다.

1. 남성 피해자

소년 대상 성폭력에 대해서는 거의 연구되지 않았다. 신고도 없고, 오해의 대상이다. 강간·학대·근친상간 전국 네트워크Rape Abuse Incest National Network(약칭 RAINN)에 따르면 미국 내에 287만 명의 성폭행 남성 피해자가 있다.

연방법무부 통계에 따르면 여섯 명의 소년 중 한 명은 18세가 되기 전까지 성적 학대의 피해를 입게 된다. RAINN에 따르면 미국 남성 33명 중의 한 명은 일생 동안 강간 또는 강간미수의 피해를 경험하게 된다.

남성 성폭력 피해에 대해서는 우리 사회에 아직 많은 허상이 남아 있다. 이런 허상들을 바로잡았으면 한다.

(1) **남자 아이들에 대한 성폭행의 대부분은 동성애자 남성이 가해자다** – 성폭행은 성적 취향의 문제가 아니다. 분명 일부 아동 성추행

범들은 성별이나 연령에 대한 선호가 있다. 하지만 소년들을 피해자로 삼는 범죄자의 절대다수는 동성애자가 아니다. 사실 가해자가 이성애자인지 동성애자인지는 검사의 입장에서 중요치 않다. 누구든지 아동을 성폭행했다면 피해자의 성별이나 가해자의 성적 취향과 무관하게 아동성애자로 규정할 따름이다.

전문가들은 허상이라는 점을 잘 알고 인정하지 않지만 피해자에게는 영향을 준다. 남성 가해자에게 추행을 당한 소년의 입장에서는 동성애자로 알려질까 신고를 두려워한다. 남성에게 성적 학대를 받고 동성애자가 되어버리는 것이 아닐까 두려워하는 더 나쁜 경우도 있다.

물론 계몽된 사회에 아직도 남아있는 낡은 관념이다. 하지만 십대들에게는 실제와 다르게 동성애자가 되거나 동성애자로 인식될 수 있다는 사실은 정말로 큰 문제다. 그래서 이러한 허상 때문에 남성에게 성폭력을 당한 피해 소년들이 신고를 주저하게 된다. 남성이 피해자인 범죄는 대부분 신고하지 않기 때문에 앞에서 인용한 통계수치는 실제와 크게 차이가 날 것이다.

⑵ **여자에게 성폭행을 당한다고? 운 좋은 일이지** - 나이 많은 여성과 성행위를 하게 된 소년을 운 좋다고 보는 관념이 상당히 퍼져 있다. 나이 많은 여성에 의해 이성애적 관계를 시작하는 것은 소년에게 일종의 통과의례라고 보는 관념이 사회적 공감을 얻는 경우도 많다.

실제로 아동에 대한 성폭행의 피해 영향은 소년과 소녀의 경우 동일하다. 성폭행은 발달 단계상 육체적, 정신적으로 이해하고 판단하고 동의할 수 없는 행위를 아동에게 강제하는 행위다. 성행위에 대한 판단은 성인이 하기 때문에 아동에 대한 성폭행에 다름 아니다. 그 전형적인 예는 34세의 교사 메리 케이 르투르노Mary Kay Letourneau가 자신의 학생(13세)을 추행한 사건(1997년 중학교 여교사가 13세 학생과의 성관계로 의제강간죄로 처벌받았으나, 관계를 지속하여 두 명의 자녀를 낳고 2004년 결혼했다 - 역주)에서 볼 수 있다. 이 사건은 성추행이나 성폭행 문제에서 남성과 여성을 달리 취급해야 하는지에 대한 사회적 논란을 불러왔다. 다행스럽게도 르투르노 사건에서 린다 라우 판사는 피고인에게 84개월의 구금형과 종신 성범죄자 등록을 선고하였다. 하지만 오늘날까지도 사람들은 르투르노가 범죄자인지, 사랑에 빠진 여성으로서 그녀 자신도 피해자인지에 대해 여전히 의문을 제기하고 있다.

(3) **소년들은 강하기 때문에 성폭행을 당해도 절대 울거나 나약한 모습을 보이지 않는다** - 성폭행의 영향은 남자나 여자나 똑같이 파괴적이다. 하지만 남자는 강해야 한다는 인식 때문에 드러낼 수 있는 기회를 막고, 따라서 소년들에게는 도움을 받고 회복할 기회가 소녀들보다 적다.

사실 중요한 것은 피해자의 성별이 아니라 피해자가 아동이라는 사실이다. 남자아이도 성에 대해서는 무지하고, 어른들을 두려워하며 의존성과 신뢰관계로 압박을 받고 애정을 필요로 하기 때문에 마찬가지로 가해자에 대해 취약하다. 모든 성폭행 사건에서와 마찬가지로 가해자는 자신의 연령, 지위와 권력으로 어린 소년을 성적 목적으로 이용한다. 소년들도 소녀와 마찬가지로 가해자들을 기소하는데 충분한 도움을 받아야 마땅하다.

성폭행을 구성하는 행위는 강간 외에는 남성과 여성에 대해 동일하다. 남성 대상 성폭행에는 성기, 음부, 둔부를 포함한 신체를 옷 위로 또는 직접 접촉하거나 애무하거나 더듬는 행위가 해당된다. 남성에 대한 강간은 강제적인 항문성교와 관련된 모든 성폭행을 말한다.

14세 미만 아동의 경우 피해자가 소년이건 소녀이건 동일한 성적 행동에 대해서는 동일한 성폭행 범죄로 기소한다. 주법에 따라 일정 연령 이하(캘리포니아 주에서는 14세 미만)의 아동에 대한 성적 접촉 행위는 범죄며, 따라서 검사로서 입증할 사항은 접촉 행위에 성적 욕구를 충족하려는 의도가 있었다는 점이다. 14세 미만 피해자에 대한 음란 행위로 기소하면 이를테면 항문성교를 기소하는 것보다 구체적 증거제시가 적어도 유죄판결을 받아낼 수 있게 된다. 그리고 항문성교 피해자가 구체적 피해사실의 증언을 꺼려할 경우에는 음란 행위로의 기소가 매우 효과적인 방법이다.

일부 주에서는 삽입 행위의 유형을 구분하지 않고 모든 삽입 행위를 통한 강제적 성행위를 강간으로 규정하고 있다. 예를 들어, 로드아일랜드 주에서는 구강, 항문, 여성 성기 삽입의 모든 경우를 강간으로 규정한다. 이런 주법들은 피해자의 성별과 무관하게 모든 형태의 강간이 모두 중한 피해를 입히는 범죄라는 점을 이해시키는데 도움을 준다. 캘리포니아 주와 같이 강간 개념에 여성 성기 삽입 외에 항문삽입은 포함시키지 않는 경우에는 여전히 피해자도, 판사도, 일반 시민들도 남성 피해자와 여성 피해자에 대한 성폭행이 다르다고 인식하게 될 것이다. 나아가 이러한 성별에 따른 차별 때문에 검사로서 강간 피해 소년에게 정확히 무슨 일이 일어났는지 묻는데 여전히 큰 어려움을 겪게 될 것이다.

　대부분의 사람들은 남자도 성폭행의 피해자가 될 수 있다는 생각을 쉽게 받아들이지 못한다. 이러한 인식은 남성 성에 대한 우리 사회의 고정관념으로부터 온다. 남자는 모두 성행위를 원하지 않는가 말이다. 원치 않는 경우라면 분명히 여성의 행동을 뿌리칠 수 있지 않은가? 아니다. 그렇지 않다. 아래의 설명을 보면 알 수 있다.

2. 여성 범죄자

　대니(14세)와 사촌 론은 대니의 할머니 집에서 깊이 잠들어 있었다. 그런데 누군가 성기를 빨고 있는 느낌에 대니는 잠에서 깼다.

　"이게 대체 뭐지?"

　깊은 잠에서 퍼뜩 깨어나 소리를 지르는 바람에 론도 잠을 깨 비명을 질렀다. 소동이 벌어지자 할머니가 뛰어 들어와 불을 켰다. 자신의 딸이 아들의 성기를 빨고 있는 모습이 드러났다. 할머니는 911

응급구조에 전화를 걸었고, 대니의 엄마는 체포되었다.

성폭력피해자센터에서 만난 대니는 크게 상심해 있었다. 열네 살이면 이제 막 소녀들에게 관심을 가지기 시작할 때이지만, 자기 엄마가 자신의 성기를 빨았다는 사실을 이해할 수 없었다. 대니는 무슨 생각을 해야 할지조차 몰랐다. 대니는 엄마가 마약에 취해서 그랬다고 생각하고 싶어 했다. 아니면 대니를 다른 사람으로 착각했거나. 하지만 대니가 비명을 지르고 불이 켜진 다음에도 왜 엄마는 계속 그랬을까? 대니가 알지 못했던 사실은 자신의 엄마에 대한 혈액검사 결과 마약도 음주도 하지 않은 상태였다는 점이다. 적어도 혈액검사 상으로는 취하지도 않았고, 정상인 상태였다.

통계에 따르면 대부분의 아동 성폭행은 남성이 저지르며, 또 대부분의 피해 상대는 소녀들이다. 물론 이런 성폭행 통계는 문제가 있다. 신고된 성범죄는 잘 반영하고 있지만, 신고되지 않는 범죄들이 또 얼마나 많겠는가?

여성 가해자 수에 대한 통계 왜곡에는 충분한 이유들이 있다. 남성 피해자들은 여성 가해자에 대해 신고를 꺼린다. 앞의 사례에서 빈스가 어떤 여자가 자신의 성기를 만졌다고 이야기했을 때 사촌의 반응을 떠올려보면 알 수 있다. 또 다른 이유는 잘못된 정보와 교육의 부족인데 여성은 성범죄를, 특히 자신의 자녀들에 대해 저지르지 않는다는 오해를 낳고 있다.

여성도 아동을 대상으로, 심지어 자신의 자녀를 대상으로 성폭력 범죄를 저지른다. 역겹다고 생각하리라는 걸 안다. 하지만 잠시 솔직히 생각해보기로 하자. 어머니가 자신의 아들과 성행위를 한 사례와 이제까지 여러 차례 거론되었던 아버지가 자신의 딸을 성폭행하는 사례, 어느 쪽에 더 역겨움을 느끼는가? 어떤 차이가 있는가? 나도 사람으로서 그리고 어머니로서 역겨움의 느낌이 다르다. 하지만 검사로서는 아무런 차이를 느끼지 않는다.

많은 사람들이 생각하는 것처럼 나 역시 엄마라면 본능이건 학습되었건 아버지보다는 더 자녀를 보호하고 양육하려 하며, 자녀와 더 깊은 유대관계를 유지한다고 알고 있다(남녀평등과 여성의 권리에 전적으로 찬성하지만, 그러면서도 남성과 여성 사이에 실재하는 차이는 분명히 인정한다. 엄마의 부모로서의 역할과 보호양육자로서의 역할은 분리될 수 없다).

여성 가해자와 같은 특이한 사건에 대해서는 특별한 관리가 필요하다. 성폭력 전담팀원들은 개인적인 태도와 관점을 접어두고 적절한 수사와 피해자 지원을 우선해야 할 뿐만 아니라 이러한 특이한 사건들도 다른 성폭행과 마찬가지로 파악 가능한 확실한 범죄라는 점을 배심원들에게 납득시켜야 한다. 여성이 가해자인 경우는 드물지만 다른 성폭행과 마찬가지로 배심재판의 대상으로서 유죄평결을 받아야 한다.

3. 이혼과 미성년자 후견 사건

아주 복잡한 이혼소송이 진행되는 중에 갑자기 성폭력에 대한 주장이 등장한다면 어떤 생각이 들겠는가? 대부분의 사람들처럼 성폭력 주장을 전부 믿지는 않을 것이다. 아동에 대한 양육권을 차지하려는 한 쪽 부모가 상대방을 공격하기 위한 방편이라고 생각하기 때문이다. 일부의 경우 실제 그럴 수 있다. 하지만 검사로서의 내 경험에 따르면 전혀 그렇지 않다. 이혼소송 과정에서는 무고의 경우보다는 실제 학대사실이 폭로되는 계기가 되는 경우가 더 많다. 예를 들어보자.

벨라(12세)의 부모는 이혼소송 중이다. 벨라는 학교에서 추가학점 취득을 위한 과제를 하면서 인터넷 자료조사를 하고 있는 중이었다. 우연히 포르노물 웹사이트를 클릭하게 되었는데, 음란 영상을 보는 순간 벨라는 히스테리를 일으켜 마구 소리를 질러대기 시작했다. 그리고 엄마에게 학교 교사가 지난 일 년 동안 자신의 성기를 만지고 삽입했었다는 사실을 털어놓았다. 벨라의 엄마는 이혼소송 중인 남편 사무엘에게 알리고, 즉시 경찰에 신고를 했다.

나는 수사과정에서 사무엘이 사건 열흘 전부터 별거중이라는 사실을 알게 되었다. 결혼한 부부로서는 분명 끝이 났지만, 두 사람은 부모로서 해야 할 중요한 일은 다했다. 사무엘은 벨라를 믿고 경찰에 신고하는 일도 지지했다. 조사와 면담, 공판 과정까지 가족이 함께 했다. 그동안 이혼과 양육권 소송은 계속 진행되었는데, 이 소송과 벨라의 성폭행 사건과는 전혀 별개였다.

이 사건을 예로 든 이유는 이혼소송이 진행되는 중에 성폭행 사건이 드러난다고 해서 성적 학대에 대한 고발을 믿기 어렵게 되는 것은 아니라는 점을 지적하기 위함이다.

성적 학대에 대한 고발이 이혼이나 양육권 소송의 진행상황을 바꿔놓을 수 있다는 점은 의심의 여지가 없다. 게다가 이혼 또는 양육권 소송이 진행되고 있는 상황에서는 아동 성폭력 사건의 수사와 기소가 훨씬 어려워진다는 것도 사실이다. 하지만 어떠한 아동 대상 성범죄 사건일지라도 철저한 수사가 이루어져야 한다. 단지 이혼소송이 걸려 있다는 이유로 성범죄 고발사건의 수사를 중단하고 유보사건으로 처리하는 결정을 너무도 많이 봐왔다. 이건 잘못이다.

이런 수사관행이 잘못인 이유는 모든 고발사건은 완전하고 철저하게 수사해야 하기 때문이다. 다른 이유도 있다. 즉 아동은 안전한 상황에서 자신의 말을 무조건 믿어줄 것이라고 생각할 수 있는 여건이 되어야 비로소 숨겨왔던 성폭행 사실을 털어놓기로 마음먹을 수 있다. 이혼소송은 이런 가정 내 여건의 변화를 가져올 수 있다. 가해자가 더 이상 계속해서 가해하지 않게 되면 아동은 이제 성적 학대 사실을 털어놓을 수 있게 되었다고 생각한다. 반대로 학대 부모와 살 수밖에 없게 되었다고 생각하면 그간의 학대 사실을 고발하게 될 수도 있다. 또 한편으로는 가해자가 아버지이거나 친가 쪽의 사람이라면 어머니가 아버지에 대해 이혼소송을 제기하는 것을 보고 성적 학대를 고발할 용기를 낼 수도 있다. 이처럼 예로 든 모든 경우, 이혼소송으로 인해 변화한 여건은 아동으로 하여금 성적 학대 사실을 털어놓을 수 있도록 도울 수 있다.

성폭행 범죄의 여타 사회학적 측면들과 마찬가지로, 이혼 또는 양육권 소송 중에 발생하는 성폭행 고발에 대하여는 많은 연구들이 있다. 1990년대 중반, 미시간 대학교 엘렌 드보우Ellen DeVoe의 연구에 따르면 이혼 또는 양육권 소송 중에 고발된 학대 사건의 67%가 사실일 개연성이 있으며, 21%는 허위, 12%는 불명사건이다(Kathlenn C. Faller, "Allegations of Sexual Abuse in Divorce," Journal of Child Sexual Abuse 4, 1995, 1–25면).

최근의 연구에 따르면 가정법원에서 다룬 아동 성폭력 사건 169건 중에 14%만이 무고였다(Kathlenn C. Faller, "Possible Explanations for Child Sexual Abuse in Divorce," American Journal of Orthopsychiatry 4, 1991, 86–87면). 거의 대부분 정당한 고발사건이었다는 의미다. 그렇다면 이에 반해 기존의 통념을 뒷받침해주는 사례는 없는가? 내가 아는 한에서는 전해들은 사실을 다시 전하는 경우, 예를 들어 "아내가 딸이 하는 말을 들었다고 이야기하는 걸 한 번 들었다"는 식의 경우밖에 없다.

캐서린 팔러Kathlenn Faller는 좀 더 원칙적인 접근방식을 취하고 있다(앞의 주와 동일). 이혼절차 진행 중 발생할 수 있는 성폭력 사건을 네 가지 경우로 구분했다.

첫째, 학대 결과 이혼에 이르게 된 경우

둘째, 이혼 절차 중 학대 사실이 드러난 경우

셋째, 이혼으로 인해 학대가 촉발된 경우

넷째, 이혼절차 진행 중 신빙성 없는 주장을 하는 경우

이 네 가지 상황을 보면 실제 이혼과 관련해서 다양한 요인으로 인해 성폭행 사실이 폭로된다는 사실을 알 수 있다.

(1) **학대 결과 이혼에 이르게 된 경우** – 부모 중의 한 사람이 아동을 학대했다면 두말할 것도 없이 이혼 사유다. 하지만 엘리자베스 설리스Elizabeth Sirles와 콜린 로프버그Colleen Lofberg의 연구에 따르면 성적 하대 사실이 당국에 적발된 경우 비가해 부모가 가해 부모에 대해 이혼소송을 제기하는 경우는 절반에 지나지 않는다(Elizabeth Sirles & Colleen Lofberg, "Factors Associated with Divorce in Intrafamily Child Sexual Abuse Cases," Child Abuse & Neglect 14, 1990, 165–68면).

제9장에서 설명하게 되겠지만 얼마나 많은 여성들이 피해 아동이 아니라 가해 남편이나 남자 친구 편을 드는지를 보면 경악할 지경이다. 그리고 대부분의 경우 가해자 편을 든다는 것은 가해자를 집에서 쫓아내지 않는다는 것 이상의 의미다. 엄마 쪽에서 가해자의 말을 믿고 자녀들의 고발을 막거나 부인하거나 믿으려 들지 않는 경우도 종종 있다. 이런 경우 아이는 어찌 해야 할까?

(2) **이혼절차 진행 중 성적 학대 사실이 처음으로 드러난 경우** — 이혼과정 중에 성적 학대에 관해 비로소 제대로 말하게 되는 데는 여러 가지 이유가 있다. 앞서 설명한 바와 같이 아동의 입장에서는 부모가 이혼한 뒤에야 안전하다고 느끼고 고발할 수 있게 된다.

이혼 결과 일어나는 일들도 마찬가지다. 자녀가 아버지의 집과 어머니의 집을 번갈아 오가며 사는 동안 혼자서 가해 부모와 지내야 한다는 걱정에 학대 사실을 폭로하는 경우도 있다.

하지만 최선의 여건에서조차 자신의 배우자가 부도덕하거나 잘못된, 심지어 범죄적인 행동을 한다는 사실을 받아들이기 어려워한다. 비가해 부모 쪽에서 여전히 결혼생활을 지속하려고 애쓰는 한, 자녀의 고발을 인정하기를 주저하는 태도도 드물지 않다. 이러한 현상은 아동 성폭행의 경우도 마찬가지다. 매 맞는 아내가 여전히 남편의 사과와 고치겠다는 약속을 끝내 믿으려 하면서 남편을 비난하기를 거부하는, 결혼생활을 지켜내고자 하는 희망에서 현실을 부인하려는 심리와 유사하다. 비가해 부모의 입장에서 결혼생활을 끝내야 한다는 점을 인정하게 될 때에야 자녀의 고발내용을 경청하고 신뢰하는데 더 열린 태도를 취하기 마련이다. 아동은 이런 변화를 알아차리고, 자신의 말을 더 믿어준다는 사실에 용기를 내어 사실을 털어놓게 된다.

이혼절차에 앞서 성적 학대를 했거나 학대가 이혼의 원인이 된 경우에도 이혼절차가 개시되고 진행된 후에야 성적 학대를 고발하기 마련이다. 자녀를 보호하려는 부모는 상대방 가해 부모를 공개적으로 고발하고 법정에서 진술하는 과정에서 아동이 상처받지 않게 하려고, 성적 학대 피해자로 낙인찍히는 상처를 받지 않기 바라기 때문에, 성추행범과 결혼했었다는 수치심 때문에, 또는 경찰 수사와 법원 재판에 대한 두려움 때문에 처음부터 성폭력 사실을 언급하지 않을 수 있다.

이런 부모들은 단순하게도 성적 학대 사실을 거론하지 않은 채 양육권 확보와 가해부모에 대한 접견권의 제한을 바랄 뿐이다. 하지만 현실적으로 불가능하게 되면 가해부모 밑에서 지내야 할 자녀를 보호하기 위해 성적 학대 사실을 고발하지 않을 수 없게 된다.

게다가 일부 비가해 부모는 자신들 역시 가해자로부터 학대를 당해왔기 때문에 이혼소송을 시작하면서 보복을 두려워한 나머지 처음부터 성적 학대를 고발하지 못하는 경우도 있다. 다만 자녀를 보호하기 위해 불가피한 경우에는 자녀에 대한 성적 학대 사실만 고발할 수 있다.

(3) **이혼으로 인해 성적 학대가 촉발된 경우** – 이런 경우는 적어도 내 실무경험상 가장 드문 사건이다. 이혼으로 인한 성적 학대 사례는 가해 범죄자나 피고인 측 변호사가 말해 준 경우에만 알 수 있는데, 대체로 가해자 측 입장에서는 검사 앞에서 그런 사실을 인정하지 않으려 했기 때문일 것이다.

분명 이혼 과정에서 심한 스트레스를 받게 되면서 일부는 성적 범죄를 저지를 수 있다. 가해자는 이혼에 대한 분노를 비가해 부모에게 표출하기 위해서, 또는 상대 비가해 배우자에게 고통을 주기 위한 수단으로 자녀를 성적으로 학대하게 된다. 이런 사람들은 이혼 이전에는 범죄한 적이 없지만 이혼으로 인해 범행의 기회를 잡게 되면서 스스로를 억제할 방법을 찾지 못하게 된다. 또는 아동에 대한 성적 욕구가 늘 있었지만 결혼생활에서의 욕구해소를 통해 자제했었을 수 있다. 혹은 버림받은 배우자 쪽에서는 자녀에 대한 의존성과 필요성이 심해지면서 아동에게 지지와 애정, 그리고 그 이상을 바라게 될 수 있다.

⑷ **이혼절차 진행 중 신빙성 없는 허위고발을 하는 경우** – 복수심이나 양육권 확보 때문에 형사 사법 시스템을 이용하려 드는 부모들도 있다. 검사가 이러한 사정을 파악하지 못하면 철저하고 공정한 사건처리에 실패한다. 더구나 이혼절차 진행 중인 배우자는 의도적은 아닐지라도 자신의 자녀와 상대 배우자 간에 일어난 일들에 대한 왜곡된 관념 때문에 허위고발을 할 수 있다. 사실과 다르게 실제로 성적 학대가 있었다고 믿을 수 있다.

따라서 이혼절차 진행 중 제기된 성적 학대 고발문제에 대한 유일한 답은 앞서 말한 바와 같이 고발된 학대 사실이 허위인지 진실인지에 대한 어떠한 가정이나 추측도 삼가야 한다는 점이다. 그보다는 성실하고 철저한 수사를 통해 성적 학대 주장의 사실 여부를 다음과 같이 확인하는 것이 마땅한 해결책이다.

● 진술조사 전문가의 객관적 면담조사

- 의학적, 과학적, 물리적 증거확보를 통한 보완
- 유도질문전화pretext calls , 피의자 면담조사, 거짓말탐지기, 음성 반응검사
- 증인 면담
- 피의자와 해당 성폭행 사건 전후 모든 피해자에 대한 수사
- 성범죄 사건의 경우 해당 범행 외에도 성폭행 전과, 여타 범죄, 소년범죄 전력 등과 관련되기 때문이다.

이혼 또는 양육권 소송과정에서 성적 학대 사실을 고발한 경우, 특히 피해 아동이 특정시점에서 성폭행 사실을 털어놓게 된 이유에 대한 이해가 중요하다. "왜 지금?"이라는 질문에 뜻밖의 대답이 나온 사례를 들어 설명해보자.

뉴욕의 동료 검사인 질이 맡았던 사건은 앨리스(9세)가 여섯 살 때부터 계부에게 수차례 강간당했다고 고발한 경우였다. 지금까지 누구에게도 말하지 않았던 사실을 왜 갑자기 그 시점에서 고발했을까? 오프라 윈프리Oprah Winfrey 때문이었다. 어느 날 오프라 윈프리 쇼를 보다가 신체적 학대를 겪는 아동에 관한 이야기를 듣게 되었다. '고통당하는 아이들'을 주제로 삼은 쇼를 보는 동안 앨리스는 분명한 메시지에 힘을 얻었다.

"학대받고 있다면 부모에게 말해라. 부모에게 말할 수 없다면 학교에 가서 선생님에게 말해라."

다음날 앨리스는 학교에 가서 선생님에게 사실을 말했다. 정말 영향력이 크지 않은가? 정말 모든 사람들이 오프라가 해야 한다고 말하면 그렇게 해야 하는 줄 알고 있다.

피해자가 오랫동안 학대받다가 일정 시점에서 사실을 폭로하게 된 이유를 말하지 못하면 배심원들은 피해자의 진술을 신뢰하지 않을 수도 있다. 배심원들에게 폭로 이유를 설명해야 피해자가 진술한 학대 사실을 더 잘 이해하고 결국 인정하게 될 것이다.

또 하나 언급할 필요가 있는 사실은 학대와 이혼과의 관계다. 다시 상술하겠지만 취약한 요보호아동이 성폭력 대상이 되기 쉽다. 이들 아동은 관심과 애정에 목말라하며 가족과 친구의 도움 없이 외로움을 느낀다. 불행하게도 부모의 이혼을 겪은 많은 아이들이 이런 처지다. 종종 이혼부모들은 정신적, 감정적으로 자신들의 다툼에만 매달린 나머지 자신들의 자녀들을 돌볼 여력이 없다. 이로 인해 아동은 흉악성 범죄자들에게 특히 취약한 처지에 놓이게 된다. 사실 이혼이 아동에 영향을 미친 사례를 언급한 것은 다른 아동에 비해 요보호아동이 특히 피해자가 되는 이유에 관한 설명을 보완하기 위해서다.

4. 발달지체 장애인

수지가 다니는 학교는 발달지체 장애인을 위한 특수학교다. 수지가 매일 타는 통학버스 운전기사 빌은 수지를 비롯한 학생들을 태워주고 내려주었다. 수지는 빌을 좋아했다. 사실 거의 날마다 수지는 엄마에게 "나, 빌 아저씨 좋아해"라고 말하곤 했다.

수지의 엄마는 날마다 아침과 오후에 버스정류장에서 딸을 배웅하고 마중했다. 학교 상담선생인 스미스 부인이 아이들의 버스 하차를 보살폈다. 수지 외에도 열 명의 학생들이 같은 버스로 통학을 했다. 학교 측이나 수지의 엄마 모두 단 한 번도 버스에 탄 수지와 아이들에게 어떤 위험이 있으리라고는 생각지 못했다. 학교로 말하자면 45년의 역사와 최고의 교사진을 자랑하는 모범학교였다.

수지가 열두 살 되던 해, 정기검진을 마친 의사가 수지의 엄마에게 전화를 했다. 수지가 임신 18주라는 통지였다. 엄마는 경악했고, 참담한 절망 속에 빠졌다. 학대신고의 법적 의무가 있는 의사는 긴급전화에 아동 학대 의심 사건을 신고했다. 로스앤젤레스 경찰국과 가정보호국에도 통보되었다. 수지는 즉시 의료센터에서 검진을 받고 검사와 면담을 하게 되었다.

면담과정에서 수지가 말한 내용은 "나, 빌 아저씨 좋아. 나, 빌 아저씨 결혼해. 나, 빌 아저씨 애기 만들었어"가 전부였다. 출산 후 DNA 검사 결과 47세의 학교 통학버스 운전기사 빌이 실제 아버지로 확인되었다. 만일 빌이 피임기구를 사용해서 임신이 되지 않았고 수지의 고백을 뒷받침해줄 DNA 증거도 없었다면 이 사건의 기소는 아주 어려웠을 것이다.

너무나 중요하기 때문에 한 번 더 말하겠다. 범죄자들은 약하고, 외롭고, 결핍을 느끼며, 스스로를 지킬 수 없는 이들을 노린다. 왜냐고? 피해자가 되기 너무 쉬운 대상이기 때문이다. 발달장애가 있거나 기타 생리학적, 사회적, 심리적 장애가 있는 경우 성폭력의 표적이 되기 쉽다. 장애 때문에 무슨 일이 일어났는지, 성폭력 고백이 실제 경험한 사실인지 아니면 단지 상상에 불과한 것인지 정확히 설명할 수 있을지, 심지어 자신이 겪은 일이 잘못인지는 고사하고 성폭력인지 알 수 있는지조차 의심받게 된다. 게다가 장애인의 경우 실제 나이보다 발달 단계상의 연령이 낮다는 사실을 배심원들에게 납득시키기도 어렵다.

앞서 일반적으로 아동 성폭력 사건 신고 건수가 실상에 미치지 못한다는 사실을 지적했었다. 하지만 발달장애아동과 관련된 문제는 더 많다. 1989년 밴쿠버 인간발달연구소의 연구에 따르면 발달 장애인의 90% 이상이 일생 동안 한 차례 이상 성폭력 피해를 겪게 된다. 열 명 중의 아홉이라면 정말 놀라운 통계수치! 더 큰 문제는 이처럼 성폭력에 가장 취약한 사람들인데도 다른 성폭력 피해 유형에 비해 적발이나 신고 건수는 적다는 사실이다.

발달장애아동에 대한 성폭력 피해 신고는 주로 피해 아동의 임신이나 성병 감염을 치료한 의사나 아동 성폭력 의심 사실을 목격하거나 전해들은 교사와 같이, 성폭력 의심 사실을 알게 된 경우 법적 신고 의무가 있는 사람들에 의해 이루어진다. 이들 신고의무자들은 신고를 위한 결정적 증거를 확보하거나 직접 조사할 필요는 없다. 다만 어느 정도 성폭력으로 의심되는 이유를 제시하기만 하면 된다.

물론 검사가 기소하기 위해서는 다른 성폭력 사건과 마찬가지로 일종의 보강자료가 필요하다. 실제로 피해자 본인이 성폭력 사실에 관해 설명할 능력이 부족한 경우에는 더 많은 보강자료가 필요하다.

그렇다면 무엇을 해야 하는가? 첫째, 담당 팀원 모두 특별한 처우가 필요한 아동을 면담하고 다루기 위한 특별훈련을 받아야 한다. 여기서 특별한 처우가 필요한 아동은 발달장애아동만 해당되는 것은 아니다. 자폐증과 아스퍼거 증후군Asperger syndrome(자폐증의 일종으로 특정한 행동 패턴을 반복하는 등 사회적 의사소통에 어려움을 겪는다. 다른 자폐증 증후군과 달리 상대적으로 언어와 인지발달은 유지된다 − 역주)은 다르며, 주의력 결핍 및 과잉행동장애Attention deficit-hyperactivity disorder(ADHD, 정신적 질환이며 신경행태학적 질환으로서 주의력이 부족하고 충동적이며 지나친 활동성을 보인다 − 역주)와도 또 다르다. 모든 팀원들이 정신의학 전문의 자격증을 가질 필요는 없지만 발달지체 피해자들의 필요와 한계에 대응할 수 있는 지식을 갖출 만큼 훈련을 받아야 한다. 발달장애아동과 대화가 가능한 면담 전문가가 있다 해도 검사가 직접 증언석에 선 피해 아동에게 성폭력 사실에 대한 충분한 진술을 이끌어낼 수 있어야 한다. 법정에서 검사가 피해 아동의 진술을 받아내지 못한다면 피해 아동의 증인 적격과 유효증거의 제출가능 여부와 같은 심각한 문제가 제기될 수 있다.

발달장애인 대상 성폭력 피해에 관해서는 미묘한 차이나 잘못된 통념들이 많지만, 기본적인 사실은 다음과 같다.

- 발달장애 피해자에 대한 성폭력은 종종 피해자의 지인이 가해자다.

- 발달장애 피해자는 피해사실 고발이 늦고, 설명하는데 어려움이 있기 때문에 오해받거나 무시 받는 경우도 종종 있다.

- 가해자들이 피해자의 드러난 취약점을 노리듯이 특별히 장애인들만 대상으로 삼는 범죄자들도 있다. 이들은 장애인들이 고발하기 어려우리라는 사실을 잘 알고 있다. 피해자의 가해자에 대한 의존성은 종종 성폭력이 시작되는 빌미가 된다.

물론 이뿐만 아니라 발달지체 장애인 대상 성폭력에는 더욱 사악한 측면이 있다. 내가 찰스 슐버트Charles Schulbert 박사팀의 논문을 읽고 나서야 알게 된 사실이다(Charles Schulbert et al, In Sexual Assault: Quick Reference for Health Care, Social Service and Law Enforcement Professionals, 2003). 논문에 따르면 증오범죄에 대한 심리적 정당화를 강화하고 퍼뜨리는 잘못된 통념들은 다음과 같다.

- **인간성을 부인하는 잘못된 통념**: 가해자는 장애인들을 사회의 정상적 구성원이라고 보지 않기 때문에 학대를 통해 타인을 해친다고 생각하지 않는다.

- **'불량품'이라고 보는 잘못된 통념**: 장애인은 무가치한 인간이기 때

문에 상실될 것도 없다.

- '고통을 느끼지 못한다'고 보는 잘못된 통념: 장애인들은 감정이 없기 때문에 통증과 고통을 아프게 느끼지 못한다.
- '장애인의 위협'에 대한 잘못된 통념: 장애인들은 무관심하고 예측 불가능하며 위험하기 때문에 사람들에게 위협이 된다.
- '무력하다'는 잘못된 통념: 장애인들은 무력하기 때문에 스스로를 돌볼 수 없고, 학대와 조종의 대상이 되기 쉽다.

이 논문을 읽고 발달장애 피해자에게 성범죄를 저지른 자들은 다름 아닌 증오범죄자라는 생각이 들기 시작했다. 그렇다면 많은 주州형법에 규정된 증오범죄처럼 가중처벌을 받아야 한다. 캘리포니아 주에서는 성인장애인에 대한 범죄를 가중처벌하고 있지만, 발달장애아동에 대한 범죄의 처벌은 가중하지 않고 있다. 실제로 발달장애아동은 장애인과 아동으로서 이중의 취약성을 가진다. 따라서 발달장애아동의 가해자는 두 배로 처벌받아야 한다. 우리는 법을 바꿔야 한다.

제4장
가장 묻기 힘든 질문의 시간

마침내 법정은 점심시간을 위해 휴정했다. 나는 1시에 약속된 면담을 위해 서둘러 성폭력피해자센터로 뛰어갔다. 내가 도착하자 피해자 변호인은 이미 피해자와 절차에 대해 의논하고 있었다. 자신이 해야 할 일을 알고 있는 사람이다. 우리 팀원들도 다 모였다. 피해자 루시를 만났다.

루시는 말리부 출신으로, 전형적인 여고생과는 거리가 멀었다. 노랗게 머리를 물들이지도 않았고, 선탠을 하지도 않았으며, 학교를 좋아하지 않았고, 친구도 많지 않았다. 하지만 여느 열다섯 살 소녀들처럼 함께 어울리고 싶은 마음은 간절했다.

면담을 시작하려고 의자를 당겨 루시에게 좀 더 가까이 다가앉자 어젯밤 마신 술과 구토한 냄새가 났다. 내가 가볍게 물었다.

"무슨 일이 있었지?"

너무나 익숙한 이야기다. 루시는 친구 집에서 열린 할로윈 파티에 갔었다. 친구와 함께 있었는데(친구에게는 무슨 일이 있었는지 전혀 모른다), 너무 많이 마셨고 정신을 잃었다가 깨어나 보니 낯선 벌거벗은 사내가 그녀 위에 올라타고 있었다. 할로윈 복장이 프랑스 하녀 복장이었다는 것, 그 옷이 다 벗겨져 있었다는 것밖에 기억하지 못했다. 다음날 비틀거리며 집에 돌아오자마자 루시의 모습을 본 엄마가 경찰에 신고했다.

피해자 면담은 수사와 기소절차에서 가장 중요한 단계다. 여기서 두 가지 핵심문제에 대한 답을 찾아야 한다. 첫째, 범죄가 일어났는가? 둘째, 정식으로 기소한다면 피해자가 교차신문에도 불구하고 진술의 신뢰성을 충분히 인정받을 만큼 사건에 대해 진술할 수 있는가? 비록 수사과정의 아주 일부분일 뿐이라고 계속해서 설명해주기는 하지만 대부분의 아동들도 최초 면담의 중요성에 대해서는 잘 알고 있다.

면담을 준비하는 일은 종종 실제 면담하는 것만큼이나 어렵다. 피해자 변호인은 성폭력 대응팀 구성원 모두가 참석할 수 있도록 회합 일정을 조정해야 하는데 법정 일정과 여타 회의 일정, 접수 마감과 개별 기관들의 관료주의적 집행절차로 인해 늘 어려움이 있다.

마찬가지로 피해자를 처음 면담자리에 오게 하는 일도 어려운 과제다. 피해자 변호인은 상상할 수 있는 모든 변명을 들어야 한다. 피해자의 변명이 대부분 두려움과 당황스러움, 무관심과 부인 등을 가리기 위함이라는 것도 잘 안다. 변호인으로서는 교통수단을 제공하거나, 치료주선을 약속하거나, 전문가에 의한 조사를 보장하겠다는 말로 친절하게 변명거리들을 털어내게 해준다. 그렇다 해도 실제로 피해자와 성폭력 대응팀원들이 한 자리에 함께 모일 때까지는 실제 면담이 시작될 수 있을지 아무도 모른다.

1. 어떻게 면담이 이루어지는가?

아동피해자 면담 방식에 관해서 정답은 없다. 하지만 면담을 망칠 수 있는 방법은 그야말로 수백 가지다. 전통적인 범죄 수사나 성인 대상 성폭력 사건에서 사용되는 기법은 아동에게는 통하지 않는다. 부모들이라면 다들 알고 있듯이 미취학 아동, 초중등 학생, 십대 청소년들 모두가 의사소통 방식이 다르고, 특히 어른과의 소통 방식은 더욱 다르다. 그래서 각 연령대 아동의 수준에 맞추어 소통해야 한다.

뿐만 아니라 면담하는 검사로서 성폭력의 다양한 측면, 아동 개개인의 발달 단계와 능력, 피해자가 보이는 두려움, 주저함과 부인의 미세한 징표를 염두에 두어야 한다. 그리고 나중에 법정에서 제기될 증거법적 문제점과 법적 기준에 대처할 수 있도록 신중하게 단어와 화법을 선택해야 한다(그러면서도 피해자 앞에서는 자연스럽게 보여야 한다). 아무리 여러 가지 일을 한 번에 효율적으로 처리하는 사람마저도 평정심을 잃기 쉽다.

검사로서 나는 편안하고 인내심 있는 태도로 피해자가 불편해 하지 않도록 피해 아동이 어떻게 성폭력을 당했는지 상세한 사실을 밝혀내야 한다. 나와 팀원 모두가 인식해야 할 핵심은 면담이지 취조가 아니라는 점이다.

피해자가 입원한 상태가 아니라면 보통 피해 아동이 검찰 전담팀에서 마련해둔 특별대기실에 오면 면담을 시작한다. 아동에게 친근한 파스텔 빛깔의 방 안에 아동의 주의를 끌 수 있는 장난감, 그림책, 아동잡지를 가득 채워둔다. 오십 명의 아이들이 가지고 놀 만큼의 장난감을 비치해둔 센터도 있다.

대기실에 온 피해 아동은 자원봉사자가 먼저 맞이한다. 자원봉사자는 성폭력 피해 아동이라는 사실은 알지만, 언제 어디서 어떻게 피해를 당했는지는 알지 못하며 묻지도 않는다. 다만 최초 면담 일정을 잡은 피해자 담당 변호인이 올 때까지 피해 아동과 잡담을 나눌 뿐이다. 자원봉사자의 역할은 면담 시작 전에 긴장하고 두려워할 아동을 진정시키는데 있다. 그 이상 성폭력 사실에 대해 진술하게 될 아동에게 영향을 줄 수 있는 어떠한 이야기도 나누어서는 안 된다.

피해자 변호인은 피해 아동과 인사를 나눈 즉시 아동을 면담실로 안내하고 면담 진행을 준비하게 된다. 낯선 공간과 절차에 아동이 두려움을 갖지 않도록 하려는 노력이다. 면담 공간에는 방 안의 모든 사람이 앉을 자리와 스피커와 반투명 거울벽이 필수적이다.

면담실의 반투명 거울벽에 대해 질문하는 피해 아동과 부모들이 많다. 방 한 쪽 벽면이 반투명 거울이고, 그 너머에 알 수 없는 사람들이 이쪽을 보고 있을지 모르는데 누군들 신경이 쓰이지 않겠는가? 우리 팀은 원칙적으로 아동과 부모에게 솔직하게 모든 면담 절차가 반투명 거울벽 건너편에서 관찰된다고 말해준다. 피해 아동은 성폭력 가해자에게 거짓말을 듣고 속아왔었기 때문에 우리는 그렇지 않다는 점을 알려주려는 이유에서다. 또한 아동에게 사실대로 말해줌으로써 서로 솔직해야 한다는 점을 먼저 보여준다. 결국에는 터놓고 대화를 시작하면서 우리 팀의 진실한 자세를 믿을 수 있게 함으로써 피해자의 신뢰를 얻을 수 있다. 진실이야말로 사법 절차의 초석인 만큼 검찰도 처음 단계서부터 진실하여야 함은 물론이다.

그래서 피해 아동과 부모들에게 면담 공간 옆의 관찰 공간도 살펴볼 수 있게 해준다. 다양한 팀원들이 각자 맡은 역할이 어떻게 다르며, 모든 팀원이 면담과정 관찰에 참여해야 하는 이유를 설명한다. 또한 면담 공간 안의 인터폰이 울리는 이유는 관찰 공간에 있는 팀원이 면담진행자가 잊고 있는 질문을 일깨워주기 위함이라는 점도 설명해준다. 물론 대부분의 아동은 거울벽의 존재를 금방 잊게 된다. 면담 중인 아이가 "나 배고파요"라고 말하자마자 관찰 공간에 있던 피해자 담당 변호인이 과자를 가져다주니, "우와, 마술 같아요!"라고 감탄하는 경우도 봤다. 아이들은 건너편에서 자신을 관찰하고 있다는 사실을 까맣게 잊고 있다는 말이다.

면담 첫 단계는 피해자의 두려움과 걱정을 진정시키는 목적뿐만 아니라 피해자 담당 변호인으로 하여금 피해 아동의 지능과 능력에 대해 1차 평가할 수 있는 기회도 된다. 첫 인사와 가벼운 이야기를 나누는 단계는 담당 변호인이 피해 아동이 실제 면담에 응할 만큼의 정신과 능력이 발달해 있는지를 평가하는데 필요하다. 또 하나의 목적은 피해 아동에게 전담팀의 팀원들이 누구이고, 각자 어떤 역할을 하며, 팀원 중 누가 거울벽 뒷편 관찰 공간에서 지켜볼지 이해시켜 주는 데 있다.

팀원들이 각자의 자리를 잡고 누가 함께하는지 피해 아동에게 설명하고 나면 면담 준비가 끝난다. 피해자 담당 변호인이 피해 아동과 부모에게 "이제부터 몇 가지 질문을 하실 분이야"라고 소개하면 내가 나설 차례다.

이제 어떤 질문을 어떻게 묻게 되는가? 가장 좋은 질문은 피해 아동이 자신이 쓰는 말로 무슨 일이 있었는지 스스로 말하고 설명하게끔 해주는 질문이다. 답이 정해져 있지 않는 질문이 가장 신뢰할 만하다. 검사가 기대하거나 듣기 원하는 답을 암시하는 것처럼 보일 경우를 피하기 위함이다. 가장 이상적인 상황이라면, 검사는 단지 "그걸 좀 더 말해줄 수 있니…" "그래서…" "그 다음엔?" 정도만 묻게 될 것이다.

유감스럽게도 현실은 이상과는 달라서 면담을 진행하다 보면, 티나의 경우와 같은 일도 있다.

"그 남자가 나를 뒤에서 붙들고, 내 등을 굽혀서 트럭으로 밀어 넣었어요."

티나가 말했다. 나는 마치 재미없는 영화를 보고 있는 것 마냥 티나가 툭툭 던지는 말을 듣고 있었다.

"좀 더 말해줄 수 있니?"

"음… 그리고는 내 바지를 벗기고 그걸 밀어 넣었어요."

물론 나는 질문할 내용이 더 있고, 정말 묻고 싶다. "그 사람 얼굴 봤어?" "그 남자 무슨 말 하지 않았니?" "그 사람이 흉기를 가지고 있던가?" "언제 임신한 사실을 알게 되었지?" "왜 아무에게도 알리지 않았지?"

하지만 꾹 참으면서, 간단히 물었다.

"무슨 일이 있었는지 다시 말해 줄래."

티나는 한숨을 내쉬며 다시 말했다.

"그 남자가 나를 뒤에서 붙들고, 내 등을 굽혀서 트럭으로 밀어 넣고, 내 바지를 벗기고 그걸 밀어 넣었어요."

"티나, 여기는 안전해. 정말 내게 더 해줄 말이 없는 거니? 다른 사람이 너를 만진 일은 또 없어?"

"아니요, 절대로요."

티나는 살짝 얼굴을 붉히며 말하더니, 이내 얼굴을 돌려버렸다. 분명 티나는 할 말이 더 있는데 내게 말하고 싶어 하지는 않을 때 나로서도 티나의 말을 믿지 않는 걸 내색하지 않으면서도 필요한 답을 듣기란 어려운 일이다. 티나가 내게 말하지 않은 사실이 무엇인지는 뒤에서 다시 말하겠다. 우선 1차 면담 중에 일어나는 일들에 집중하기로 하자.

사건의 사실관계에 관한 1차 면담은 최초로 이루어지는 면담으로서, 이상적으로는 한 번에 끝내도록 한다. 전담팀 구성원 모두와 피해자 부모가 피해자 진술의 신빙성을 평가하고 보완 가능한 사항을 찾아내며, 다른 증인의 증언도 고려해 잠정적 결론을 내리고, 사건을 어떻게 진행할지 전반적인 결정을 내릴 수 있는 기회가 된다.

그러는 중에 피해 아동의 입장에서도 너무 어리기 때문에 분명히 이해하기 어렵지만 체계와 절차에 대해 파악해보려 하고, 누가 자신의 진술을 믿어줄지, 누구를 신뢰할 만한지를 평가하게 된다. 피해 아동이 체계를 완전히 이해하지는 못해도, 어떤 절차 속에 자신이 관련되어서 자신과 자신의 가족뿐만 아니라 용의자와 용의자의 가족, 친구와 급우 등 많은 사람들에게 영향이 미치게 될 것이라는 점은 언제나 알고 있다. 바로 그렇기 때문에 겁을 먹는다.

매번의 면담마다 각각의 문제점이 있지만, 또 한편으로는 매번 특유한 경험을 하게 된다. 면담을 할 때마다 아동의 삶의 현실에 대한 이해가 깊어지면서 우리 사회 속 다양한 문화의 역동성에 대해 더 배우게 된다. 그리고 아동 성폭력 범죄를 더 잘 다룰 수 있는 여러 가지 방법들을 찾기에 이른다.

면담과정에서 부딪히는 가장 어려운 문제는 어쩌면 가장 쉬워 보이는 일이다. 피해자가 말하는 대로 들어주는 일이다. 피해자의 진술을 정확히 듣기 위해서는 나와 전담팀원들 모두가 다른 사람들과 마찬가지로 고정관념과 편견과 선입견을 가지고 있다는 사실을 인정하고, 이러한 문제에 대처해야 한다. 고정관념이나 편견을 가지고 진술을 듣게 된다면 피해자의 말을 정확하게 듣지 못한다.

앞장에서 모든 성폭력 피해자가 천사 같은 여덟 살 여자아이 같을 거라는 관념을 버려야 할 필요성에 대해 말했다. 우리 검사들은 '전형적인 피해자' 따위는 없다는 사실을 명심해야 한다. 하지만 아무리 유념하려 해도 여전히 피해자에게서 우리가 보고 싶어 하는 것을 보려하거나, 바라는 대로 말해주기를 바란다.

피해자들은 온갖 종류의 품성과 문제와 개인사를 가지고 있어서, 여느 사람들처럼 약점이 있는 존재들인데다가 종종 정상이 아닌 경우도 있다. 우리 전담팀원들이 피해자에 대한 신뢰여부 평가에 고려하지 않도록 교육받는 피해자의 태도들은 다음과 같다.

- 옷차림이 단정하지 못하거나 더러운 경우
- 스스로 마약을 복용했거나 음주한 경우
- 피해자가 용의자를 만난 장소(술집이나 인터넷 섹스 채팅)
- 피해자와 용의자가 과거 합의 하의 성관계 전력이 있는 경우
- 성매매 관련 전과가 있는 경우
- 사건 신고가 지연된 경우

- 회피 가능한 기회를 놓친 경우
- 적극적으로 저항하지 않고 수동적인 경우
- 아무런 감정을 보이지 않는 경우

많은 경우 피해자야말로 자신의 약점에 대해 가장 잘 아는 사람이다. 피해자 스스로 더 강력히 저항하지 못하거나 도망치지 못한 사실로 인해 자책하기도 한다. 피해자와 피해자의 가족은 채팅이나 술집에서 만난 사람과 데이트했다는 사실로 피해자를 비난하기도 한다. 이런 식의 비난에 우리 사회 많은 사람들도 종종 가세하기 때문에 피해자가 성범죄 피해 사실을 밝히고 신고하지 못하게 막을 수 있다. 심지어 이처럼 피해자에게 비난을 가하는 부정적 태도는 가해자에게 악용되기도 한다.

쉽게 설명하자면 증언의 신뢰성이 떨어질 만한 아이들이야말로 성폭력 범죄자들의 표적이 되기 쉽다. 학교에서 주목과 신뢰를 받는데다가 신고를 하면 누구나 믿어줄 만한 똑똑한 학생을 범죄 대상으로 삼을 이유가 있겠는가? 학교에서 친구도 별로 없고, 자주 벌을 받는데다가 선생님과 친구들, 심지어 경찰에게도 신뢰를 받지 못할 만한 문제아를 범죄 대상으로 삼을 수 있는 데도 말이다.

유감스럽지만 검찰이나 경찰의 입장에서 피해자가 약점이 많기 때문에 가해자 측 변호사의 공격에 취약한 사건들을 피하려는 경향이 있는 것도 이해할 만하다. 어쨌거나 배심원들로 하여금 피해자의 증언을 믿지 못하게 만들면 기소는 물 건너 가버린다.

그러나 피해자의 약점보다 가해자의 범죄가 우선적으로 평가되도록 이끌어내는 일이 검사의 임무라고 생각한다. 다시 말해 법정에서 피해자의 마약복용이나 학교 성적이나 난잡한 태도가 부각된다면 검사는 이를 무시하려 들기보다는 오히려 정면대응해서 활용해야 한다.

피해자의 약점은 오히려 성폭력 사건을 논증하는데 도움이 될 수 있다. 피해자의 약점을 파악하여 제시하면서 왜 어떻게 이 아동이 강간의 피해자가 될 수밖에 없었는지 보여주면 된다. 예를 들어, 앞서 루시 사건처럼 할로윈 파티에서 술 취한 젊은 여인이 피해자인 사건에서 능력 있는 검사라면 이렇게 논증해야 한다. 강간할 대상을 찾고 있는 영리한 범죄자라면 당연히 정신 멀쩡한 여자를 강간하는 위험을 감수하기보다는 루시같이 술 취한 여자를 표적으로 삼지 않겠는가? 라고 말이다.

검사로서 내 임무는 배심원들에게, 그리고 배심원들을 통해 우리 사회 전반에 걸쳐, 어떻게 그리고 왜 어떤 아동이 피해자가 되는지 이해를 넓히는 데 있다. 피해자의 약점들 때문에 의심스러워하는 배심원들을 설득해내지 못한다면 검사로서 해당 사건의 기소에도 실패할 뿐더러 '진정한' 피해자라면 마땅히 순결하고 무구해야 한다는 사회적 편견을 영속시키는 결과에 이르게 된다. 모든 사건의 배심원들은 특정사건의 판단을 위해서 법정에 자리할 뿐만 아니라 배심원석에서 배운 것을 법정 밖에서 부모와 친구, 교사 등 여러 사람들과 나누게 되기도 한다.

티나의 이야기를 기억하는가? "그 남자가 나를 뒤에서 붙들고, 내 등을 굽혀서 트럭으로 밀어 넣고, 내 바지를 벗기고 그걸 밀어 넣었어요." 우리는 날마다 폭력 범죄에 대해 듣는다. 신문과 라디오 전파와 텔레비전 화면을 채운다. 열세 살 중학생 소녀가 버스정류장에서 납치돼 트럭에 실려 가다가 강간당하는 일은 전혀 상상할 수 없는 사건도 아니다.

이런 이야기들은 부모들을 두려움으로 뒤흔든다. 낯선 사람이 아이를 움켜쥐는 생각만 해도 공포에 떨게 된다. 나는 검사로서 그런 자를 적발해서 붙잡기를 원한다. 엄마로서 나는 그런 자가 영원히 추방되기를 원한다.

다시 티나 사건으로 돌아가자. 티나가 말하는 내용에는 무언가 이상한 점이 느껴졌는데, 단지 말하는 태도가 퉁명스럽기 때문만은 아니었다. 무언가 앞뒤가 맞지 않았다. 무엇보다 아기를 가지려 애를 써도 임신하는 건 쉬운 일이 아니다. 그걸 아는 나로서는 어떻게 단 한 차례의 강간으로 임신까지 하게 되었는지 의심이 들지 않을 수 없었다. 이 문제를 골똘히 생각하다가 또 하나 짚이는 점이 있었다. 어떻게 맹장수술을 받게 될 때까지 임신 사실조차 모를 수 있었을까?(임신 사실을 발견한 의사가 경찰에 신고를 했다. 미성년자의 임신은 그 자체가 아동 학대이기 때문에 '아동 학대 의심신고'를 할 의무가 있다). 어떻게 티나는 내 앞에서 아무런 감정의 동요 없이 침착하게 답할 수 있을까? 무슨 일이 있었는지 다시 이야기를 해달라 할 때마다 정확하게 같은 말로 대답하는 걸까? 거짓말을 하고 있는 걸까?

티나와의 면담 후 추가 면담과 트럭 수색과 인근 지역 전과자 검문 등 수사가 계속되었고, 시민들에게 협조를 거듭 부탁했다. 아무런 단서도, 아무런 용의자도, 가해자에 대한 인상착의도 밝혀내지 못했고, 누군가에 의해 임신한 어린 소녀를 위해 조치할 수 있는 길이 없어보였다.

이 사건은 보류상태로 내 서랍 안에 보관되었다. 그러다가 6년 후, 안내 데스크에서 걸려온 한 통의 전화를 받았다. 티나가 나를 만나고 싶어 찾아왔다는 것이다.

"날 기억하시겠어요?"

티나는 이제 열아홉 여성이 되었지만 비밀을 감춘 듯한 슬픈 그 눈은 결코 잊지 않았다.

"물론이지, 어떻게 잊겠어."

"거짓말이었어요."

6년 전 우리가 만났던 바로 그 방에서, 앉으라고 권하기도 전에 불쑥 티나가 말을 꺼냈다. 나 역시 선 채로 그녀를 마주 응시했다.

"알고 있어."

"무슨 일이 있었는지 진실을 말해야겠어요."

"왜 이제야?"

"여동생이, 아홉 살, 열한 살 여동생 둘이 있어서요. 내가 나서지 않는다면 내 동생들은, 그러니까 내 동생들도….”

티나는 눈물을 쏟으며 의자에 주저앉았다.

“괜찮아. 내가 있잖니. 우리 팀원들을 다시 부를게.”

이렇게 해서 친부의 3년에 걸친 지속적인 성폭력 사실이 드러났다. 티나를 강간하고 구강성교를 강요했으며, 임신까지 시켰다. 6년 전 당시 친부가 티나를 사실대로 말하지 못하도록 협박하고, 검사에게 어떻게 말하도록 시켰다는 사실이 밝혀졌다.

다시 수사가 진행되었다. 우리는 6년 전 티나가 낙태한 태아의 소재부터 추적하기로 했다. 찾을 수 있다면 친부의 DNA와 비교할 수 있기 때문이었다. 6년 전에는 증거로 확보할 수 있었을지 몰라도 아직까지 찾을 수 있으리라고는 전혀 기대하지 않았다.

과학수사 부서에 여러 차례 통화를 하고 기다리는 동안 돌파구를 찾았다. 태아가 거기에 있었다. 미제사건들의 수많은 증거들이 보관되어 있는 장소에서 태아표본이 담긴 유리병을 찾아낸 것이다.

티나 사건은 성범죄 수사사건에서 어떻게 한순간 갑자기 장막이 걷히면서 모든 상황이 변하는지를 보여주는 좋은 사례다. 어떤 범죄수사도 방향이 바뀔 수 있다. 예를 들어, 새로운 증거가 발견되면서 또 다른 주요 용의자가 등장하게 되는 경우다. 하지만 티나 사건의 경우 용의자만 바뀐 게 아니었다. 범죄 피해자의 완전히 다른 진술로 인해 상이한 배경을 가진 상이한 범죄가 되어버렸다.

최초 수사시점에서 티나 사건은 ‘낯선’ 악한이 무고한 학생을 납치해 강간한 사건이었다. 당시 가해자가 어떤 인상착의일지, 다음 범행 장소는 어디일지 머릿속에 그려보면서 체포할 방법을 궁리했었다. 몽타주를 그릴 화가도 구했고, 티나를 데리고 용의자를 찾기 위해 경찰차로 수색도 했다.

하지만 내가 구상하고 계획했던 어떤 조치도 실제 티나에게 일어났던 일을 전혀 밝혀내지 못했었다. 길거리에서 낯선 사내가 트럭에 어린 소녀를 납치한 사건은 수년 동안 바로 자신의 집에서 아버지가 자신의 딸을 지속적으로 강간한 사건으로 바뀐 것이다. 당시 티나는 전부 털어놓지 못했지만, 과학수사 결과 티나의 아버지가 강간범이라는 사실뿐만 아니라 티나가 낙태한 바로 그 날에도 강간했었다는 사실도 밝혀졌다.

티나 사건은 가공의 낯선 사람을 내세워 피해자가 밝히기를 거부하거나 너무 두려워하는 성범죄를 은폐하려는 사례들 중의 하나일 뿐이다. 분명히 티나의 경우 말고도 이런 사건이 앞으로도 더 많을 것이다.

그렇다면 '낯선' 사람에 의한 강간사건에 관한 의심스런 신고가 들어왔을 때 어떤 일이 일어나게 되는가? 피해자가 거짓말을 하고 있다고 의심해야 할까? 피해자를 압박해서 마침내 사실을 말하게 한들 기소사실을 뒷받침할 수 있는 뚜렷한 보강증거가 없다면 어떻게 될까? 피고인 측 변호사는 바로 이를 이용해 승소하게 될 것이다.

'전형적인' 피해자에 대한 사람들의 오해처럼, 가장 일반적인 형태의 강간에 대해서도 사람들이 이해하는 바는 현실과 동떨어져 있다. 대부분의 사람들은 강간이라는 말을 들을 때 낯선 사람이 여성의 목에 칼을 들이대거나 어린 소녀를 골목으로 끌고 들어가 천 조각으로 입을 막아 소리를 지르지 못하게 한 채 일을 저지르는 장면을 연상한다. 사람들은 골목이나 공원 수풀을 배경으로 비명과 피와 찢어진 옷가지를 생각한다.

하지만 앞서 말했듯이 꼭 그렇지만은 않다. 사람들이 연상하는 장면은 일반적이지 않다. 오히려 예외적이다. 검사의 사건 파일 보관함에 쌓이는 일상적인 사건들은 피해자가 가해자를 잘 알고, 종종 집안 아이의 침대 위에서 강간이 일어나며, 천 조각으로 입을 막기보다는 협박으로 침묵케 한다. 임신을 하게 되거나 의사나 교사에 의해 학대 의심신고가 되어서야 말을 할 수밖에 없게 된 아이가 가해자를 낯선 사람이라 말한다는 게 이상한 일일까? 감정적으로, 정신적으로 사실대로 말할 만한 능력이 있었다면 벌써 그렇게 했었을 것이다.

어떤 점에서는 '낯선' 강간범 신고 그 자체로 어느 정도의 진실은 담겨 있다. 가해자는 피해자가 오랫동안 알고 있는 사람, 이를 테면 '아빠'일 수 있다. 하지만 그 '아빠'가 아무도 보지 않을 때는 낯선 사람이 되어서 '아빠'라면 결코 할 수 없는 짓을 하니까 말이다.

그렇다고 낯선 사람에 의한 강간사건이 결코 일어나지 않는다고 말하려는 것은 아니다. 그보다는 대부분의 강간은 낯선 타인에 의한 사건이며 친족 성폭력은 드물 것이라는 대중의 인식과 현실과의 차이를 지적하고자 한다. 사실은 그 반대다. 통계상의 근거에 따르면 76%의 성폭력 피해자는 가해자와 아는 관계로, 이는 네 명 중의 세 명 꼴이다(William C. Holmes & Gail B.Slap, "Sexual Abuse of Boys," Journal of the American Medical Association 280, 1998, 1855-62 면; US Department of Justice, Bureau of Justice Statistics, "Recidivism of Prisoners Released in 1994 Study," 2002; "Alcohol and Crime Study,"1998; "Sex Offences and Offenders Study," 1997; "National Crime Victimization Study," 2003). 강간이 흔히 어두운 골목이나 수풀 안에서 일어난다는 인식은 어떤가? 통계에 따르면 모든 강간과 성폭력 사건의 50%는 피해자 집에서 1마일 이내에서, 40%는 피해자의 집 안에서 발생한다.

따라서 통계상 대부분의 성폭력이 피해자와 가까운 사람들에 의해 저질러진다면, 왜 사람들은 낯선 사람으로부터의 위험을 과도하게 주목하는가? 왜 부모들은 "낯선 사람과 말하지 마라"고 설교하면서 아동에게 아는 사람이 만지면 어떤 경우는 괜찮고, 어떤 경우는 나쁜지 가르치는 일은 주저하는가?

아마도 어느 정도는 누구도 우리가 알고, 믿고, 따르는 이웃, 친척, 선생님이 성폭력범일 수도 있다는 현실을 받아들이고 싶지 않기 때문일 것이다. 그리고 이렇게 말하자니 괴로운 일이지만 내 경험상 부모들이 주저한다면 그들도 사실 의식적으로든 무의식적으로든 자신들의 자녀들과 만나는 사람들이 위험한 가해자일 수도 있다는 점을 알기 때문이다. 시간이 흐를수록 조짐이 드러난다. 아이들은 부모들의 침묵에 동조되어 자신들이 사실대로 말해도 아무런 도움을 받지 못할 것이라는 걸 알기 때문에 영영 신고하지 않거나 거짓 증언을 하게 되는 것이다. 종종 아이들이 끔찍한 학대 사실을 숨겨 자신의 부모들을 보호하려 들기도 한다.

내 말을 오해하지 않기를 바란다. 낯선 범죄자는 분명 존재한다. 하지만 모든 성폭력 피해자 네 명 중의 세 명, 그리고 아동청소년 피해자의 93%는 가해자가 누구인지 알고 있다. 이는 아이들 중 '낯선 타인'의 피해자가 되는 경우는 7%에 불과하다는 의미다. 따라서 골목과 수풀 속 타인에 초점을 맞출 것이 아니라 우리의 아이들 가까이에 있는 사람들을 경각심을 가지고 살펴볼 필요가 있다.

2. 잘못된 통념과 오해들

아동 대상 성범죄에 대한 잘못된 통념에는 대부분의 아동 성폭력이 골목길이나 수풀 속에서 낯선 타인에 의해 저질러진다는 오해만 있는 것이 아니다. 시민들과 의원들은 문제를 효과적으로 다루려면 진실을 이해할 필요가 있다. 피해자들 또한 현실을 이해하는 시민들을 필요로 한다. 결국 피해자들도 우리 사회의 일부이기 때문에 같은 오해를 하고 있다. 만일 피해자가 자신의 성폭력 피해가 드문 일이고, 따라서 신고해도 사람들이 믿어주지 않을 것이라 생각한다면 아예 신고도 하지 않게 된다. 고발할 용기를 가진 피해자일지라도 타인들이 자신을 비난하거나 믿어주지 않는다고 느끼는 일이 종종 있다. 오해와 잘못된 통념들은 참으로 해롭다. 아동 성폭력에 관한 일반적인 통념들을 몇 가지 더 살펴보기로 하자.

아동 학대 문제를 다루는 아동보호기관이나 관련 전문가들에 대해 잘못된 통념과 오해들이 많다. 그 하나는 이들이 오로지 학대 피해 아동에만 초점을 맞춘다는 생각이다. 사회복지사들이 해야 할 업무는 아동을 안전하게 보호하는 일이다. 하지만 이런 업무를 효과적으로 하려면 가족 단위 전체를 다루어야만 하며, 아동뿐만 아니라 그 부모와 가족, 친구, 학교 교사와 지역사회 주민들로부터의 정보도 필요하다. 이들의 목표는 아동보호뿐만 아니라 가족 모두가 정상적으로 생활할 수 있도록 교육과 그 밖의 지원을 제공하는데 있다.

또 하나의 잘못된 통념은 누군가 아동 학대 의심사건을 신고하면 해당 아동은 가정으로부터 즉시 격리된다는 생각이다. 아동보호를 위한 조사의 주된 목적은 격리가 아니다. 이웃 주민의 아동 학대 의심신고로 아동을 집에서 격리시키는 경우는 드물다. 아동을 격리조치하려면 법원 명령이 필요하며, 사회복지사는 아동에게 심각하고 즉각적인 위험이 있음을 입증해야 한다. 하지만 경찰은 응급상황에서 아동을 최장 72시간 동안 격리조치할 권한이 있다.

아동 성폭력과 관련하여 가장 고질적인 오해는 성별의 문제다. 특히 소년들이 성폭력 피해자가 되는 경우는 드물다는 오해다. 통계 숫자를 보면 이야기가 다르다. 실제로는 통계숫자보다 더 심각할 수 있다. 1984년 캐나다 국립조사위원회 보고서에 따르면 여성 두 명 중 한 명은 19세 이전까지 성폭력 피해를 겪고, 남성의 경우에는 다섯 명 중 한 명이 같은 피해를 겪게 된다(Badgley Royal Commission Report, 1984). 또한 소년의 경우 소녀들에 비해 성폭력 신고를 꺼리기 때문에 실제로는 다섯 명 중 한 명 이상일 것으로 보았다.

19세가 될 때까지 모든 여성의 절반가량이 성적 학대를 당한다면 정말 끔찍한 통계가 아닐 수 없다. 내 의견은 다르다는 말은 아니지만, 남자 청소년들의 20%가 피해를 겪는다는 사실 또한 우리가 문제의식을 가져야만 한다. 이 두 측면을 모두 보아야 아동 학대 문제 전체를 올바르게 해결할 수 있다.

또한 정상적으로 보이는, 교육 수준 높은 중산층 이상의 가족에서는 아동 학대가 일어나지 않는다고 일반적으로 생각한다. 사실 아동 학대는 어떤 형태의 가족에서나, 어떤 사회경제적 조건에서나 일어나고 있다. 사람들이 오해하는 가장 위험한 부분 중의 하나는 정상적으로 보이고 또 정상적으로 행동하는 사람, 특히 교양 있고, 예의바르고, 부유한 사람이 아동 학대범인 경우는 없다는 생각이다. 성범죄자들은 자신들의 외관이 의심을 줄일 수 있다는 것을 알기 때문에 이러한 오해를 이용해 피해자들에게 접근한다.

또 하나의 잘못된 통념은 가해부모 자신이 아동 학대 피해 경험이 있는 경우, 학대에 대한 책임이 감경될 수 있다는 것이다. 아동을 학대하거나 유기한 어른은 자신의 행동에 책임을 져야 한다. 물론 가해자는 자신이 어렸을 때의 피해 경험이나 아동을 양육하는 방식을 어떻게 배우게 되었는지에 따라 영향을 받았을 수 있다. 하지만 자신의 학대나 피해자를 잘 보호하고 치료하지 않은 사실에 대한 변명이 될 수 없다.

가장 심각하며 고질적인 오해 중의 하나는 아동 자신이 학대를 유발했거나 종종 거짓증언을 한다는 생각이다. 어느 것도 사실이 아니다. 어른들은 아동에 대한 자신의 행동에 책임이 있다. 앞서 설명한 것처럼 아동은 성적 행동에 대해 스스로 선택할 능력이 전혀 없다. 아동이 그런 선택을 하려 했다든지, 학대를 유발했다고 본다면 잘못된 생각이다.

마찬가지로 아동이 종종 거짓으로 학대 사실을 증언한다는 생각도 잘못되었다. 아동이 성폭력에 대해 거짓말을 하는 경우는 드물다. 물론 무슨 일이 있었는지 말하기 꺼려지고 두렵다는 점, 무슨 일이 일어났는지 이해하려 애쓰는 아동의 마음상태를 생각하면 성폭력 사실에 대한 진술이 일관되지 못할 수 있다. 마찬가지로 단지 아동이 자신의 진술을 철회한다고 해서 거짓말을 했다고 볼 수 없다. 아동은 대체로 처음에는 학대 사실을 드러내기를 꺼리기 마련이다. 그리고 말을 꺼냈을 때 종종 격하게 흥분하거나 서로 비난을 하면서 갈등을 빚는 부모의 모습이나, 범죄의 심각한 결과나, 심지어는 가해자의 직접적이고도 강한 압박에 노출된다. 아동은 자신 때문에 가해부모가 가족에서 격리되거나, 아니면 자신이 가족으로부터 격리될까 두려워하게 된다. 심지어 아무래도 모르는 사람보다는 가해부모가 낫다고 생각하기도 한다. 아동의 입장에서는 부모가 교도소에 갇히거나, 자신이 집에서 나와야 한다면 어떤 일이 일어날지 모른다는 사실이 공포가 된다.

또한 아동이 자신이 당한 학대 사실을 과장해서 말한다고 생각하는 사람들도 있다. 물론 아동은 학교에 가지 않을 핑계로 사소한 기침이나 생채기를 과장하곤 한다. 하지만 대중들의 오해와는 달리, 연구결과에 따르면 아동은 가족이나 친지로부터 당한 학대 사실을 떠벌이기보다는 부인하거나 축소하는 경향이 더 많다.

아동 학대에 대한 잘못된 통념과 오해들은 사실에 대한 지식으로 대체될 필요가 있다. 기억해두어야 할 중요한 요점을 요약하면 다음과 같다.

- 아동 학대 의심신고를 한다고 해서 반드시 해당 아동의 격리 조치로 이어지는 것은 아니다. 적절한 기관이 조사를 해서 필요성이 인정될 경우 법원 명령에 의해서만 가능하다. 학대 사실에는 가해자 자신이 아동시기에 겪었던 피해 경험에 비추어 이해될 수 있는 부분도 있다. 하지만 변명이 되지는 못한다. 성인은 자신의 행동에 대해 책임을 져야 한다.
- 학대의 피해자가 언제나 모범적이고 이상적인 아동인 것은 아니다. 피해 아동에게 문제가 있다고 해서 성인의 학대가 정당화되

거나, 형사소추를 면할 사유가 될 수는 없다.

● 아동은 자신들이 당한 학대 사실을 과장하거나 거짓말을 하는 경우가 드물다. 사실 대부분의 경우 그 반대다. 즉 아동은 학대 사실을 부인하거나 축소하는 경향이 있다.

제5장

피해자들에게 피해사실을
기억하도록 도와주기

사라(4세)는 엄마가 세 들어 사는 집주인 아저씨에 대해 이야기를
하러 성폭력피해자센터에 왔다. 다른 어린아이들에게 하듯이 내 소
개를 했다.

"나는 로빈이야. 널 도와주는 사람이지. 나는 엄마와 아빠, 아이들
을 돕는 일을 한단다."

아이도 답한다.

"안녕, 로빈!" (서로 낯을 익히는 단계다)

아이를 편안하게 해주면서 사라의 이해 수준, 성숙한 정도, 구체
적으로 표현할 수 있는 능력을 가늠해본다. 우리는 제일 좋아하는
색, 텔레비전 등장인물과 음식(가장 많이 등장하는 음식은 피자다)에
대해 많은 이야기를 나눈다.

아이들이 사실 그대로의 일과 사실과 다른 허구를 구분할 수 있

는지 판단하는 방법들 중의 하나는 일부러 바보 같은 말을 해서 아이가 내 말에 그대로 동의하는지, 아니면 그렇지 않다고 바로잡는지 알아보는 것이다. 예를 들면, "내 머리 위에 피자를 올려놨어"라고 말하고 나서 바로 아이가 "아니, 그렇지 않아요"라고 말하는지 살펴본다. 그 다음에는 실제 있었던 일과 그렇지 않은 일에 대해 대화를 이어나갈 수 있게 된다.

아이에게 우리가 있는 방은 실제 있었던 일을 이야기하는 방임을 알려주고 면담의 목적에 따라 절차를 진행하게 된다. 사라는 매우 분명하게 이야기했으며, 사실과 다른 이야기에 대해서는 그렇지 않다고 말했다(내 머리 위에 피자가 없으며, 내 옆 의자에는 코끼리가 앉아 있지 않으며, 오늘 센터까지 자신이 운전해 오지 않았다고 답했다). 여기까지는 문제가 없었다. 그런데 면담이 진행되면서 문제된 행동에 대한 이야기가 나올 때쯤부터 사라는 자신이 마법의 힘을 가진 요정이라고 했다. 내가 실제로 그러한가 물으니 곧바로 사실이라고 답한다. 그리고는 요정의 복장, 요정의 의식과 마법의 힘에 대해 상세히 이야기해 나갔다.

현실적인 검사의 입장에서는 여기서 그만두고 면담을 바로 끝내버리고 싶었다. 속으로는 "자신이 요정이라고 생각하는 네 살 난 아이의 말을 믿도록 배심원을 납득시킬 방법이 도무지 없어!"라고 생각했지만, 어떤 말이 더 나오는지 들어봐야겠다는 느낌이 들어 요정이야기를 그대로 끌고 나갔다. 머나먼 나라로의 여행에 대한 이야기에 이어서 마법사를 만났다고 했다. 마법의 씨앗을 가졌다고 말했다는 것이다. 마법의 씨앗이 무엇인지 물어보자 사라가 답하기를 마법사의 가장 은밀한 부위에서만 얻을 수 있는데 따뜻한 우유에 숨겨져 있다고 했다.

성폭력은 은밀하게 일어나는 범죄로서 범죄 사실을 입증해주거나 확인해줄 증인이 거의 없다. 사람들이 어떻게 생각하건 간에 성범죄 사건에서는 피해자의 진술이 사건의 핵심이다. 내가 다루는 사건에서 그 피해자는 바로 아동이다.

성범죄 형사소송이 피해자에게만 초점이 맞춰져 있는 현실이 공정하다고 할 수 있을까? 피해자의 삶과 과거와 판단 결정들 하나하나가 모두 세밀히 파헤쳐지는 일이 올바르다고 할 수 있을까? 아동이 자신의 가해자 앞에서 성폭력 행위에 대해 증언하고 나면 교차신문을 하는 가해자 측 변호사는 아동이 저질렀던 실수들이 당연하고 일반적인 일이라도 하나하나 짚어내면서 피해자의 신뢰성을 깎아내려 배심원들에게 기껏해야 실수고, 아니면 최악의 경우 명백한 거짓말이라고 납득시키려 든다. 이런 장면을 지켜봐야 하는 일은 정말 고통스럽다.

더 어려운 문제는 아동 대상 성범죄의 85% 이상이 피해자가 아는 사람에 의해 저질러진다는 사실이다. 가해자는 늘 검사보다 피해자에 대해 더 잘 알고 있다. 자신의 딸을 성폭행한 친부를 예로 들어보자. 가해자는 딸이 시험에서 부정행위를 한 일, 동생을 때리고 거짓말하다가 들통난 일, 한밤중에 집 밖으로 나갔다 온 일 등등 보통의 아이들이 하는 행동이지만 피해자의 신뢰성을 떨어뜨릴 수 있는 일들을 알고 있다. 아버지가 증언대에 선 자신의 아이에게 그런 끔찍한 짓을 할 수 있으리라고는 믿기 어렵겠지만, 나는 늘 목격하는 일이다. '아이를 비난해서 자신이 빠져나갈 길을 찾는' 방어술이 바로 이것이다.

에이미 함멜-자빈Amy Hammel-Zabin은 자신의 피해 경험에 관해 증언한 책에서 알란이라 부르는 아동성애자와의 대화를 소개하고 있다. "내가 만나본 가해자와 피해자 모두 자신이 남다르다는 감정을 경험하는데, 피해자는 자신이 남과 다르다는 사실을 부끄러워하며 자책하는데 비해 가해자는 자신이 우연히, 본래부터, 혹은 환경 때문에 자신이 다를 뿐이라고 느낀다는 사실이 나는 너무 고통스럽다."(Amy Hammel-Zabin, Conversations with a Pedophile: In the Interest of Our Children, 28판, 2003, 28면). 가해자는 자신을 길러준 가족이나 자신이 경험했던 또는 경험하지 못했던 일과 같은 외부적 이유로 남다르다고 느끼는데 비해, 피해자는 자신이 남들과 다르기 때문에 학대를 초래하거나 학대를 받을 만하다고 생각한다는 것이다. 간단히 말해서 피해자는 자신을 비난하는데, 가해자는 다른 사람을 비난한다.

에르나 올라프슨Erna Olafson의 저서에 따르면 아동을 비난하고 피해자를 비난하는 일은 새로울 것도 없다. "20세기 대부분에 걸쳐 아동 피해자는 거짓말쟁이가 되거나, 그렇지 않으면 성적 일탈자로 낙인찍혀 왔다." "남성이 여성이나 아동을 성폭행한 경우, 가해자가 아니라 피해자가 비난받고 범죄에 대한 책임을 진다."(Erna Olafson, "Socialized Violence against Women and Children," B.J.Cling 편, Sexualized Violence against Women and Children, 2004). 우리가 사는 계몽된 현대사회에서는 더 이상 사실이 아니라고 말하고 싶다. 하지만 가해자의 행동에 대해 피해 아동을 비난하는 일이 너무 자주 일어나고 있는 것이 사실이다.

아동 성폭력 사건에서 내가 목격한 가장 참담한 사례는 양부가 두 양딸을 성폭행한 경우다. 13세의 피해자는 한 시간에 걸친 면담을 통해 그녀가 겪었던 성폭력과 학대 사실을 사람들에게 털어놓기를 결심할 때까지 힘들고 두려웠던 상황에 대해 증언했다. 그러고 나서 법정에서 하루 종일 여섯 시간 동안이나 피고인 측 변호사의 교차신문을 받아야 했다. 피해자는 계속해서 4학년 때 철자법 시험에서 부정행위를 하다가 적발된 사실, 자신의 엄마가 재혼하는 일을 얼마나 싫어했는지 등등의 질문에 시달렸다. 마침내 신문이 끝나자 13세의 피해자는 증언대에서 내려와서는 피고인석으로 걸어가 피고인, 그러니까 양부를 포옹했다. 바로 판사와 배심원, 법정 안의 모든 사람이 보는 앞에서. 학대 피해자가 자신을 학대한, 그러나 사랑하는 부모에 대해 어떤 갈등의 감정을 겪게 되는지 보여주는 그처럼 극적인 경우를 한 번도 본 일이 없다.

그런데 가해자 측 변호사는 그 포옹행위를 오히려 피해 아동을 계속해서 비난할 거리로 삼았다. 최후변론에서 변호사는 포옹행위는 피해 아동이 거짓말을 하고 있는 증거라고 주장했다. 자신의 거짓증언에 사과하는 의미로 포옹을 했고, 바로 배심원들 앞에서 분명한 증거를 보여주었다는 것이다.

나는 당연히 검사 측 최후변론에서 배심원들에게 포옹 장면은 우리가 우리에게 상처를 준 사람일지라도 여전히 사랑할 수 있다는 사실과, 피해자가 얼마나 갈등과 상처를 받고 있는지 보여주는 증거로 보아야 한다고 주장했다. 유죄평결이 내려졌지만, 희생이 컸다. 지금도 또 다른 피해자가 피해자를 믿을 수 없는 사람으로 만드는 것이 유일한 변론인 가해자 측 변호사에 의해 피해를 당하고 있다.

가해자 측 변호사의 또 다른 수법은 피해자 진술의 진실성을 부인하기 위해 피해자가 피해 사실을 털어놓았던 사람을 비난하는 것이다. 피해자가 성폭력을 당했다고 주장하도록 권유하고 조종하고 심지어는 강요했다고 주장하는 수법이다.

이혼이나 양육권 소송이 동시에 진행되는 경우, 아동의 진술이 조작되었다는 주장을 종종 듣게 된다. 이런 상황에서는 이혼이나 양육권 소송상의 전략으로 일방 당사자가 조작했다면 성폭행이나 학대 주장은 허위일 가능성이 있다. 물론 이런 경우도 상당수 있지만, 이혼소송 중 폭로된 학대 사실이 모두 허위인 것은 아니며, 앞서 언급했듯이 이 같은 성폭력 사건을 수사하고 기소한다고 해서 '형사 사법 시스템의 악용'이라 할 수는 없다. 사실 아내와 남편의 이혼은 당연히 피해 아동을 가해자로부터 적어도 상당한 시간 동안 격리시킬 수 있고, 가해 부모로부터 보복을 당할 두려움 없이 피해 사실을 털어놓을 수 있도록 안정된 상태를 보장해줄 수 있다.

그렇다고 아동에게 학대를 받았다고 진술하도록 교사해서 상대방이 형사 사법 시스템에 의해 가해자로 몰리도록 하는 경우가 없다고 말하려는 것은 아니다. 물론 그런 경우도 있다. 아동에게 허위고발을 하게 꾀려드는 어른들을 볼 때만큼 분노가 치미는 경우도 없다. 아이에게 어떤 짓을 하고 있는지 생각해보라! 오랜 시간이 지난 후엔 실제 성폭행을 당했는지 자신조차 혼란스러워하게 되는 아이들도 보았다. 허위고발은 수사기관이 실제 사건을 추적할 시간을 빼앗는 것은 물론이고 검사, 사회복지사, 법원 등 관계자들의 손발도 묶어버린다. 내 임무는 피해자 보호와 정의실현이다. 그런 만큼 의도적으로 조작된 성폭력 고발의 피해자를 보호하고, 허위고발에 책임 있는 사람은 처벌해야 한다고 생각한다(아동에게 허위로 고발하게 교사한 경우를 기소하기란 매우 어렵다. '합리적 의심의 여지없는' 증거를 요구하는 형사소송의 높은 입증 기준 때문이다. 의회가 법을 만들어 교사한 사람들에게 허위고발 사건 수사에 소요된 비용청구를 할 수 있도록 하고, 비용을 납부하지 않으면 '우월한 증거 기준'을 적용하는 민사법원에 소송을 제기할 수 있도록 해주었으면 좋겠다).

배심원들에게 아동의 진술이 조작되었다는 사실을 납득시키려면 더 큰 문제가 생긴다. 아동의 진술을 얼마나 신뢰할 수 있는가? 어떤 사람들은 아이들이 순진무구하기 때문에 거짓말쟁이라는 사실이 입증되지 않는 한 신뢰의 추정을 받아야 한다고 생각한다. 하지만 내 경험으로는 아이들은 일단 믿을 수 없다는 태도들이 더 많다. 그리고 아동이 정직하게 사실을 밝히고 자신이 겪은 성폭력을 설명할 수 있는 능력이 있는지에 대한 우리의 인식은 아동의 일반적 능력에 대한 인식과 직접적으로 연관되어 있는 것으로 보인다.

아동의 진술을 평가하는데 있어서 특별히 고려해야 할 요소들이 분명 있지만, 배심원들과 일반인들은 아동 진술의 진실성을 어른의 경우와 마찬가지로 판단해야 한다. 정직한 사람들도 있고, 그렇지 못한 사람들도 있다. 선량한 사람들도 있고, 못된 사람들도 있다. 보통의 경우 우리는 양 측면을 다 가지고 있다. 완벽한 사람은 없다. 그러므로 아이들에게 다른 기준을 적용할 것이 아니라 모든 사람들, 다시 말해서 실수할 수도 있고 실수를 저지르기도 하는 보통의 사람들을 볼 때와 같은 시각으로 판단해야 한다. 아이들의 증언을 평가하는 유일한 방법은 한 사람으로서의 아동에게 초점을 맞추고 그 자체로 평가하는 것이다.

당연한 말로 들리겠지만 아이들이라고 다 같은 아이들이 아니다. 성숙한 어른과 그렇지 못한 어른이 있는 것처럼 성숙한 아동도 미성숙한 아동도 있다. 표현력이 좋은 아동도 있지만 그렇지 못한 아동도 있다. 학습능력과 사회능력이 뛰어난 아이들이 있는 반면, 능력이 부족한 아이들도 있다. 인식능력이 있는 것처럼 보이지만 실제로는 그렇지 않은 아동이 있는가 하면 반대의 경우인 아동도 있다. 중요한 것은 다양한 아동집단(미취학아동, 유년, 소년, 십대 등) 안에서도 행태와 발달 상황과 표현력, 그리고 전반적인 구체적 지식 수준에 상당한 개인차가 있지만 다들 정상적이라는 사실이다.

어떤 아동은 사랑스럽고 우리 마음을 한순간에 사로잡는다. 영화 〈나홀로 집에〉에 나왔던 맥컬리 컬킨 같은 인상의 아동이라면 배심원들의 마음을 얻기 어렵지 않다. 귀엽고도 어른스럽기 때문에 자연히 편을 들어주게 된다. 하지만 그다지 사랑스럽지 않은 아동도 있다. 상점에서 물건을 훔치다가 세 번이나 붙잡혔고, 반항적이며 교활한 태도를 증언석에서도 숨기지 못하는 아이가 있다면 배심원들은 셜리 템플Shirley Temple(1930년대 미국의 유명한 아역배우 - 역주)처럼 예쁜 아이의 경우와 똑같은 태도로 피해 아동의 진술을 들어 줄까?

물론 그렇게 해야 한다. 하지만 현실에서는 어려운 일이다. 검사로서의 내 임무는 배심원들에게 우리가 아동의 문제를, 다시 말해서 다른 점에서는 더 이상 순진하지 않을 수 있지만 성폭력으로부터는 보호받아야 할 순진한 아동의 문제를 다루고 있다는 사실을 잊지 않도록 일깨워주는 일이다.

배심원들은 종종 피해자가 청소년일 경우 '착한' 아이인지 '나쁜' 아이인지에 따라 성폭력 고발 사실을 다르게 평가한다. 청소년들은 사회적으로 좋게 보아줄 만한 연령대가 아니다. 청소년들은 어떤 계층의 아이들이건 시끄럽고 소란을 일으킨다. 게다가 어른들의 최악의 태도, 즉 냉소적이고 이기적이고 속물스런 태도를 따라하는 경향이 있다. 나는 배심원들에게 그렇게 불량스런 태도는 바로 어른들의 행태를 따라하는 것에 지나지 않으며, 청소년 시기의 불안을 가리기 위한 태도에 지나지 않는다는 점을 일깨워준다. 어른처럼 때가 묻었다는 증거가 아니라 오히려 피해자가 얼마나 어리고 미성숙한지 보여주는데 불과하다는 점을 설명한다. 무엇보다 중요한 것은 어떤 불량한 태도도 가해자가 피해자에게 저지른 행동에 대한 변명은 되지 못한다는 사실이다.

검사로서 나의 임무는 배심원들에게 아동의 특징을 알려주고, 아동의 발달 상황이 저마다 다른 것이 지극히 정상이라는 사실, 그리고 성폭력에 대해서 뿐만 아니라 수사와 진술면담 절차에 대해 다르게 반응하는 것도 당연하다는 사실을 이해시키는 일이다. 하지만 검사가 치료전문가, 심리학자나 교사는 아니기 때문에 설사 그렇다 하더라도 배심원들에게 이런 사실에 대해 강의를 하도록 허용하는 판사는 없을 것이다. 그러므로 대부분의 검사들은 치료전문가, 심리학자나 교사와 같은 전문가 증언을 통해서 배심원들을 이해시킬 수밖에 없다.

전문가라 함은 특정 분야에 대한 특별한 지식을 가진 사람을 말한다. 특별한 지식은 교육뿐만 아니라 해당 전문가의 배경, 경험이나 실무훈련을 통해서도 가질 수 있다. 유급 전문가 증인을 찾는데 어려움이 있기도 하지만, 검사들은 보수 없이도 진술 가능한 전문가를 찾아내야만 한다. 이들 전문가들은 인근 기관의 경찰관이거나 검사 등 복잡하고 어려운 아동 성폭행 관련 문제들에 대해 진술해줄 수 있는 사람들이다. 아동 성폭행 사건은 전문가의 일정한 참여 없이는 진행될 수 없다. 활용 가능한 자격 있는 전문가는 많지 않은데다가 판사들은 법정에서 전문가의 진술범위를 제한하고 있다. 예를 들어, 전문가들은 아동발달 일반에 관한 기본적 원리들에 대해 진술할 수 있을 뿐, 그러한 기본적 원리가 해당 사건 피해자의 발달이나 심리상태에 어떻게 적용되는지에 대한 진술은 허용되지 아니한다. 그렇기 때문에 전문가 증인은 배심원들에게 일반적인 내용을 강의할 수는 있다지만, 배심원들은 정작 강의내용을 듣고 무엇을 판단해야 할지 모른다.

다나(15세)의 사건을 예로 들어보자. 다나의 말에 따르면 학교에서 집으로 돌아가는 길에 '잘 생긴' 남자가 '근사한 차'에 태워주었다고 했다. 이 말을 듣고 당신의 태도에 어떤 변화를 느끼는가? 그 남자를 잘 생겼다고 표현한다는 것은 성적으로 성숙한 언급이고, 근사한 차라는 표현도 청소년 특유의 물질주의적인 태도라고 여긴 어른들은 눈살을 찌푸린다. 그 남자는 잠시 대화를 나누면서 시를 읊기도 했고, 다나에게 차에 타보고 싶지 않은지 물었다. 다나는 망설이지 않고 차에 탔다. 타자마자 남자는 다나의 넓적다리를 쓰다듬기 시작했고, 급기야는 사타구니를 더듬었다. 다나는 그만하고 내려달라고 했다. 하지만 차를 계속 몰아 인적이 드문 길거리에 세우고 차 안에서 강간을 했다. 피고인의 DNA 증거를 확보했지만 더 큰 문제를 해결하는 데는 별 도움이 되지 못했다. 검사는 잘 생긴 낯선 사람의 차에 타는데 동의한 15세 소녀가 정작 성적 행위에는 동의하지 않았다는 점을 입증해야 했기 때문이다(나는 미성년자 의제강간죄가 아니라 형량이 더 높은 폭행 협박에 의한 강간죄로 기소하였지만, 이 때문에 피고인은 피해자의 동의를 항변사유로 삼았다).

나는 아동발달 전문가를 데려다가 전형적인 십대 소녀의 뇌 발달 단계에서 매우 위험한 행동에 연관된 상황에서 올바른 판단을 하기 어렵다는 과학적 증거를 제시하고자 했다. 배심원들이 이해하기 바라는 바를 비유로 들어 말하자면, 아이들은 완전한 크기의 도구상자(뇌)를 가지고 있기는 하지만, 아직 그 안에 있는 도구를 다 활용하지는 못하는 상태다. 꾸며낸 말이 아니다. 생물학적, 생리학적 사실이다. 왜 아이들이 몹시 위험한 상황에서 낯선 사람의 차에 타는 것과 같은 최악의 판단을 최악의 시점에 하는지, 따라서 다나가 차에 타게 된 잘못된 판단은 실수였을 뿐 강간에 동의한 것은 아니라는 현실을 설명해준다. 판사는 사건의 궁극적 쟁점은 피해자 진술의 신뢰성 여부라는 점을 배심원들에게 설명하고, 검사에게는 십대들의 발달 단계에 대한 매우 일반적인 질문만을 할 수 있도록 제한했다. 검사는 "만약에 이런 경우였다면"과 같은 가정법으로라도 사건의 사실에 가까운 어떤 질문도 할 수 없었다. 유죄평결을 내린 배심원들과 재판이 끝나고 이야기를 나눠보니 당연하게도 전문가 증인은 별다른 도움이 되지 않았다고 했다. 그나마 나는 운이 좋았던 것이다. 이 사건에서 배심원들은 스스로 판단할 만큼 지혜로웠으니 말이다. 하지만 심한 스트레스 상황에 놓인 아동의 생리학적 현실을 배심원들이 이해하려면 전문가의 도움이 필요한데, 나는 그러한 지원을 허용 받지 못했던 것이다.

판사가 전문가 증인으로 하여금 과학적 증거뿐만 아니라 해당 사건의 사실에 대해 논의할 수 있도록 허용했다 하더라도 종종 '전문가들 사이의 싸움'이 되어버린다. 검사와 피고인 양측에서 각자 전문가를 내세우면 어떻게 되겠는가? 서로 견해가 다르다. 단지 양측의 의견이 맞선다는 사실만으로도 많은 배심원들은 상당한 의심의 여지가 있다고 판단하게 될 것이다. 그렇다면 검사는 어찌 해야 할까? 전문가를 활용하지 않은 채 복잡한 행태에 대한 판단을 배심원들에게 맡기거나, 아니면 전문가를 활용해도 배심원들이 별 도움을 받지 못할 위험이나, 피고인 측에도 반대 견해를 가진 전문가의 출석을 부추겨서 상당한 의심의 여지가 있는 사건으로 만들 위험을 무릅써야 하는가? 판단이 쉽지 않지만 어떤 판단이든 내려야 한다.

대부분의 배심원들은 상식을 따르기만 한다면 아동과 성인 간에 근본적인 차이가 있다는 점을 깨닫게 될 것이다. 즉 아동은 반응과 행동과 사고와 감정이 성인과 다르다. 아동 진술이나 이와 관련된 기타 진술들의 신빙성을 평가하는 상식적 방법이 있다. 바로 검사인 내게도 피해 아동의 진술이 의심스럽다면 배심원들에게도 역시 마찬가지라는 기준에 따르는 것이다.

그밖에도 나는 배심원들에게 아동 학대 사건에서 아동과 성인 간의 네 가지 차이점을 이해시키기 위해 노력한다.

첫째, 아동은 모든 신체적, 감정적 필요를 성인에게 의존한다.

둘째, 아동은 성인을 신뢰하며, 본래 호기심이 많다.

셋째, 아이들은 관심과 애정을 필요로 하며, 관심과 애정을 받기 위해서라면 어떤 행동도 할 수 있다.

넷째, 청소년들은 위험을 무릅쓴 행동을 하기 쉽고, 특정한 행동이나 반항을 통해 관심을 끌고 싶어 한다.

이제 이러한 차이점이 각각 아동 성폭력 피해자에게 어떠한 영향을 미치는지, 가해자 기소에 어떤 영향이 있는지 살펴보기로 하자.

1. 아이들은 성인에게 의지한다

탄생의 기적을 다 이해할 수는 없지만 우리가 처음 세상에 태어날 때 어떤 상태인지는 분명하다. 무력하다. 아기는 스스로 필요한 것을 얻을 수도 없고, 우는 것 말고는 말로 표현할 수도 없다. 아동의 발달은 여러 해가 걸리며, 우리가 신뢰하는 어른들의 가르침에 따라 점차 삶의 필요를 스스로 충족하는 기술을 배워가게 된다. 몸을 씻고, 요리를 하고, 차를 운전하는 일을 스스로 하는 어른들은 쉽게 말한다.

"어떻게 저 아이는 저렇게 이상하게 생긴 낯선 사람과 같이 갈 수 있지?"

하지만 아동은 이제까지의 삶에서 늘 몸을 씻고 먹고 이동하는 일을 어른들에게 의지해왔고, 어른들이 해로운 일들로부터 자신을 보호해줄 것이라 신뢰해왔으며, 어른들의 관심을 받고 싶어해왔으니 낯선 사람의 위험성은 전혀 생각지도 못한다.

성인들은 사람을 보이는 그대로 믿지 말아야 한다는 걸 안다. 누군가 내게 호의를 베푼다면, 심지어 배우자라도, 우리 마음속 일부에서는 "흐음, 뭘 바라는 거지?" 의아해하기 마련이다. 이런 반응은 냉소, 신중함이나 상식, 그 밖의 뭐라 하든지 간에 여러 해에 걸친 경험에 근거를 두고 있는 사실이다. 쓰라린 경험을 통해 사람들이란 겉보기와 늘 같지는 않고, 자신들에게 이익이 있어야 행동을 하기 마련이라는 사실을 종종 깨닫게 된다. 아동은 그런 삶의 경험이 없는데다가 더 불리한 것은 그 반대의 경험만을 해왔다는 점이다. 자라나는 동안 내내 자신들이 의지하는 어른들을 믿어야 하고, 또 믿을 수 있다고 경험해왔다.

성인이 거의 다 되어가는, 그래서 자신들이 한때 의지했던 어른들에게 반항하고 독립하기를 갈구하는 십대들조차도 성인에 대한 의존성 때문에 성폭력 위험상황에 빠질 수 있다. 대학입학 지원을 위해 교사의 추천서가 필요한 고등학생을 예로 들어보자. 축구선수가 운동경기에 뛸 수 있는 시간은 감독에게 달려 있다. 그리고 교사들은 모든 중요한 내신성적을 좌우한다. 다행스럽게도 거의 모든 교육자들은 그러한 상황에서 전문가답게 처리한다. 내가 말하고자 하는 요점은 십대들조차도 힘 없는 자와 힘 있는 자의 관계처럼 성폭력 가해자들이 노리고 이용하려 드는 위치에 놓일 수 있다는 점이다.

너무나 자주 목격하게 되는 예를 하나 더 들어보기로 하자. 친구와 외출 허락을 받으려는 십대가 있는데, 양부나 엄마의 남자친구가 "내 부탁을 하나 들어줘야 엄마한테 외출해도 된다고 말해 줄게"라고 하는 경우다. 십대들에게 자유와 독립에는 책임 있는 행동이 뒤따라야 함을 가르치는 건 문제가 없다. 하지만 가해자의 성적 요구를 들어주어야 하는 건 아니다.

성인에 대한 의존성은 가해자들이 노리는 수단이다. 여섯 살 때와는 다르지만, 아동은 열여섯 살에도 여러 가지 일을 어른들에게 의존하며, 성인의 도움이 여전히 필요하다. 아동의 입장에서는 의존으로부터 벗어날 수가 없다. 대부분은 이유를 이해할 수 없을 때조차 부모님 말을 따라야 한다(결국에는 "내가 그렇게 하라고 했으니까"라는 이유로는 더 이상 효과가 없게 되겠지만, 어쨌든 당분간은 효력이 있다). 의존성은 자동적으로 복종하도록 하는 근본 원인이다. 따라서 친척어른이 이상하고 고통스럽기까지 한 짓을 하는 데도 싫다고 말할 힘이 없게 된다. 이처럼 뿌리 깊은 의존성과 복종 때문에 오랜 기간 학대와 피해의 관계가 세상에 드러나지 않은 채 지속된다.

오랜 기간 동안 피해를 입은 아동청소년으로부터 진상을 모두 밝혀내는 일이 특히 어렵다. 아동은 대체로 지금 오늘을 산다. 오랜 기간 동안 학대받은 아동은 흔히 언제부터 학대가 시작되고 어떻게 심해지게 되었는지 기억조차 잃기도 한다. 불쾌했던 경험들이 기억을 막기 시작한다. 여전히 성폭력 가해자를 신뢰하고 의지하며 사랑받기를 바라기 때문에 '나쁜 일들'에 대해서는 입을 닫으려 한다.

이러한 장벽을 넘어서기 위해 '피해자 존중하기'의 방식을 취한다. 부모들에게도 그 방법을 알려준다. 간단한 예를 들어 통상적인 방식을 설명해보자. 마이스페이스, 페이스북과 같은 소셜미디어를 열심히 사용하는 열네 살 매기의 사례다. 하루는 모르는 사람에게서 메신저를 받았다. 이런 일이 생기면 '어른에게 알리기' 규칙을 알고 있었기 때문에 곧바로 부엌으로 뛰어갔다.

"엄마, 나랑 친구 맺고 싶다는 메시지가 모르는 사람한테서 왔어요. 내가 지금 뭘 하고 있는지 알고 싶대요."

놀란 엄마는 컴퓨터로 달려가 메시지를 보고는 말했다.

"알려줘 고맙구나, 매기야. 이게 바로 아빠랑 내가 염려했던 일이다. 더 이상 페이스북은 보게 할 수가 없구나."

부모는 아동에게 낯설거나 원치 않은 메시지를 받거든 알려야 한다는 안전규칙을 가르쳐 주었고, 소셜네트워크를 금지하는 보호조치를 했다. 그렇다고 매기를 보호하는 걸까? 아동은 엄마가 원하는 그대로 할 뿐이다. 위험신호를 발견하고 부모에게 알렸지만 아동의 관점에선 일이 어떻게 된 것일까? 칭찬받고 격려를 듣는 대신, 내가 말한 것처럼 존중받는 대신 아동의 입장에서는 벌을 받은 셈이다. 매기는 바로 그렇게 이해하기 쉽다.

대신에 매기를 존중하는 방식으로 말하려면 어떻게 해야 할까? "정말 똑똑한 일을 했구나. 네가 자랑스럽다!"라고 말하고, 왜 낯선 사람에게 메신저를 받고 답해서는 안 되는지 서로 의견을 나눌 수 있을 만큼 책임성 있는 사람으로 대함으로써 아동을 존중해주어야 한다. 물론 아이가 악몽을 꿀 만큼 현실을 상세히 알려줄 필요는 없지만, 집 안에서 가족친지와 함께 있을 때는 안전하지만 낯선 사람은 여전히 조심해야 할 필요가 있음을 납득할 만큼은 말해주어야 한다. 아이들은 단지 부모에게 복종하기보다는 조심해야 할 이유를 깨치게 되면 올바른 선택을 할 수 있게 된다. 아무튼 우리가 아이들에게 가르치고자 하는 내용은 바로 올바른 선택과 결정을 할 수 있는 책임성 있고 독립적인 어른이 되라는 것 아닌가!

아동과 면담할 때마다 아이들에게 피해에도 불구하고 성폭력 사실을 털어놓은 행동은 용감하고 올바른 결정이었으며, 이제는 보호 받을 수 있다고 느낄 수 있게 해주고 싶다. 아이들이 안전하다고 느낄 수 있고, 사건이 어떻게 결말이 나든지 어른들이 아이들의 말을 들어주고 주의를 기울여줄 것임을 알 수 있게 해주고 싶다.

2. 아이들은 사람을 쉽게 믿고, 호기심이 많다

아동이 성인에게 의존하는 성향과 쉽게 사람을 믿는 성향은 서로 밀접하게 연관되어 있다. 아이들의 삶에 필요한 모든 것은 어른이 마련해준다. 믿지 않을 도리가 있겠는가? 의심 없이 어른들의 말에 따른다. 이유를 몰라도 그저 어른들을 믿는다. 아이들에게는 의존성, 복종과 신뢰가 한 가지로 나타난다. 아이들의 경험에 따르면 어른들은 믿을 수 있고, 모든 힘을 다 가진 사람들이다. 사실 우리도 아이들에게 어른들을 믿을 수 있는 권위 있는 사람으로 대하도록 가르친다.

아이들이 세상에 태어나는 순간부터 어른에 대한 신뢰는 시작된다. 처음부터 아동은 먹고, 씻고, 옷을 갈아입고, 잠자리에 눕기까지 누군가에 의지한다. 어떻게 의존하게 되는지 생각해보라. 아기가 울면 젖병이 입에 물려지거나 모유가 주어진다. 또 울면 토닥여 트림을 시켜준다. 한 번 더 울면 기저귀를 갈아준다. 커가면서 아이들은 스스로 먹고 용변 가리기를 배우게 되지만, 어른들에 대한 의존은 여전해서 입학시키고 옷을 사 입히고 병원에 데려가며 계속해서 아동이 살아가는데 기본적인 필요를 책임진다.

어린 나이의 아이들은 이상하거나 안전하지 못한 경우에 해당하는 일이 어떤 것인지 경험해보지 않아 거의 모르는데다가, 어른들의 가르침과 말이 일치하지 않는다고 여길 수도 있다. 예를 들면, 엄마가 아이에게 "낯선 사람과 이야기하면 안 돼!"라고 주의를 주고 나서 차에 태워 시내에 쇼핑가는 경우다. 식료품점에 들어간 엄마는 아이에게는 방금 전까지도 낯선 사람이었던 식료품점 주인에게 정중하게 인사하라고 시킨다. 당신 아이에게 어떤 사람이 '낯선 사람'에 해당하는지 물어본 적이 있는가? 아마도 답을 들어보면 놀랄 것이다. 어른들의 혼란스러운 메시지 때문에 아이들은 구체적인 상황이 되면 어떻게 행동해야 하는지 알 수가 없어서, 여전히 어른이 어떻게 해야 할지 지시해주기를 바란다. 피해자가 신뢰할 수 있는 어른들에 둘러싸여 행복하고 안전한 삶을 살아왔다면 더더욱 그렇다. 이렇게 되면 피해자는 이상한 낯선 사람이 자신을 향해 웃거나, 어떤 아저씨가 과도하게 친근한 척하며 어깨에 팔을 두를 때 어떤 행동을 취해야 할지 배우고 따를 수 있는 행동이나 경험이 없는 상태가 된다. 신뢰의 단계를 지나 더 성장해갈수록 아동의 선천적인 호기심은 더 커진다. 호기심이 많아지는 일 자체는 바람직한 성장이다. 그래서 우리는 아동에게 나쁜 일은 없을 거라고 안심시키며 세상을 탐구하도록 격려한다. 어떤 일이 아이들을 놀라게 하거나 흥분케 할 때 어떻게 말해주는가? 아이들이 아주 안심할 수 있도록 "괜찮을 거야"라고 말한다. 또 그렇게 해야 한다. 그렇다고 아이들에게 도깨비 같은 사람들이나 더 험악한 세상 일들을 늘어놔야 한다는 뜻은 아니다. 내 요점은 우리가 아이들을 안심시키는 일이 어떤 영향을 미치는지 인식할 필요가 있다는 점, 그리고 우리가 직접 가르쳐 주지 않는 한 스스로 아이들이 위험한 상황을 가려내서 위험에 대처할 수 있으리라 기대해서는 안 된다는 점이다.

아동 피해자의 행태에 대한 배심원들의 이해를 돕기 위해서는 아이들의 자연스런 행태, 아이들의 어른에 대한 신뢰와 의존의 필요, 사랑받고 순종하려는 열망, 그리고 어른들을 믿고 아이들이 마음속에 호기심을 품게 되는 일에 대해 일깨워주어야 한다. 이러한 자연스런 행태를 이유로 아동에게 불이익을 줄 것이 아니라 그런 행태 특성이 있다는 사실을 이해하고 아동, 특히 증언대에 선 아동의 말을 들어야 한다. 어떻게 성폭력이 일어날 수 있었는지 이해하려면 아동의 특성을 인식해야 한다. 무엇보다도 부모들은 어떤 상황이 안전한지, 안전하지 못한지 판단하는데 자신의 본능에 귀 기울이는 법을 자녀들이 배울 수 있도록 도와주어야 한다.

3. 아이들은 관심과 애정을 필요로 한다

요새 아이들은 대부분 착한 아이들조차도 자기 위주의 정서를 가지고 있다. 아이들은 뭔가를 원한다. 아이들은 뭔가를 바로 지금 원한다. 때때로 아이들은 왜 뭔가를 원하는지 정확히 안다. 사탕은 맛이 좋으니까. 하지만 어떤 때는 그리 분명치 않다. 아동은 왜 안기고 싶은지, 껴안고 싶은지 이유를 말하지는 못해도 단지 그렇게 원한다는 사실만을 알 뿐이다. 게다가 자신이 원하는 뭔가에만 집중한 나머지 그걸 얻는데 관련된 위험은 간과하게 될 수 있다.

관심과 애정은 아동의 행동요인이면서 동시에 가해자들에게는 손쉬운 범죄기회가 된다. 아동 특히 어린아이들은 지금 이 순간만을 생각하고 쉽게 주의가 산만해진다. 아이가 슬퍼할 때면 우리는 아이를 웃겨주거나 사탕을 준다. 아이들이 어릴 때는, 우리가 나이가 들수록 그렇게 되는 것처럼 원망을 오래 품지 않는다. 한순간 화를 냈다가도 얼마 안 가 새 장난감을 가지고 행복하게 놀기도 한다.

이처럼 순간순간 반응하는 태도 때문에, 어른의 관심을 받고 싶은 어린아이는 어른의 겉모습이나 낯선 사람인지에 대해서는 생각해보지 않게 된다는 의미다. 아이들은 단지 자신들이 얻고 싶은 애정에 대해서만 알 뿐이다. 더구나 아이들은 애정이 절실하다. 아기 때는 관심을 많이 받았기에, 아동기 대부분 동안 그런 관심을 다시 되찾고자 애쓴다는 생각도 종종 든다.

가해자들은 아이들의 관심에 대한 본능적 욕구를 이용한다. 가해자들은 종종 관심에 목말라 하는 아이들을 먹잇감으로 삼는다. 혼자 앉아 있는 아이들이나 관심에서 소외된 아이들을 노린다. 바로 그런 아이들은 훨씬 꼬임에 빠져들기 쉽다는 걸 알기 때문이다. 내성적인 아이는 손쉬운 표적이 된다.

가해자들은 자신의 범행 대상에게 말을 걸 무슨 구실이라도 찾아내서 말을 걸고 아이에게 관심을 쏟아준다. 질문을 하고, 아이의 관심에 공감을 표하고, 조언을 해주면서 진지한 관심을 보여준다. 미리부터 준비한 대로 아이가 무얼 좋아하는지, 즐겨보는 영화, 가수나 새로운 유행을 알 때까지 시간을 들인다.

인터넷 시대에 일정한 나이대의 아이들이 무엇을 좋아하는지 파악하는 일은 어렵지 않다. 사실 가해자들은 아이들과의 대화나 페이스북, 또는 단순히 아이들의 일상 스케줄에서 곧바로 정보를 얻어낸다.

그렇다면 누가 아이들을 유혹해서 관계를 시작하고, 이어 성적인 관계까지 갈 수 있는 최적의 위치에 있는지 알 수 있겠는가? 아이들에게 접근할 수 있고, 서로 친해질 시간을 가질 수 있는 사람, 즉 가족, 이웃, 엄마의 남자 친구 등등이다. 더구나 앞서 언급한 대로 가해자는 아이의 숨겨진 잘못을 알게 될 경우, 아이를 협박하거나 상처주거나 겁을 줄 수 있기 때문에 아이를 조종할 수 있는 또 하나의 수단을 갖는 셈이다.

아이들이 관심만을 열망하는 건 아니다. 애정도 원한다. 가해자들도 이걸 알기 때문에 악용하게 된다. 아이들은 애정과 이해의 손길을 바란다. 아기 때부터, 그리고 겉으로는 부인할지언정 성인이 되어서도 필요로 한다. 아이들은 감정적인 애정 또한 필요로 한다. 단지 사랑받고 있다고 느끼고 싶어 한다. 아이들의 삶에서 애정이 결핍되면 대신 이를 채워줄 누군가에게 더 취약해진다.

우리가 자녀들에게 자녀들이 원하는 만큼 관심을 다 베풀어주기가 얼마나 어려운지 안다. 나 역시 남편과 세 아이가 있고, 여러 업무와 출장으로 종일 일해야 한다. 그러니 정말 나도 안다. 하지만 애정은 학대의 관계로 들어가는 가장 흔한 관문인데다가 성폭행을 효과적으로 은폐할 수도 있다. 우리 사회는 특정한 성인과 아이들 간의 애정을 정상적이고 당연하다고 본다. 예를 들자면 친척, 가족의 가까운 친구, 보모나 교사 같은 사람들이다. 이런 상황에서 애정은 성폭행을 은폐할 수 있다. 누구도 이런 관계가 부적절하다고 보지 않다가, 뒤늦게 정상적인 애정 행위가 비정상적인 학대 행위가 되어버린 걸 알아차린다.

내가 아는 사례 중에 칭찬과 격려의 표시로 종종 선수들의 어깨를 감싸 안아주는 야구 코치가 있었다. 선수들은 아홉 살 아이들이었고, 야구시합 중에 부모들이 볼 때만 그렇게 했다. 한 번은 스트라이크 아웃당한 아이를 '좋은 코치'가 다가와 안기도 했다. 아무도 이상하다고 생각하지 않았다. 너무도 당연하다고 보았다. 어깨를 감싸 안아주고 나서는 아이의 엉덩이도 두드렸다. 사실 미식축구 선수들도 그렇게 서로 신체적으로 접촉하지 않는가? 그런데 코치는 이 아이가 가까이 있을 때마다 늘 같은 행동을 했다. 그래도 늘 남들이 다 보는 앞에서만 그렇게 했다. 선수들과 선수 부모들이 모두 있는 앞에서 일어난 일들이다. 사실 시합을 비디오카메라로 찍는 부모들이 이런 장면도 찍었다. 그래도 아무도 문제 삼지 않았다.

코치가 허벅지 부위를 만지기 시작하고 나서야 그 아동은 불쾌하다고 말했다. 그렇게 말을 해서야 부모들도 비로소 코치가 지속적으로 어깨를 감싸 안고 엉덩이를 두드리는 행위가 부적절할 수 있다는 생각이 들기 시작했다. 야구팀 선수와 부모 모두를 면담하자 모든 사람이 코치의 행태가 부적절하다고 생각한다고 답했고, 아이들 각자도 코치가 어깨나 엉덩이를 만지면 불쾌하다고 말했다. 코치가 허벅지를 만지는 행위를 한 지 8주가 지나서야 누군가 나서서 문제를 제기했다. 게다가 면담과정에서 네 명의 선수들은 어른들이 주변에 없는 훈련시간에 코치가 허벅지 부위를 만졌다고 증언했다.

코치가 선수 어깨에 팔을 두른다고 해서 언제나 성적 학대라고 말하려는 게 아니다. 내 요점은 가해자가 성폭행 피해자를 물색할 때 애정이 쉽고 빈번한 구실이 된다는 사실이다. 아이들은 관심과 애정을 쉽게 받아들이고 쉽게 사람을 믿기 때문에 또한 성폭행으로 이어지기 쉽다. 무슨 일이 일어날지 잘 이해하지 못하기 때문에 어린아이들뿐만 아니라 나이가 좀 든 아이들에게도 이런 일이 일어날 수 있다.

부모들로서는 우리 사회에서 널리 인정되는 정상적인 신체적 접촉을 경계할 일은 아니다. 하지만 자신의 자녀에게 애정을 표시하는 사람을 주의하고, 그 사람의 애정표현이 자녀를 불쾌하게 하는지 당신과 당신 자녀의 본능적 판단에 따를 때 정상적이지 않은 행위로까지 나아가는지 살펴야 한다.

4. 십대 청소년은 특별하다

청소년기는 우리 인생에서 가장 매력적이고 흥분 가득하면서도 힘겨운 시기다. 부모나 청소년 자신들 모두 동의하는 사실이다. 신체적 변화, 호르몬의 변화, 학업의 변화와 관계의 변화가 일어나는 시기다. 한때 '내 아기'였던 자녀는 아직 부모 눈에도, 어떤 경우에도 성인에 이르지 못했다는 점을 잘 안다. 어디까지 허용되는지 시험 삼아 경계를 넘어보던 아동의 행동은 이제 십대의 완강한 저항이 된다. 한때 아동의 몸이 이제는 성인의 몸처럼 보인다. 한때 배우기에 열심이었던 아이는 이제 자신이 무얼 아는지 보여주는데 열심이다. 이런 모든 변화가 십대 청소년들이 성폭행의 피해자가 될 수 있는 특별한 요인이 된다.

피해자가 사람들이 상상하는 것처럼 순진한 여섯 살의 머리 땋은 소녀가 아닐 경우라면 상황이 달라진다. 어쩌면 상당 부분 상황이 변한다고 말해야 하겠는데, 이유는 다음과 같다.

- 십대 소녀를 성폭행한 가해자는 어린아이를 성폭행하는 가해자와 다른 유형이며, 아동 성폭력을 저지른다는 인식이 없을 수도 있다. 피해자가 아동처럼 보이지 않거나 아동처럼 행동하지 않기 때문이다.
- 성폭력에 관한 법 규정은 종종 청소년에 관하여는 차이가 있다. 제2장에서 상세하게 설명한 바와 같이 법률은 아동의 연령과 같은 성장변화에 따라 처벌을 달리 한다.
- 마지막으로 청소년에 대한 재판은 상당한 차이가 있다. 배심원들은 '전형적인' 여섯 살 아이와 달리 청소년 피해자에 대해서는 상당히 다른 인상을 갖게 되며, 피해자 증언의 경우에 대해서도 상당한 인식 차이가 있다.

하지만 단지 청소년이 성인처럼 보이고 말썽을 부린다고 해서 이들에 대한 가해자의 성폭력이 성범죄에 해당되지 않게 되는 건 아니지 않은가?

　내 업무에는 십대 피해자를 대하는 일도 포함된다. 피해자들에게
경청과 이해, 그리고 신뢰를 받고 있다는 느낌이 들게 해주는 일이 내
임무다. 피해자들은 청소년 시기라는 가장 힘든 시절을 겪고 있는데
다가 성인으로부터 성폭력까지 당하고 게다가 형사재판에서는 피고
인 측 변호사(그리고 종종 자신의 부모)까지 마주 대해야 한다.

　다행스럽게도 십대들에 대해 많은 걸 알려주는 두 아들이 있는데다
가 더욱 다행스럽게도 내 자신도 십대 시절 얼마나 말썽을 부렸는지
기억하고 있다. 얼마나 기억나는지는 분명하지 않지만 십대 시절의
기억이 같은 나이 또래 피해자들을 다루는데 도움이 된다. 하지만 요
즘 십대들이 말하는 방식은 배워야 했다. 장난도, 암시도, 돌려 말하
기도 없다. 나와 면담하는 십대들은 내가 전적으로 정직하기를 기대
한다. 그래서 나도 그렇게 한다.

　정말 앞서 강조했던 대로 피해자를 존중해야 한다. 나는 있는 그대
로 말한다. 피해자에게 마땅한 대접을 한다. 십대들을 아이취급하지
않고, 판단하려 들지 않으며, 질문한 뒤에는 입을 다물고 십대들의 답
을 듣는다.

　하지만 저자세를 취하지는 않는다. 아동이 반항적이면 내가 존중해
주는 만큼 나도 존중받아야 한다는 걸 분명히 한다. 어떤 나이의 아이
들도 모두 규율과 한계를 바란다. 그래서 나는 그렇게 한다. 아이들에
게 내게 말할 때의 규율에 대해 말해주고 그렇게 따르도록 한다. 물론

성인과 마찬가지로 아동을 존중받아야 할 귀한 존재로서 대한다.

무엇보다도 내가 청소년 피해자를 이해한 것처럼 배심원들도 피해자를 보고 이해할 수 있게 해야 승소할 수 있다. 청소년들의 반항적이고 과장된 겉모습을 넘어 참모습을 이해할 수 있게 해야 한다는 의미다. 배심원들이 내가 피해자를 신뢰하는 이유 자체를 이해하도록 해야 한다는 점이 특히 중요하다. 때로는 정말 어려운 일이다. 겁에 질려 있거나 뚱한 피해자, 이상한 증언, 교차신문 과정에서의 공격적인 태도, 피고인 측 변호사의 공격과 모욕 등이 모두 난관이다. 하지만 배심원들이 피해자가 아니라 가해자에게 초점을 맞추도록 할 수 있다면 훨씬 우위에 설 수 있다. 피해자가 몇 살이든 어떤 태도이든, 아동이라는 사실을 배심원들이 이해하게 할 수 있다면 더욱 우위에 설 수 있다.

이 모든 사항을 담은 가장 중요한 사실, 내가 검사를 하며 배운 가장 중요한 사실은 검사 자신이 먼저 믿지 못하는 사건에서는 승소하지 못한다는 점이다. 자신이 맡은 피해자의 진실성을 의심한다면 기소조차 하지 못한다. 배심원들이 피해자를 믿게 하려면 내가 피해자를 믿어야 한다. 그래야만 피해자의 진실을 확고하게 믿는 내 믿음이 전달될 수 있다.

무엇보다도 변호사나 판사가 아니라 검사의 길을 택한 이유가 바로 이러한 사실 때문이다. 가장 좋은 점은 맡게 된 모든 사건에서 올바른 판단을 할 수 있는 권한이 있다는 사실이다. 나는 기소사건의 숫자로 보상을 받지 않는다. 사건이 되지 않는다고 판단할 때는 내가 바르다고 판단하는 대로 기소하지 않을 독자적인 권한이 있다. 다른 한편으로 증거가 불충분하지만 내가 정말로 피해자를 믿는 사건이라면 올바른 일을 할 권한이 있다.

제6장
흉악성범죄자의 프로파일

10월의 어느 일요일, 론 버클의 호화저택에서 강간피해자 치료센터 연례기금 모금을 위한 브런치 모임이 열렸다. 참석한 남자들은 브런치에 어울리는 면바지나 가벼운 정장, 여자들은 과시하지 않으려는 듯 하면서도 화려한 보석 장식의 옷을 걸친 흠잡을 데 없는 차림새들이다. 매년 유명인사가 특별손님으로 초대되거나, 어떤 경우에는 유명인사들로만 모임이 개최되기도 한다. 물론 지역 유명 정치인들, 시장, 지방경찰청장, 지방검사장, 판사와 주州의원들도 모두 초청된다. 센터의 부유한 후원자들끼리 담소를 나누는 동안 일부는 어려움에 처한 센터의 어려움이나 선별된 사례에 관한 보고를 듣는다. 기부자들에게 기부를 많이 하도록 권하기 위함이다.

기부자들이 기부를 많이 하게 하는 최고의 방법이 무엇일까? 가장 끔찍하고, 경악스럽고, 가슴 아픈 사건? 그런 사건이 어떤 걸까?

낯선 사람이 소녀를 납치해 잔인하게 폭행하여 피해자는 아무 일도 기억하지 못하는데 수사기관들이 피해자의 부러진 뼈와 채취물과 DNA 증거를 통해 사건을 재구성한 경우일까? 아니면 의식 있는 시민이 '어떤 남자가 소녀를 트럭 뒤에 싣는 걸' 목격하고는 응급구조 전화에 신고하고, 곧 이어 경찰이 도착해 자신의 딸을 강간하고 있는 아버지를 체포하는 경우일까?

사실 이런 사건들에는 '세상에 이럴 수가!' 싶을 부분들이 있다. 하지만 내가 맡았던 사건들 모두 그처럼 '세상에 이럴 수가' 싶은 사건들인 것이 현실이다. 아동 성폭행이 날마다 매우 많은 건수가 일어난다는 건 끔찍한 진실이다. 이 사실이 '세상에 이럴 수가' 싶지 않다면 그럴 만한 일이 또 있을지 나는 알지 못한다.

브런치 모임에서 사람들과 함께 앉아서 사례보고를 듣고 고개를 저으며 경악하는 선량한 사람들의 모습을 보고 있노라면 과연 이 사람들이 흉악성범죄자에 대한 어떤 이미지를 가지고 있을까 의문이 든다. 혹시 그처럼 끔찍한 범죄를 저지르는 자들이 모두 성도착자의 전형적 이미지처럼 생겼다고 생각하는 게 아닐까. 바바리를 입은 성도착자들 몇몇이 그런 범죄를 저지른다는 식의 생각이야말로 문제 현실을 제대로 이해하지 못하게 되는 이유다. 사실 가해자들은 평범한 겉모습 뒤에 숨어있는 경우가 더 많다. 브런치를 즐기고 있는 너그러운 기부자들이 전혀 눈치 채지 못할 그런 겉모습 말이다.

그렇다면 당신은 흉악성범죄자가 어떻게 생겼을 거라 생각하는가? 어떤 특징을 지녔을까? 어두운 골목에서 튀어나와 아이를 붙잡아가는 자들일까?

내 경험으로는 사람들이 흉악성범죄자에 대해 가지고 있는 보통의 이미지는 진실이라기보다는 받아들이기 쉬운 내용일 뿐이다. 오히려 그렇기 때문에 잘못된 통념들이 계속되는 걸지도 모른다. 성폭력 가해자들에 대해 사람들이 갖는 이미지는 학교에서 귀가하는 아이를 잡아채가는 수상한 낯선 사람이다. 물론 그런 사건도 일어난다. '낯선 사람의 위험'이 실재함을 부인하려는 게 아니다. 특히 이성과 대화를 할 만큼의 나이지만 스스로를 보호할 만한 수단이나 능력을 갖기에는 어리고 순진한 아이들이 위험하다. 하지만 모든 연령대의 아이들에 해당되지는 않는다.

더 큰 위험은 오히려 가족이나 이웃의 누군가로부터 온다. '낯선 사람'이란 우리가 알고 신뢰하는 바로 그 사람 속에 숨어있는 이상하고 어두운 측면을 말한다. 언론에 크게 보도된 아동 유괴사건들 중에 수사관들이 수사범위를 넓히기 전에 피해자의 가족이나 친지들부터 수사하는 경우를 본 경험들이 있을 것이다.

캐일리 앤소니 사건(2008년 플로리다에서 두 살 난 딸 캐일리Caylee Anthony를 살해유기한 혐의로 친모가 기소되고, 검찰은 사형을 구형하였으나 피고인 측 변호인은 외조부가 수영 중 사고사한 손녀딸의 사체를 유기하였으며, 피고인이 어린 시절부터 친부에게 성폭행을 당해 정신문제가 있다

는 항변으로 결국 무죄평결을 받았다 - 역주)이나 할리 커밍스 사건(2009
년 플로리다에서 집에서 잠자던 다섯 살의 할리Haleigh Cummings가 실종되어
2013년 현재까지 소재불명이다 - 역주)을 예로 들어보자. 이 사건들에서
수사관들은 실종아동과 가장 가까운 사람들부터 수사를 시작해 캐일
리 사건의 용의자를 찾아냈고, 할리 사건의 경우는 아직도 범죄자를
밝혀내지 못했다.

수사과정에서 아동과 가장 가까운 사람부터 일차적인 혐의자가 된
다는 건 받아들이기 힘든 일이라는 걸 안다. 아동 성폭행만으로도 충
분히 끔찍한 일인데, 피해 아동의 아버지나 선생님, 코치, 목사가 그
런 일을 저질렀다면 우리 대부분은 생각조차 하기 힘든 일이다. 하지
만 믿을 수 없어 하는 사람들의 반응은 잘못되었을 뿐만 아니라 위험
하기조차 하다. 부모들이 직관적으로 그런 사람들이 범죄를 저지를
리 없다고 믿는 경우 정확한 판단을 방해하고 심지어는 피해 아동의
불분명하고 당황스런 상태에서의 최초 증언조차 믿지 못하게 되기 때
문이다.

사실 내가 담당한 사건들 대부분은 바로 이 같은 '가까운 지인에 의
한' 성폭행 사건들이다. 나도 여전히 가까운 지인이 범죄자인 경우를
보면 끔찍스럽기는 하지만 놀랍지는 않다. 피해 아동 사건들을 더 많
이 다루게 될수록 유일한 변화는 가까운 지인 범위에 속하는 범죄자
가 점점 더 많아진다는 사실뿐이다. 예를 들어, 지난 주에 서로 다른
3개 군 지역 보건당국으로부터 전화를 받았는데, 모두 의사들이 아동

환자들을 성적으로 학대한 사건들이 신고되었다는 것이다.

의사가 범죄자인 경우는 많은 피해 아동들이 성폭력 사실을 털어놓거나, 털어놓기를 주저하거나 분명하게 말하지 못하는 이유가 잘 나타난다. 성적 행위에 대해 알지 못하는 어린아이를 의사가 애무하거나 손가락을 삽입하는 경우를 생각해보라. 의사는 정상적인 진찰과정이라고 설명하면서 의사와 환자 간의 비밀이라고 한다. 의사의 진찰실에서 일어난 일에 대해 아동이 결코 털어놓지 않으려는 이유를 알겠는가? 수사관들이 아동 성범죄 사건을 수사할 때는 아이들이 성폭력 사실을 신고하기 꺼리는 다양한 이유들을 이해할 필요가 있다.

범죄자가 가까운 지인인 경우와 낯선 사람인 경우에 관한 놀랄 만한 수치를 하나 더 제시해보겠다. 내 경험으로는 애초 피해자가 '낯선 사람'에게 폭행당했다고 신고한 사건들 중에 50% 이상의 사건들에서 결국 피해자가 아는 사람이 가해자였음이 드러난다. 가해자는 피해자와의 관계를 이용해 강압하거나 위협하거나 설득해서 피해자가 용의자의 신상을 숨기고 가상의 알 수 없는 인물을 지목하게 했던 것이다.

성폭행 피해자가 겪게 되는 모든 감정적 상처들 중에서 가장 치명적인 상처는 피해자가 아는 사람에 의해 폭행을 당해 사람에 대한 신뢰와 믿음이 산산조각 나는 경우다. 아동이 알고 믿던 사람이 완전히 다른 사람이 되어버리면 아동의 안정감은 파탄 나며, 신뢰하고 사랑을 할 수 있는 능력은 평생토록 손상되어 버린다.

그렇다면 누가 양의 탈을 쓴 늑대일까? 당신과 나처럼 평범하게 생겼다면 어떻게 식별할 수 있겠는가? 나도 방법을 알았으면 좋겠다. 유감스럽게도 아동 주변의 어떤 사람이 성도착자인지 예측할 방법은 없다. 게다가 더 어려운 이유는 경계해야 할 성도착자들의 종류가 너무나 많다는 데 있다.

사회학자와 심리학자들은 아동성애자를 여러 가지 방식으로 규정한다. 일부 용어는 가해자의 심리적 특성에 초점을 맞추는데, 다른 경우는 주로 행위의 본질을 우선시한다. 가해자를 범주화하는데 사용되는 일반적인 용어에 따르면 아동성애자, 흉악성범죄자, 기회범, 성추행범, 성범죄자와 근친상간 범죄자로 구분된다. 용어들이 너무 많아 피해자와 부모뿐만 아니라 변호사, 법관과 배심원들도 혼란스럽게 한다.

이러한 용어들은 피해자나 피해자 부모가 의심스런 성폭력 사실의 신고를 주저하게 만드는 요인이 되기도 한다. 누군가를 고발한다는 건 큰일인데, 어떤 명목으로 고발해야 할까? 아동성애자? 성추행범? 수많은 용어들 때문에 부모들은 실제로 어떤 범죄가 저질러졌다고 해야 할지 확신할 수 없다. 더구나 이런 의심이 들면 부모는 부적절한 행동이 일어나지 않았다거나 어린 자녀가 순진하게 오해한 것이라고 믿는 쪽을 택하게 되기도 하니 결국 고발을 못하게 된다.

부모들이 자녀들과 지속적으로 만나는 사람들에 대해 확신이 있는 경우라 할지라도 잘못된 일이 일어나면 알아차릴 수 있도록 부모로서의 '안테나'는 유지해둘 필요가 있다. 부모들은 자녀들의 평소와 다른 행동이나, 특히 특정한 성인과 주로 관련된 행동을 알아차릴 수 있다. 나아가 어떤 일이 일어나고 있는지 수사할 수 있도록 당국에 신고하는 용기가 반드시 있어야 한다.

부모들이 스스로 상황을 해결해보려고, 예를 들어 코치 중의 한 사람에 대해 수상한 느낌이 든다고 해서 자녀를 스포츠 팀에서 탈퇴시킨다면 득을 보는 사람은 그 코치뿐이다. 가해자는 수사를 모면하고 여전히 자유롭게 자녀나 또 다른 아동에게 접근할 방법을 찾을 것이다. 용의자와 자신의 자녀가 앞으로 만나지 못하도록 보호할 수 있다고 해도 이미 일어난 일들을 올바르게 해결하지 않은 상태라면 아동은 계속 시달리게 될 수 있다.

새미는 스카우트단 활동을 무척 좋아한다. 단장인 데이브는 친절하고 열정적이며, 십대 소년들이 편안하고 자신감을 갖도록 해주는 특별한 재능이 있는 사람으로, 소년들과 재미있게 놀아주는 일을 좋아했다. 새미의 부모는 자녀가 활달해져서 혼자만의 세계에서 벗어나 친구들과 잘 어울릴 수 있게 변화하는 모습을 지켜보면서 너무 기뻐했다. 그리고 지난 몇 년 동안 새미를 성숙할 수 있게 해준 데이브에게 정말로 감사했다.

그렇기 때문에 다른 학부모로부터 데이브가 다른 소년들에게 성교에 대해 말해주고, 어떻게 자위하는지 가르쳐준다는 말을 듣고는 도저히 믿을 수가 없었다. 더구나 새미는 그런 말을 한 번도 한 적이 없었다. 물론 부모는 그런 소문과 새미의 안전이 신경 쓰였다. 하지만 경찰에 신고했다가 사실이 아닌 데도 데이브가 흉악성범죄자나 아동성애자나 아동 성추행범으로 낙인찍힐까 우려했다. 이런 심각한 낙인이 찍힌다면 나중에 사실과 다르다고 밝혀지더라도 누군가의 평생을 망칠 수 있다. 게다가 그렇게 빈약한 증거만 가지고 새미에게 큰 도움이 되는 스카우트 활동을 못하게 할 수 있을까?

그래서 새미의 부모는 아무 조치도 취하지 않았고, 아무런 말을 하지 않은 채 새미가 계속 스카우트 단원 활동을 하도록 두었다. 6주 후에야 또 다른 가족이 경찰에 데이브를 신고했다. 스카우트 단원 모두가 면담을 했고, 새미의 면담 결과 데이브가 성행위에 대해 이야기하고 자위행위를 가르쳤을 뿐만 아니라 바로 이틀 전에는 새미에게 다른 사람을 자위시켜주는 방법을 보여주었다는 사실도 밝혀졌다.

성폭력 사실을 전해들은 새미 부모는 성폭력에 분노했을 뿐만 아니라 슬픔을 느끼지 않을 수 없었다. 새미가 먼저 솔직히 털어놓을 만큼 자신들이 믿음을 주지 못했다는 사실을 알게 되었기 때문이었다. 하지만 정말 경악할 사실은 성폭력 의심이 들었으면서도, 아동 성애적 흉악성범죄자라는 의심에도 불구하고 6주간이나 그대로 방치했다는 사실이다.

이러한 범죄를 저지르는 자들은 어떤 사람들인가? 심리학자들이

학술연구에 기초하여 정립한 판단 기준과 내 실무경험에 근거하여 흉악성범죄자의 프로파일을 정리하면 다음과 같다.

- 성도착자
- 피터팬 유형
- 강력한 권위의 위치
- 지배집착증
- 단순한 어리석음

물론 대부분의 가해자들이 깔끔하게 유형별로 분류되지는 않는다. 어떤 한 유형에만 딱 들어맞지도 않다. 일부는 어느 한 유형에 거의 들어맞지만 다른 유형에도 조금씩 해당되고, 일부는 여러 유형에 동시에 해당되기도 한다. 누구든 아이에게 성적으로 접근하는 자는 아동성애자라는 사실이 요점이다. 19세의 소년이 16세나 17세의 여자친구와 합의 하에 성적 관계를 맺는 경우만 예외일 수 있다.

제시된 유형별로 상세히 살펴보기로 하자.

1. 성도착자

룰루는 엄마를 참을 수가 없다. 라스베이거스와 라스베이거스에 사는 모든 것이 싫다. 도시도 싫고, 아이들이 할 일이 아무것도 없는 것도 싫고, 무엇보다도 엄마의 직업을 참을 수가 없다. 룰루의 엄마는 카지노 쇼걸이니 매일 저녁마다 집에 없었다.

라스베이거스나 엄마의 직업보다 더 싫은 건 끊임없는 말다툼이었다. 룰루와 엄마는 룰루가 뭘 입는지, 밤에 어디를 가는지, 언제까지 귀가해야 하는지, 운전면허는 언제 가질 수 있는지 등등 사사건건 말다툼을 계속했다. 하루는 화를 참지 못한 엄마가 말했다.

"그렇게 내가 끔찍하면 네 아빠가 사는 로스앤젤레스로 가버리지 그래?"

룰루는 신이 나서 곧바로 이사준비를 했다. 마침내 룰루는 꿈꿔왔던 대로 아버지와 살게 되었다. 로스앤젤레스에 도착하자 모든 일이 순조롭게 시작되었다. 아빠는 엄마와 완전히 반대였다. 아빠는 모임에도 데려가고 어른처럼 대해주었으니 한 번도 다투지 않았다. 룰루가 입고 싶어 하는 섹시한 옷도 사주고, 아빠와 아빠의 친구들 모임에서도 입게 했다. 파티에도 초대받고 술도 마실 수 있었으며, 심지어는 아빠와 대마초도 처음으로 피워봤다. 룰루를 사람들 앞에서 자기 딸이라고 소개해서 난처하게 하지 않고 '내 여자친구'라고 말해주는 것이 가장 좋았다.

룰루는 아빠가 자신을 '여자친구'라고 불러주는 것이 사람들 앞에서 자기 부인으로 가장하려는 행위의 하나였음을 전혀 몰랐다. 믿기 어렵겠지만 정말로 부인으로 행세했다. 로스앤젤레스에서 석 달이 지난 뒤 룰루의 아빠는 자신의 이름을 부르도록 했고, 반지를 사서 결혼반지를 끼우는 손가락에 끼우게 하면서 룰루가 '가정주부'가 되었다고 말했다. 낮 동안에는 마음대로 지내고, 저녁에는 가정주부로서 할 일을 하게 되었다. 여기에는 '남편'의 성적 욕망에 응하는 일도 포함되었다.

룰루는 아빠를 사랑했고, 성인 여성으로 대접받는 일이 좋았다. 학교에 갈 수도 있었지만 그보다는 아빠와 아빠의 친구들과 어울리는 일을 택했다. 다행스럽게도 아빠의 친구들 중의 한 사람이 뭔가 이상하다는 낌새를 채고 시청 아동가족복지국에 신고를 했다. 아동가족복지국에서 찾아가자 룰루는 나이를 속인 채 자신이 아내라고 주장하면서 아무 문제없다고 격렬하게 반발했다. 누가 신고를 했는지 착각했거나 자신이 아내라는 걸 몰라서였을 것이라 주장했다

하지만 조사관들이 룰루의 엄마에게 연락을 취해 아내가 아니라 딸이라는 사실을 확인했다. 룰루의 아빠는 체포되고, 룰루는 라스베이거스의 엄마에게 돌려보내졌다. 한동안 룰루는 관청과 엄마, 그리고 자신의 아빠와 행복했던 관계를 망쳐버린 모든 사람들에게 소리치며 분노했다. 룰루 자신이 피해자이며, 아빠의 행위는 범죄일 뿐만 아니라 역겨운 미친 짓이었다는 사실을 깨닫기까지 일 년 가까이 집중치료를 받아야 했다.

내가 보기에 성도착자는 끔찍한 자들 중에서도 최악이다. 아동을 탐하는 아동성애자도 충분히 나쁘지만, 성도착자들은 자신의 딸이나

조카, 학생들, 다시 말해 자신을 사랑으로 잘 보살펴줄 것으로 믿고 의지하는 아이들을 피해자로 삼는 데 거리낌이 없다. 성도착자들은 아동을 희롱할 성적 대상으로 볼 뿐이며, 아동의 취약성을 알고 자신의 욕망을 채우는데 이용한다.

솔직히 말하자면 숱한 경험에도 불구하고 여전히 이런 자들을 이해할 수가 없다. 어떻게 자기 자녀의 신뢰와 취약성을 악용해 성적 욕망의 대상으로 취할 수 있단 말인가? 일반적으로 생각하는 것처럼 아동에 대한 성적 욕구를 참을 수 없게 만드는 일종의 질병이 있다 하더라도 왜 아이들과의 접촉을 피하고 올바르게 행동하려고 노력하지 않는가? 게다가 왜 그런 자들은 아버지 행세를 하려 드는가?

성도착자들은 특별한 용모를 갖거나 특정한 연령대이거나 특정 지역에 사는 사람들이 아니다. 이들은 어디에나 있을 수 있고, 길에서 마주치는 사람들 중의 누군가일 수 있다. 때때로 자신을 잘 숨기지 못하고 본색을 드러내어 당신을 오싹하게 만들기도 한다. 하지만 대부분의 경우, 그리고 정체를 잘 숨기는 성도착자들은 당신이 가장 의심하지 않을 만한 이미지를 조심스럽게 만들어둔다.

나는, 그리고 나와 함께 일하는 경험 많은 형사들은 성도착자를 쉽게 판별한다. 성도착자들은 그야말로 음란한 자들이다. 보기만 해도 속이 뒤집힐 만한 자들이다. 그나마 다행스럽게도 바로 그 때문에 배심원들에게 이들의 평범한 겉모습에 가려진 내면의 추악함을 보여줄 수만 있으면 기소하고 유죄평결을 이끌어내기가 제일 쉽다. 배심원들은 등골을 타고내리는 섬뜩함을 느낀다. 가해자가 아주 오랜 기간 동안, 가능하다면 영구히 구금되어야 한다는 데 조금도 의심의 여지를 남기지 않게 된다.

경찰관들을 훈련시킬 때마다 바로 이러한 느낌에 주목해야 한다고 말해준다. 본능적으로 용의자를 보고 아주 오랫동안 구금돼야 할 자라는 느낌이 든다면 성도착자일 가능성이 있다. '정신이상 진단통계 편람 제4판'(Diagnostic and Statistical Manual of Mental Disorder IV. 미국정신의학학회의 정신이상 분류체계로서, 가장 최신판인 제4판은 1994년 제정되었다. 미국뿐만 아니라 유럽을 비롯한 세계 각국의 표준으로 널리 인정받고 있다 - 역주)의 공식적인 정의에 따르면 아동성애자로 분류되려면 아동 성폭행 전과가 있어야 한다. 하지만 내 생각에는 12세 미만의 아이를 추행하거나, 가족을 간음하거나, 미성년자와 성적 관계를 시도하는 최초의 순간 이미 아동성애자나 성도착자다.

2. 피터팬 유형

그 남자는 잘 생기고 카리스마 넘치며, 친절하고 유쾌한 사람이었다. 어디서 파티가 열리는지 늘 알고 있었고, 항상 최신 인기장소에 줄을 댈 수 있는 사람이었다. 핸드폰 전화번호 목록에는 특급 유명인들, 예컨대 가수 브리트니 스피어스와 리한나, 영화배우 린제이

로한의 번호들이 들어있었다. 수십만 달러짜리 고급차를 몰고, 자기 직업이 음악 프로듀서라고 말하고 다녔다.

매력과 재치로 모든 사람들의 눈길을 끌었고, 특히 여성들에게 인기가 최고였다. 문제는 서른여덟 살의 브랜든은 소녀를 더 좋아한다는 사실이었다. 아주 어린 소녀를.

피터팬 유형의 남자들은 그야말로 결코 어른이 되지 않으려는 사람이다. 이들은 자신을 성인으로 보지 않기 때문에 자신들이 아동과 성적 행위를 하면서도 범죄나 잘못된 행위라고 생각조차 하지 못한다. 이들은 발달과정이 멈춘 상태이기 때문에 자신의 나이 또래 사람들과 어울리거나 다른 성인과 대화를 이어가는데 어려움이 있다. 성인들의 세상은 자기들의 세상이 아니라고 느낀다.

이들은 성인과의 성적 관계를 맺는데 어려움이 있기 때문에 자신들의 성적 욕구를 위해 아동을 찾는다. 아동이야말로 자기 또래라고 생각하고, 성인과 성적 파트너가 되는데 불안을 느낀다. 이런 이유로 아동을 추행한다. 이들은 자신들의 성적 욕구를 자신의 연령인 성인들에게로 향하게 하지 못한다. 이들의 감정적 미성숙은 아동 시기에 그들 자신이 성폭력 피해를 입었기 때문인 경우도 종종 있다.

3. 지배집착증 성도착자

에이미(14세)는 소셜네트워크 사이트 urbanchat.com에서 빌리라는 이름의 소년에게 빠져들게 되었다. 유감스럽게도 빌리는 서른 살 포주였다. 빌리는 직접 만나자고 꾀어내서 자신이 데리고 있는 스무 살 성매매 여성을 이용해 에이미의 신뢰를 얻게 되었다. 빌리와 성매매 여성은 인근 주州의 도시에 사는 아는 사람들에게 소개해서 화려한 모델 직업을 얻게 해주겠다고 속였다.

에이미는 집에서 도망쳐 나와 이들과 함께 길을 떠났다. 일단 차가 출발하자 빌리는 진짜 계획을 털어놨다. 에이미를 성매매시키려 했던 것이다. 반항하자 입을 다물 때까지 구타했다. 차를 타고 가는 동안 에이미는 가까스로 도망쳐 나와 행인의 도움으로 핸드폰을 빌려 엄마와 경찰에 신고했다. 수사 결과 빌리는 urbanchat.com에서 피해자들을 물색했을 뿐만 아니라 마이스페이스에는 여성 소개 서비스 광고를 하고 있었고, 소셜네트워크 사이트 blackplanet.com에는 "돈 벌고 싶은 소녀들을 찾습니다"라는 게시물을 올려놓고 있었다.

지배집착증 성도착자들은 성행위를 위해서 신체적인 학대를 하기 때문에 '폭력적 흉악성범죄자'로 불린다. 이들의 범행 수법은 가정 폭력, 조직 폭력의 경우와 유사하다. 다른 사람을 완전하게 지배하는 느낌을 즐기며, 성적 쾌감을 느낀다. 폭력적 흉악성범죄자와 가정 학대

범 사이에 얼마나 유사성이 있는지 다음의 사건을 보면 알 수 있다.

신디(16세)가 매튜(21세)와 막 사귀기 시작한 때였다. 매튜는 아주 매력적인 사람이었고, 신디에게 푹 빠져 있었다. 온갖 친절과 선물공세를 펼치며 항상 그녀와 함께 있고 싶어 했다. 하지만 데이트를 시작한 지 이주일이 지나면서부터 불편함을 느낄 정도로 끊임없이 질문을 계속했다. "어디 있어?" "누구랑 있어?" "얼마 동안 외출했던 거야?"와 같은 질문을 되풀이했다. 질문에 그치지 않고, 어디 있었는지 누구와 함께 있었는지 믿을 수 없다, 헤프다, 거짓말을 한다는 식으로 비난을 했다.

신디는 이런 질문 공세가 불편한데다가 조금씩 무섭기도 했지만 "이렇게 내 걱정을 많이 하는 걸 보니 정말로 나를 사랑하나 봐."하는 우쭐해지는 마음도 있었다. 하지만 매튜의 행동은 과도한 애정과 소유욕 그 이상이었다. 매튜는 신디를 그녀의 가족과 친구들로부터 떼어놓기 위해 어떤 짓도 서슴지 않았다. 시간이 흐를수록 질문과 비난은 늘어갔다. 사랑의 속삭임은 험한 말싸움이 되어버렸다. 곧 비난과 말다툼은 손찌검으로 이어졌다.

신디와 매튜가 만난 지 3개월이 되는 날을 며칠 앞두고 매튜는 성관계를 요구했지만 신디는 생리가 끝난 지 얼마 안 되었다고 거절했다. 그래도 매튜는 그만두지 않았다. 침대 위로 밀어 넘어뜨리고 신디의 바지를 벗겨 강제로 삽입을 했다. 신디는 "제발, 그만해!" 고통스럽게 소리 지르며 흐느껴 울었다. 그러자 매튜는 신디를 걷어차면서, 소리 지르는 바람에 "기분을 망쳤다"고 소리치고 집에서 뛰쳐나갔다. 여섯 시간 후에 매튜는 장미꽃과 카드를 들고 돌아와서는 사과를 했다.

많은 사람들이 성폭행과 가정 폭력은 서로 거리가 멀고, 다른 종류의 행태라고 여긴다. 하지만 사실 신디처럼 학대 가해자와 애정 관계에 있는 청소년 관련 성폭행 사건을 다뤄보면 그렇지 않다. 성폭행과 가정 폭력은 모두 피해자가 아동이든 성인이든 지배집착과 관련된 범죄다. 아동 대상인 경우에 다른 부분이 있다면 아동은 지배집착적인 가해자의 피해자가 되기 쉽고, 빠져나오기도 더 힘들다는 점이다. 아동은 자신들을 돌봐줄 성인을 필요로 하고, '보호'가 고통스럽고 억압적일지라도 보호해주는 사람에게 깊이 의지하기 때문이다.

4. 강력한 권력 지위

데이빗(11세)의 가족은 정통 유대교 집안이다. 데이빗이 살고 있는 로스앤젤레스 시내 정통파 거주 지역은 회당이나 유대교식 식당이 걸어갈 수 있는 가까운 거리에 있고, 정통파 유대인들과 어울릴 수 있었다. 데이빗은 다른 유대인 아이들처럼 살았다. 유대인 집안답게 정통 유대교 학교에 다니고, 안식일에는 회당까지 걸어 다녔고, 네 명의 형제와 두 명의 자매들과 함께 놀면서 대부분의 시간을 지냈다. 형제들과 노는 것도 좋아했지만, 가족 밖에서도 친구를 사귀고 싶어 했다.

하루는 회당에서 모쉬를 만났다. 몇 블록 떨어진 곳에 살고 있는 동갑내기 소년이었다. 모쉬도 가문 중의 한 사람이고, 그 아버지는 마을에서 존경받는 랍비여서 데이빗의 가족도 데이빗이 모쉬의 집에서 노는 걸 좋아했다. 나중에는 모쉬의 집에서 자고 오기도 했다.

모쉬의 집에서 자던 날, 모쉬와 데이빗은 모쉬의 침대에서 함께 잠들었다. 새벽 3시경, 잠에서 깬 데이빗은 자신의 음부를 더듬고 있는 모쉬의 아버지를 봤다. 놀라서 일어나려 하자 모쉬의 아버지는 조용히 하라고 엄하게 말했다. 조용히 그날 밤이 지나갔다. 데이빗은 집에 돌아오자마자 부모에게 알렸고, 부모는 즉시 경찰에 신고했다.

유대인 공동체의 반응은 가해용의자가 권력 지위에 있는 경우의 전형적인 모습이었다. 신고로 인해 소동이 일어나자 많은 사람들이 랍비와 모쉬 가족의 편을 들면서 공동체 안에서 문제를 해결하지 않고 세속당국에 신고했다는 이유로 데이빗의 가족을 따돌렸다.

우리 사회에서 특히 가톨릭 신부와 같은 성직자들은 극소수가 저지른 죄로 인해 오명을 뒤집어쓰게 된다. 자신의 권력 지위를 이용해 아동에게 성적 행위를 강요하는 유형의 범죄자를 '권력자' 유형이라 부른다. 여기에는 신부, 랍비 등 성직자들이 포함된다. 권력자 유형은 모든 권력 지위, 선생과 코치, 랍비와 신부, 의사와 통학버스 운전기사 등에 존재한다. 이들은 아이들에 대한 권력의 정도만큼 신뢰받기 때문에 보다 엄격한 평가기준을 적용해야 마땅하다.

권력자 유형은 특히 다수의 아동 피해자에 대한 추행 행위를 반복적으로 저지르기 쉽다. 이들은 다른 범죄자들과는 달리 다수의 아동에게 쉽게 접근할 수 있다. 명망 있는 전문기관에 속한 높은 지위와 권위로 인해 신뢰를 받고 있기 때문에 정체를 숨길 수도 있다. 대부분 부모들이 기관과 권위를 존중하기 때문에 다른 경우 같으면 의심이 들고 수사까지 될 수 있는 단서조차도 놓치기 쉽다는 것도 범죄자들은 잘 안다.

사실 기관의 품격은 구성원들 대부분에게도 반영되지만 유감스럽게도 모든 구성원들이 그런 품격을 가지지 못하는 게 현실이다. 부모들이 기관에 속한 모두가 품격을 지니고 있을 것이라 믿게 되면 부모로서의 경계심은 줄어들고, 자녀들에 대한 보호도 소홀하게 된다.

거의 모든 종파마다 성추문에 시달리는 사제들이 나온다. 당연히 언론은 폭로된 가톨릭교회의 성폭력 사건을 비난한다. 폭로된 내용은 실로 끔찍하다. 하지만 언론이 부각시킨다고 해서 권력 지위에 있으면서 아동에게 성폭력을 가하는 자들이 가톨릭 사제뿐 만은 아니라는 사실이 간과되어서는 안 된다.

아동과 관련한 권력 지위에 있는 대다수 사람들은 아동을 사랑하기 때문에 그 직업을 갖게 되었으며, 우리와 마찬가지로 아동 성폭력을 혐오하고 용납하지 않는다. 이들의 모범적 미덕은 존경받아야 마땅하다. 하지만 극히 일부의 사제나 교사나 코치들이 나쁘다고 해서 전체를 매도한다면 공정하지 못한 태도인 것처럼, 존경받는 지위에 있는 대부분의 사람들처럼 전부가 좋은 사람이라고 생각해서도 안 된다.

5. 아동성애자를 식별하는 법

누가 성범죄자인지 가릴 수 있는 신체적, 심리적 공통표지는 없다. 가해자들은 온갖 종류의 사회경제적, 인종적 배경에서 나온다. 하지만 감각 있는 부모들이라면 식별해낼 수 있는 상당히 신뢰할 만한 단서들이 있다. 감각 있는 부모들이 될 수 있도록 해주겠다.

우선 성폭력 가해자들은 일반적으로 아동과 기본적인 관계가 이미 형성되어 있는 경우라는 점을 기억하는데서 출발해보자. 가해자들은 부모와 아동 모두에게 접근할 수 있고, 권위가 있으며, 신뢰를 받는 사람들이다. 이들이 보통의 성인들보다 아이들과 비정상적일 정도로 많은 시간을 보낸다면 피터팬 유형의 자들이라는 경고표시다. 당신의 아이가 특정한 성인에 대해서 무서워하거나 지나치게 순종적이라면 원인을 살펴봐야 한다. 지배집착증 성도착자일 수 있다.

둘째, 성도착자들은 아이들을 좋아하고 가까이 오기를 원한다. 따라서 접근이 쉬운 직업을 종종 선택하게 된다(연쇄살인광대로 불린 게이시John Wayne Gacy[1972~1978년 미국 시카고에서 33명의 소년들을 강간 살인한 연쇄살인범. 이 사건을 계기로 1984년 실종아동수색법이 제정되고, 오늘날의 아동실종긴급경보amber alert 체계가 갖춰지게 되었다 - 역주]를 기억하라. 그는 33명의 소년들을 강간 살인하고 처형되었다. 광대복장을 하고 아이들을 파티로 꾀어 춤추는 우스꽝스런 어릿광대 역할을 하며 아이들과 놀아주었다). 날마다 접촉하는 사제, 또는 코치이거나 비디오 게임방에서 일하는 직원이거나 아동 성폭력 범죄자들은 혼자 있는 아이에게 쉽게 접근할 수 있는 기회를 찾는다. 그런 위치에 있는 사람이 당신 자녀나 다른 아동에게 특별히 관심을 기울인다면 주의해야 한다. 성추행할 아동을 물색 중일지도 모른다.

셋째 신호는 아동에게 선물을 주거나 호의를 베푸는 사람이다. 악동 데니스Dennis the Menace(1951년 미국의 Hank Ketcham이 창안한 유명한 만화 캐릭터 - 역주)에게 아들 주려고 방금 구운 쿠키를 나눠주는 윌슨 부인 같은 사람을 말하는 게 아니다. 쿠키 정도가 아니라 놀랄 만큼 비싼 선물을 주는 사람들은 유혹이나 입막음을 하려거나, 죗값을 갚으려는 경우다. 항상 아이들에게 낯선 사람을 포함해서 누구에게서든지 어떤 선물이든 받기 전에 부모에게 먼저 물어보도록 교육하는 게 좋다. 성폭력 범죄자는 낯선 사람이기보다는 당신이나 당신의 자녀가 아는 사람일 경우가 훨씬 많다.

넷째 신호가 가장 중요하다. 나는 늘 부모들에게 직감에 의존하라고 조언한다. 만일 당신이 누군가에게 좋지 않은 느낌이 든다면, 당신의 자녀가 불편함을 느낀다면, 또는 당신의 자녀가 누군가와 있을 때는 평소와 다르게 행동하기 시작한다면 무언가 잘못되었다는 당신의 직감을 무시하면 안 된다. 그 사람의 매력이나 권력 지위, 도무지 성폭력 범죄자라고 생각할 수 없는 사람이라는 사실 때문에 속아서는 안 된다. 본능을 신뢰하고 눈을 크게 떠야 한다. 그리고 당신에게 의심스러운 사람의 평판보다는 당신 자녀의 안전을 우선시한다고 해서 당신이 나쁜 사람이 되는 건 아니라는 점을 꼭 알아야 한다. 의심스러운 사실에 대해 신고하는 것은 고발하는 것과는 다르다. 당신은 단지 당국으로 하여금 문제의 소지가 될 만한 가능성에 대한 조사를 요청하는 것뿐이다.

직감에 의존하고 본능을 따라야 한다고 조언을 자주 하지만, 대부분의 성추행범들은 그런 의심을 모면하는데 능숙하다는 사실도 강조하고 싶다. 대부분은 이상하거나 무서운 사람으로 보이지 않는다. 우리 자녀들을 맡기고 싶을 만큼 자상하고 애정 많은 사람으로 보인다. 하지만 성폭력 범죄자들은 자신의 겉모습을 범죄 은폐에 어떻게 이용할지 잘 안다. 대부분 겉으로는 성격 좋지만 악행은 뒤로 숨긴다.

지금까지는 내 경험에 근거한 의견을 제시했다. 이제부터는 과학적 사실을 설명하고자 한다. 성추행범에 관한 연구들에 따르면 공통된 특징들은 다음과 같다.

● 우울증

- 사회적 고립
- 엄격한 종교적 배경
- 성인들과의 관계능력 부족
- 자신들이 돌보는 아동에 대한 특별한 권리나 능력을 가지고 있다는 의식
- 피학대의 경험(유기 또는 신체적, 성적 폭행)

따라서 한 개인이 성추행범이 될지를 판별할 분명한 방법은 없지만 아동에게 접근할 수 있는 특별한 위치에 있거나, 아이와 둘만 있게 만들 수 있는 위치에 있는 사람이라면 그 사람이 성폭력 행위나 피학대 경험이 있는지의 여부를 경계해야 한다.

이처럼 잠재적 흉악성범죄자를 가려내려는 일은 부모가 자녀를 보호할 수 있도록 돕는 방법의 하나일 뿐이다. 우리 자녀의 생활에 누가 가까이 관계되어 있는지 눈을 크게 뜨고 정확히 파악하는 일은 틀림없이 매우 중요하다. 하지만 우리 자녀가 성추행범의 주의를 끌지 않도록 하는 일도 마찬가지로 중요하다. 자녀의 외모를 말하려는 게 아니다.

자신감 있는 아이는 성추행범의 관심을 적게 끈다. 성추행범들은 보통 상대방을 통제하면서 힘을 느끼고 싶어 한다. 그래서 결손 가정 아동이나, 친구가 없거나, 학교 성적이 좋지 않거나, 자존감을 떨어뜨리거나 더 취약한 상황으로 몰아가는 처지에 놓인 아동을 더 노린다. 성추행범들이 취약한 아동을 좋아하는 이유는 그런 피해자일수록

위협해서 입을 다물게 하기가 더 쉽기 때문이다. 그래서 성추행범들은 자신의 범죄를 모면할 수 있다는 자신감을 갖게 된다. 자녀들을 자신감과 자존감을 갖도록 양육해야 성추행범의 표적이 쉽게 되지 않도록 할 수 있다.

일단 성추행범이 취약한 아동을 손아귀에 넣게 되면 지속적인 범행을 은폐하기 위해 갖은 노력을 기울이게 된다. 무엇보다 성추행범은 '문제없는 상태'가 지속되도록 노력을 기울인다. 선물을 약속하거나, 추행 행위가 이상한 행동이 아니라고 납득시키거나, 피해자 자신에게 책임이 있는 것처럼 느끼게 만들거나, 아동이나 부모를 해치겠다고 협박하거나, 관계를 그만두면 얼마나 외로워질까 생각해보라는 식의 행동을 하게 된다. 이런 식의 모든 행동을 통해 성추행범은 상황을 장악하고 피해 아동을 무력감에 빠지게 한다.

성추행범들에게 뚜렷한 공통된 특징과 함께 범죄자가 출소 후에도 성폭행 범죄를 지속할 재범의 가능성을 보여주는 특성들도 있다.

일반적으로 성추행범이 성범죄를 시작하는 나이가 어릴수록 계속해서 범죄할 가능성이 더 많다. 또한 남성 피해자를 대상으로 하는 범죄자는 재범가능성도 더 높다. 가족구성원을 대상으로 하는 경우와는 반대로 무관한 낯선 사람을 성폭행하는 경우도 재범가능성이 높다. 미혼이거나 반사회적 인격장애자의 경우도 재범가능성이 높다.

따라서 다수의 범죄자는 전력을 보면 재범가능성이 보인다. 치료를 통해 방지할 수 있을까? 가해자들은 치료될 수 있을까? 이런 질문들을 많이 받아왔다. 하지만 알다시피 나는 정신과의사가 아니다. 그 래도 정부 범죄 통계와 범죄자 연구들로부터 얻을 수 있는 자료와 정보는 아주 잘 알고 있다. 이런 자료들에 따르면 아동 성폭행 범죄자의 재범률은 최고로 높은 수준이다. 게다가 우리는 연구결과 조사된 것보다 재범률이 더 높을 가능성이 있음을 알고 있다. 성폭행을 신고한 피해자보다 신고하지 않은 피해자가 더 많기 때문이다. 하지만 어떻게 입증할 수 있을까? 성범죄자는 치료될 수 없으니, 굳이 시도할 필요가 없다고 해야 할까? 아니면 아직 정확한 판단이 어려우니 일단 지속해야만 할까?

형사 사법 시스템에서 성범죄 재범 대처방식의 문제점들 중 하나는 성범죄 가해자를 위한 현실적인 중간처우시설halfway house이 없다는 점이다. 출소한 가해자는 곧바로 지역사회로 되돌아간다. 성범죄자 신상등록을 하고 일정한 보호관찰조건 하에 놓이지만, 다시 거리로 되돌아가려는 목적이나 의도는 여전하다.

마약범죄자나 여타 유형의 범죄자들에 대해서는 개선교화의 방법이 잘 알려져 있고, 또 이미 잘 대처하고 있다. 우리 사회에는 도덕적, 정신적, 육체적, 여타 질병을 가진 아동 추행 범죄자들을 다루도록 훈련된 직원과 수용구금시설이 필요하다. 성추행과 아동 성애증세 뒤에 숨겨진 진짜 문제를 해결할 수 있는 훈련을 받은 전문가들과 전문시설이 필요하다. 우리가 성도착자를 병자로 볼 수 있을 때 비로소 범죄자들의 치료를 위한 방법을 찾을 수 있게 될 것이다.

제7장
아동진술의 보강

릿지(16세)는 강간당한 지 14시간 정도 지나서 성폭력피해자센터를 찾아와 진술을 했다. 이미 센터 부속병원에서 강간 피해 검사를 마치고 의사의 진료를 받았다. 일반적으로 센터로 찾아오는 피해자들은 폭행당한 뒤 몇 시간 안에, 다른 곳에 들르거나 샤워를 하지 않고 곧바로 온다. 자신의 몸에서 증거를 찾을 수 있다는 사실을 알고 있다.

릿지는 데이트 중에 강간당한 정황을 처음부터 끝까지 진술했을 뿐만 아니라 당당하고 솔직하고 표현이 분명했다. 상세하게 내용을 충분히 진술해서 내가 더 질문할 내용도 거의 없었다. 어떻게 손을 만나게 되었고, 끌리게 된 이유는 무엇이었는지, 어떻게 하다가 더 이상은 싫다고 거부했는데도 강간을 당하게 되었는지 진술했다. 나로서는 그동안 수없이 들었던 이야기다.

손은 릿지를 파티에서 만났다. 마음에 들었던 터라 만난 지 몇 분 만에 이메일 주소와 전화번호를 주었다. 다음날도 릿지는 줄곧 손을 생각했다. 릿지가 보기에 완벽한 남자였다. 잘 생기고 다른 고등학생들보다 더 성숙해보였다. 손은 영화배우인 린제이 로한의 전화번호를 단축번호로 저장해둘 정도였다. 손의 마이스페이스와 페이스북을 검색해보니 브리트니 스피어스나 패리스 힐튼 같은 유명인사와 찍은 사진도 있었다.

바로 그 남자가 만난 지 며칠 만에 메신저를 시작하고 이메일을 보냈다. 고등학교 1학년 학생인 릿지가 얼마나 흥분했을지 상상할 수 있겠는가? 얼마 지나지 않아 손이 데이트를 제안했다. 일단 자기 집에서 만나서(아직 친구들과 있다고 했다) 데이트하러 나가자고 했다. 그래서 릿지는 6시 30분 영화를 보기 전에 저녁을 먹을 만한 시간에 맞춰 찾아갔다. 손의 집은 언덕 아래 아파트로 생각했던 것만큼 근사하지는 않았지만 손과 시간을 보낼 수 있어서 행복했다.

한 시간 반쯤 있다가 릿지는 나가서 저녁을 먹고 영화를 보자고 했다. 하지만 손은 텔레비전에서 영화를 봐야 하니까 대신 피자를 시켜먹자고 했다. 릿지는 별로 내키지는 않았지만 말없이 따랐다. 피자 배달을 기다리는 동안 둘은 학교와 친구와 생활에 대해 이야기를 나눴다. 여고 1학년생인 릿지는 열여섯 살 자신에 대해 솔직한 이야기를 했다. 손 역시 릿지에게 사실을 털어놨다. 손은 사실 대학생이 아니었다. 학교를 다닐 형편이 안 되어 지역 시립대학에서 경비원으로 일하고 있었다. 게다가 손이 열아홉 살로 보이지만 실제로는 스물다섯 살이라는 사실도 알게 되었다.

손이 키스를 하기 시작할 때만 해도 릿지는 편안하고 기분이 괜찮았다. 릿지는 손에게 자신이 처녀이며 결혼하기 전까지는 처녀성을 지키고 싶다고 했다. 손은 이해한다고 하면서 칭찬하기까지 했다.

두 사람이 영화를 보는 동안 손은 릿지의 다리와 허벅지 안쪽을 쓰다듬더니 음부까지 손을 댔다. 이번에도 릿지는 편안한 기분으로 애무를 즐겼지만, 성관계까지는 할 수 없다고 다시 한 번 말했다. 저녁 내내 성적인 애무는 계속되었다. 마사지를 해주겠다는 말에도 응했다. 그런데 손은 마사지를 하다가 릿지의 바지를 무릎까지 벗겨 내리더니 갑자기 성기를 삽입했다. 릿지는 비명을 지르면서 벌떡 일어나서 바지를 다시 입고 소지품을 챙겨 도망쳐 나왔다.

차를 몰고 가는 동안 릿지는 방금 일어난 일이 도무지 믿기지 않았다. 스스로에게 물었다.

"내가 더럽혀졌나? 그 사람이 나를 강간한 건가? 내가 무슨 짓을 한 거지?"

릿지는 올바르게 행동했다. 차를 몰고 바로 경찰서로 가서 신고를 했다. 경찰서 역시 모든 조치를 올바르게 취했다. 신고를 접수하고 곧바로 릿지를 성폭력피해자센터에 인계해서 성폭행 후 48시간 이내에 행해져야 하는 의료적 진단을 받게 했다. 관련 검사와 면담이 진행되었다. 검진 결과도 곧바로 나왔다. 용의자 손의 정액과 의심의 여지없이 일치했다.

경찰은 즉시 손의 아파트로 출동해 체포했다. 손은 성관계는 시인했지만 분명히 합의된 성관계였다고 주장했다. 손의 진술은 "왜 릿지가 그런 거짓주장을 하는지 도무지 알 수가 없어요"가 전부였다. 손의 전과기록도 조회해봤지만 자동차 속도위반 전력조차 없이 깨끗했다.

이 정도면 독자들이 어떤 생각을 하고 있을지 알 것 같다. 완벽한 사건 아닌가? 사건 즉시 신고했고, 피해자는 신뢰할 수 있고, 정액의 DNA 증거도 일치하고, 피고인은 성관계를 시인하지 않는가? 이제부터 설명하려는 내용은 독자들에게는 불편하겠지만 솔직히 말해보겠다.

나는 릿지를 믿는다. 신뢰할 만한 사람이다. 하지만 진술을 보강해줄 증거가 없다. 보강증거가 없다면 강간죄 사건으로 기소할 수 없다. 나는 강간사건이라고 믿는다. 릿지가 진술한 대로 실제 사건이 일어났다고 믿는다. 하지만 진술 외에는 아무런 증거가 없다.

아무런 증거가 없다고? 검사결과 DNA 증거가 나왔으니 꼼짝 못할 것 아닌가? 물론 그렇긴 하다. 하지만 DNA 증거는 손이 릿지와 성관계를 했다는 사실은 뒷받침한다. 의제강간죄(강간죄는 폭행이나 협박에 의한 간음행위이지만, 13세 미만의 자에 대해서는 폭행이나 협박사실이 없고 상호합의 하에 간음했더라도 일반강간죄로 의제된다 - 역주)의 경우라면 증거가 된다. 하지만 의제강간죄는 성범죄자 신상정보등록대상도 아니고, 캘리포니아 주 삼진법(Three-strikes laws는 1993년 미국 워싱턴 주를 시초로 다수의 주에서 채택한 법으로서, 3회 이상 중죄를 범한 범죄자에 대해 절대적으로 무기형을 선고하도록 규정한다 - 역주)상의 범죄에도 해당되지 않으며, 양형 단계에서 법관이 중하게 고려하는 요소도 아니다.

검사로서 정말로 기소하고자 하는 범죄는 강간, 즉 강압에 의한 성교다. 강간죄는 중한 폭력 범죄로서 신상정보등록대상이며, 삼진법상의 범죄에도 해당되며, 일반적으로 중형을 선고받게 된다. 하지만 DNA 증거는 합의가 없었는지를 입증하는 문제에서는 결정적인 증거가 못된다. 합의가 없었다는 사실이 강간죄 기소에서 핵심요소인데 내가 확보한 것은 릿지의 진술뿐이다.

오해 말기 바란다. 의제강간죄로 기소라도 하는 게 불기소보다는 낫다. 하지만 릿지는 강간을 당했고, 따라서 저질러진 범죄대로 기소되어야 마땅하다. 하지만 피해자와 가해자의 진술만 있는 상태에서는 강간죄로 기소할 수가 없다. 더욱 큰 문제는 일단 의제강간죄로 기소하게 되면, 숀이 유사한 범행을 다른 소녀에게 저질렀다는 사실과 같은 보강증거가 나중에 확보된다 하더라도 다시는 강간죄로 기소할 수가 없게 된다. 헌법상 같은 범행에 대한 재기소는 금지되는데, 이를 일사부재리의 원칙이라 한다.

그렇다면 어떻게 해야 할까? 의제강간죄로 기소하거나, 강간죄를 입증할 보강증거를 더 찾을 때까지 기다려봐야 할까? 릿지에게는 두 가지 선택의 여지밖에 없는데 둘 다 최선은 아니다. 이렇게 말할 수밖에 없으면서 어떻게 내가 릿지를 신뢰하고, 공감하고 있으며, 즉시 신고한 씩씩함과 용기에 얼마나 고마워하고 있는지를 납득시킬 수 있겠는가?

결국 방법은 솔직함밖에 없다. 나는 늘 일이 왜 이렇게 진행되는지 법적 근거부터 설명해준다. 그러면서 법이 왜 그렇게 규정되어 있는지 좀 더 설명해주려고 애써본다.

미국 헌법은 무죄추정의 원칙을 기본권으로 규정하고 있다. 검사가 범죄의 모든 구성요건을 합리적 의심의 여지없이 입증해야 한다는 의미다. 따라서 강간죄 사건에서는 성적 행위가 있었다는 사실은 강간죄의 구성요건 중 하나를 입증하는 것이지, 그것만으로는 충분하지 않다. 검사는 강간죄의 또 다른 구성요건인 합의 없는 강제여부를 입증해야만 한다.

거의 모든 형사 사건에서 판사는 배심원들에게 "증거에 대하여 두 가지 합리적인 해석의 여지가 있을 때에는 무죄 쪽으로 판단해야 한다"는 설명을 해준다. 기본적으로 유무죄 둘 다 판단여지가 있을 때는 무죄 쪽으로 간다는 의미다. 무죄추정의 원칙이 바로 이런 뜻이다. 내가 지어낸 말이 아니다. 이것이 법이고, 헌법이며, 현실이다.

그렇기 때문에 릿지 사건에서 DNA 증거는 성적 행위가 있었다는 사실은 뒷받침하지만 강압이나 폭행, 협박이나 위력에 의한 성적 행위였다는 사실의 입증에는 도움이 안 된다. 강간죄의 구성요건에 대한 보강증거가 전혀 없다. 그래서 강간죄로 기소할 수가 없다.

도대체 납득할 수 없는 상황이 아니지 않는가? 내가 직접 수사한 사건이고, 피해자를 믿는다. 피해자가 숨김없이 솔직하다는 사실을 나는 분명히 안다. 피해자는 처음 숀의 집에 갈 때 엄마에게 어디 가는지 거짓말한 일부터 숀의 애무에 응한 사실까지 모든 일을 정직하게 진술했다. 피해자가 있는 그대로 진술했다는 사실을 알지만, 피고인 측 변호사가 교차신문을 끝낸 뒤에 배심원들은 어떻게 보게 될까? 배심원들은 데이트를 위해 엄마에게 거짓말을 하는, 유명 스타에 빠져 있는 아이라면 성행위에 대해 뒤늦게 후회했거나, 집에 늦게 귀가했다고 야단맞을까 두려웠거나, 사건에 대한 다른 상황 설명도 있을 거라고 보고 피해자의 진술에 합리적인 의심을 가질 수 있다.

나는 진심으로 릿지를 믿지만 무죄추정이라는 버거운 헌법 원칙 때문에 입증부담을 고려하면 확신을 가지고 강간죄로 기소할 수 없다. 보강증거가 필요하다.

바로 이 점이 성폭행 사건의 문제다. 대부분의 경우 증인이 없고, 증거가 거의 없는 이상 여러 가지 해석이 가능하고, 어떤 보강 증거도 얻기 어렵다. 게다가 우리의 주제가 다름 아닌 성행위라는 걸 잊어서는 안 된다. 성행위는 공개적으로 말하기 어려운 가장 터부시되는 말이다. 우리가 이제는 성행위에 대한 청교도적인 자의식에서 벗어났지 않은가 싶다면 서로 잘 알지 못하는 사람들끼리 성행위에 대해 말할 때 대부분의 사람들이 얼마나 조심스러워지는지 생각해보라.

성행위에 대해서 잘 이해하지 못하는 청소년을 생각해보자. 합의라는 말의 의미도 잘 알지 못할 뿐더러 그저 성적 피해자가 되었을 뿐이다. 그 아동 피해자가 얼마나 말을 잘 할 수 있을 거라 기대하는가? 게다가 피해 아동이 입을 열지 못하도록 가해자에게 협박을 당해 겁에 질려 있거나, 엄청나게 당황해 있거나, '나쁜 접촉' 행위를 당한 자신을 누군가 비난하고 있다고 느낀다면 어떻게 되겠는가?

내가 되풀이해서 보고 또 보는 일들이다. 성폭력피해자센터에 찾아온 아동이 무엇이든 기꺼이 이야기하다가도 '추행'이나 '학대' 혹은 '불편하게 만드는 어떤 물건' 혹은 '아프게 하는 어떤 물건' 혹은 '그래서는 안 될 부분을 누군가 만지는 것'에 대해서는 말을 못한다. 특히 어린아이일수록 그렇다.

대여섯 살의 아이를 예로 들어보자. 아이들의 언어로 말을 붙이면 수다스럽게 이야기하는 아이가 있다. 다행스럽게도 내게는 여섯 살 아이가 있어서 유치원에서 배워온 속어나 일학년 아이들에게 한창 인기 있는 것들을 쉴 새 없이 말해준다. 나는 아이들이 자신이 얼마나 '공주병'인지, 학교 뮤지컬에 등장하는 인물이 누구인지 내게 말해줄 때가 너무 좋다. 가수 마일리 사이러스와 한나 몬타나의 노래 전부를 따라 부를 수 있고, 크레용 색깔을 하나하나 말하는 것처럼 팔, 다리, 눈, 배 등등 신체 부위의 이름도 보란 듯이 댈 수 있다.

하지만 '다른 문제'로 화제를 옮겨가면, 선생님에게 "데이비 아저씨가 내 거시기를 만져"라고 말했던 아이는 상황을 확인할 만한 더 자세한 내용은 말해주지 못한다. 왜 아이는 다를 거라 기대하는가? 앞서 되풀이해서 설명한 것처럼 성인들조차 터부시하는 일에 대해 말하기를 주저하기 마련이다. 아동에 대한 기본적인 이해가 있는 사람이라면 당연하게 여길 만한 일이다. 특히 '데이비 아저씨'라는 사람이 아무에게도 절대 알리지 말라고 아이에게 겁을 준 상황이라면 말이다.

상황이 이러하기 때문에 나는 아동 성폭행이 거의 대부분 매우 사적으로 은밀히 행해지는 범죄라는 점부터 배심원들에게 설명하기 시작한다. 일반적으로는 관련된 양측 당사자의 진술내용 외에는 아무런 증거가 없다. 보강증거가 절대적으로 중요하지만 아동 대상 성범죄 사건에서는 특히나 확보하기 어렵다. 또한 나는 배심원들에게 아동이 무슨 일이 있었는지 진술하기란 매우 어렵다는 사실을 이해시켜야 한다. 이렇게 사전설명을 해두어야 배심원들 앞에서 아동이 진술을 머뭇거리는 경우에 대비할 수 있을 뿐더러, 아동의 진술을 보강하기 위해 내가 활용하려는 증거들을 제시할 기회를 만들 수 있다.

1. 피해자를 통한 증거의 보강

때때로 아동 피해자의 사건에 대한 정확한 진술능력, 특히 실제 성폭력을 당하지 않고서는 알 수 없는 구체적 사실을 진술한다면 보강증거가 될 수 있다. 전형적인 예는 다섯 살이나 네 살, 심지어 세 살이라도 데이비 아저씨가 자기 '거시기'를 만지다가 데이비 아저씨의 거시기에서 하얀 우유가 나왔다고 진술하는 경우다. 바로 이런 부분이 보강증거가 된다. 실제 일어난 일이 아니라면 어린아이가 사정이나 정액을 알고 정확하게 진술할 리가 없기 때문이다.

많은 이들이 의학적 증거나 DNA 증거가 보강증거로 필요하다고 생각하지만, 그렇지 않다. 물론 DNA 증거는 성적 행위가 있었고, 피고인이 바로 그런 행위를 했다는 사실 자체를 다투는 사건에서는 성적 행위여부를 입증하는데 훌륭한 증거다. 하지만 릿지의 사건에서 설명했듯이 DNA 증거는 합의가 있었는지에 대해서는 아무것도 증명해주지 못한다.

더구나 의학적 증거 자체가 없는 경우도 종종 있다. 여러 가지 이유가 있다. 그 이유의 하나는 성범죄 행위의 많은 경우 언제나 상해가 뒤따르지는 않는다는 사실이다. 구강성교나 애무 행위를 생각해보라. 폭력적으로 강요되는 행위가 아니기 때문에 흔적이나 상처가 남지 않는 경우도 있다.

사춘기 이후 소녀의 질은 남성 성기의 삽입이 가능하다는 이유도 있다. 소녀들이 꼬랑지머리를 묶는데 사용하는 고무 밴드를 상상해보라. 고무 밴드는 크게 늘어났다가 머리를 묶을 만큼 다시 줄어든다. 물론 질의 기능이 본래 그렇다. 늘어났다가 수축한다는 의미다. 그렇기 때문에 남성 성기에 의한 삽입으로 인해 상처가 생기지 않는 경우도 있다.

그리고 성폭력 신고가 지연되는 사건도 많다. 폭행 이후 72시간 이상 경과 후에 검사를 하게 되면 물리적 증거가 확보될 가능성은 없다. 폭행으로 인한 상처가 72시간 내에 사라지지 않는 경우도 일부 있지만, 가해자의 정액이나 음모 같은 증거는 사라져 버릴 가능성이 높다.

신체검사를 통해 아무런 의학적 증거를 찾아내기를 기대할 수 없는 경우라 할지라도 일단 검사를 실시하는 경우도 종종 있다. 배심원들은 수사과정에서 '철저한 조사' 방식을 기대하며, 그래서 수사관들이 폭행의 신체적, 의학적 증거를 찾기 위해 최선을 다했다는 증거를 원한다. 때때로 시간 경과로 인해 의학적 증거를 찾을 수 없었다는 점을 설명하기 위해 전문가를 출석시켜야 할 필요도 있다.

검사과정에서 아무런 의학적 증거를 찾지 못한 경우라도 의학적 진단을 통해 보강증거를 확보할 다른 방법이 있다. 간호사가 공격받은 정황을 포함해 피해자의 병력을 파악해 의료기록부에 기록해두는 경우가 그것이다. 병원에서의 진술이 이후 수사관에 대한 진술과 일치한다면 피해자의 두 가지 진술 간의 일치성은 보강증거가 될 수 있다. 게다가 피해자가 자발적으로 의학적 진단을 받았다는 사실도 일종의 보강증거가 될 수 있다. 허위로 성폭행 피해를 신고하는 사람이라면 그런 검사를 거치려 하지 않을 것이기 때문이다.

DNA 증거와는 별개로 임신, 생식기 상해, 등 부위의 상처, 성병 감염 등의 의학적 진단도 성폭행의 보강증거가 될 수 있다. 아동이 어리면 어릴수록 배심원들은 이런 종류의 보강증거가 성범죄를 입증해 준다고 판단하기 쉽다. 아이가 어릴수록 이런 의학적 진단결과를 설명할 다른 마땅한 이유가 없을 것이기 때문이다. 여섯 살 난 아이가 누군가와의 성교로 인해 상해를 입었다면 피고인이 빠져나갈 길은 별로 없을 것이다.

2. 가해자를 통한 증거의 보강

피해자 외에도 사람들이 생각지도 못할 많은 곳에서 보강증거를 찾을 수 있다. 때때로 나는 피고인에게서 보강증거를 확보한다.

나는 피고인이 동의를 일종의 항변사유로 생각하는 경우를 특히 선호한다. 어떻게 아이가 원했는지, 어떻게 동의했는지 계속해서 진술하도록 내버려둔다. 사실 피해자가 매우 어린(대부분의 주에서 14세 미만) 사건에서 동의여부와 무관하게 법적으로는 강간으로 의제된다. 미성년자와 관련된 성범죄 사건에서도 동의의 의미는 극히 제한적이다. 마찬가지로 피해자가 아주 어린 경우 가해자가 피해 아동이 더 나이가 많다고 착각했거나, 설사 피해자가 자신이 더 나이가 많다고 이야기했다 하더라도 항변사유가 되지 못한다.

그래서 내가 수사관들에게 가르치는 기법 중의 하나는 피의자로 하여금 피해자가 동의했거나, 피해자가 18세가 넘었다고 말했다고 주장하도록 부추기는 책략이다. 고전적인 책략 중의 하나는 수사관이 실제로는 피고인의 것이 아닌 DNA 증거를 보여주면서 왜 피해자의 질 속에서 피의자의 DNA가 검출되었는지 해명해보라 하는 수법이다. 가짜 검사결과를 들고 말한다. "내가 들고 있는 이 DNA 증거를 봤겠지." 피의자는 현장에 없었다거나 피해자와 성행위를 하지 않았다는 주장을 더 이상 할 수 없다고 생각하고, 종종 피해자가 동의했다는 주장을 하기 시작한다. 피해자가 14세 이하라면 걸려든 것이다! 강간죄로 유죄평결을 받을 수 있다. 피해자의 나이가 좀 더 많은 경우라도 수사관은 피고인이 피해자와 성행위를 했다는 부분을 시인하게 만들 수 있다.

물론 이런 책략은 아주 오래된 속임수다. 하지만 우리가 쳐놓은 작은 덫에 피의자가 걸려들게 하는 일이 과연 옳은 건지 의심하기 전에, 생각해 보자. 불법적인 일이 전혀 아니다. 아주 효과적인 수법일 뿐이고, 우리는 단지 덫을 놓을 뿐이다. 피의자 본인이 자백을 통해 스스로 걸려드는 것이다.

수사관이 활용하기 바라는 또 하나의 책략은 피의자를 신문하는 과정에서 마치 중요한 문제인 것처럼 피해자가 몇 살로 보였는가 묻는 방법이다. 노련한 수사관이 용의자에게 이렇게 말하는 걸 본 적도 있다. "이런, 저 피해자는 꽤 나이 들어 보이는데. 나라도 열여덟이나 열아홉 살로 봤겠어. 그 아이가 몇 살이라고 당신에게 말을 했었나?" 수사관은 계속 나이에 대한 이야기를 했고, 결국 피고인은 시인했다. "뭐, 그래요, 맞아요. 그 아이는 자기가 틀림없이 열여덟 살이라 했고, 또 실제 그렇게 보였어요. 그렇지 않은가요? 누가 봐도 적어도 열여덟 살은 되어 보이잖아요." 어쨌든 성행위를 했다는 자백은 받아낸 것이고, 피해자가 14세 미만이라면 이 진술만으로도 강간죄 유죄평결에 충분하다. 이런 경우가 상당히 많다.

피고인이 해당 사건과 유사한 범죄로 기소된 전력이 있다면 과거 기소사실을 보강증거로 삼을 수도 있다. 전과일 필요조차도 없다. 피고인의 과거 행위를 어떤 성적 행동 유형에 해당하는지 보여주는 증거로 사용할 수 있다. 기본적으로 나는 배심원들에게 이렇게 말한다. "보세요. 피고인이 같은 행위를 전에도 한 적이 있습니다. 이번에도 그가 똑같은 행위를 했다고 아이가 진술했습니다. 전적으로 우연의 일치일 가능성이 있다고 보십니까?"

뿐만 아니라 피의자의 말로 피의자를 반박하는 방법도 내가 선호하는 책략이다. 녹화, 녹음되거나 선서한 피고인의 진술은 피고인에게 불리한 증거로 사용될 수 있다. 실제로 자백이나 자인이 아닌 경우라도 법적으로 보강증거가 될 수 있다. 예를 들어, 피의자가 성행위 부분만 빼고 피해자와 동일하게 범죄의 정황을 상세하게 진술했다면 아주 뚜렷한 신호다. 왜 그 부분의 진술만 다른가?

그리고 가해자로부터 내가 원하는 보강증거를 얻기 위해 위장통화
라는 책략을 사용할 때도 있다. 일반적인 위장통화의 유형은 피해자
가 피의자에게 전화를 걸게 하는 방법이다. 통화내용 전체는 녹음된
다(종종 위장통화는 피의자의 발언을 녹음할 유일한 방법이기도 하다). 피
의자가 범죄와 관련된 일종의 정보를 발설하게 하는 것이다. 사과나
뉘우치는 말이거나, 두렵다는 말도 해당된다. 피해자 가족이 피의자
에게 전화를 하는 경우도 종종 효과가 있다. 속임수라고 비판을 받을
수는 있지만 어쨌든 효과적이라는 사실은 부인할 수 없다.

내가 좋아하는 방식은 피해자로 하여금 피의자에게 전화해서 임신
했다고 말하게 하는 수법이다. 피의자의 반응은 매우 분명해서 종종
강력한 보강증거가 된다. 예를 들어, "세상에, 누가 아빤데?"라는 식
의 반응은 "젠장, 난 네가 피임약을 먹고 있는 줄 알았는데!"라든지,
"맙소사, 아무에게도 이야기하지 마. 내가 낙태 비용을 낼게." 같은
반응과는 아주 다르다. 뒤의 두 대답은 바로 내가 찾는 보강증거가
된다.

3. 물리적 증거에 의한 증거의 보강

물리적 증거 또한 강력한 보강증거가 될 수 있다. 물리적 증거의

일반적 유형은 체액이 묻은 옷가지, 음란물, 컴퓨터에 저장된 데이터, 총기류, 밀실이나 호텔 객실 열쇠, 차량 내 비치품 등 피해자의 진술을 뒷받침해줄 수 있는 것들이다.

사소한 물건이나 세밀한 부분에서 창의적인 보강증거를 찾을 수도 있다. 단지 피고인이 특정 물품을 소유했다는 사실의 입증만으로도 사건의 원인과 경과에 대한 피해자의 진술을 뒷받침하기 때문에 큰 도움이 된다. 예를 들어, 피해 아동이 자신의 삼촌에게 강간당할 때마다 바닐라 향 비슷한 냄새가 났다고 진술한 사건이 있었다. 가해자가 피해자에게 로션이나 크림을 바르지는 않았다. 하지만 가택 수색 결과 바닐라 오일, 양초와 로션이 피해자가 강간당한 침대 밑에서 발견되었다.

피해자만이 알 수 있는 증거도 보강증거가 된다. 낯선 사람에게 납치된 사건에서 피해자가 범행 현장인 방에 대해 진술했고, 한 번도 가보지 않은 곳이었다면 보강증거가 확보된다. 또는 피해 아동이 피의자의 신체 부위에 있는 문신이나 모반에 대해 진술했다면 피의자가 벌거벗은 상태에서만 볼 수 있기 때문에 보강증거가 확보된다. 때로는 피해 아동의 나이에서는 알 수 없는 전문용어를 사용하는 경우다. 대부분의 여섯 살 아동에게 'blow job(구강성교)'이라는 말은 전혀 낯설다. 아동이 자신이 강요당했던 성적 행위를 설명하면서 이런 말을 쓴다면 누군가 그 말을 가르쳐 주었음이 분명하다. 그 누군가는 대개 피의자일 것이고, 역시 보강증거가 된다.

빈약한 증거라고 무시했을 만한 사물이 보강증거가 되는 경우도 있다. 예를 들어, 내가 즐겨 언급하는 할로윈 파티에서 야한 옷을 입고 완전히 취한 채 강간을 당한 열다섯 살 소녀의 이야기를 보자. 재판과정에서 배심원들은 피해자가 무엇을 마셨고, 무엇을 입었으며, 무슨 일이 일어날지 피해자가 알고 있었는지에 초점을 맞추기 마련이다.

하지만 이런 모든 부정적인 상황들이 긍정적인 보강증거로 바뀔 수 있다. 진술과정에서 피해자에게 이렇게 질문했다. "그래서 얼마나 마셨나요?" 피해자의 평판을 해치려는 의도가 아니라 강간범에게 얼마나 표적이 되기 쉬웠을지를 보여주기 위함이다. 피고인은 파티장에 있던 모든 사람들 중에서 성관계를 할 사람을 고르면서 짧은 치마를 입고 술에 많이 취해 있는 소녀를 택했다. 토끼 복장이나 간호사 복장을 한 사람을 강간하려 하지 않았다. 피고인은 너무 술에 취해 무슨 일이 일어나는지 알 수 없는, 그래서 쉽게 접근할 수 있는 사람을 물색했다는 것이다. 이러한 설명으로 보강증거가 된다.

또 하나의 사례는 강간 피해자가 성매매 여성인 경우다. 기소하는 입장에서는 상상할 수 있는 최악의 사건이지 않을까? 어쨌든 돈을 받고 성을 파는 여성이 특정한 사람과는 성관계를 거부했다는 사실을 어떻게 배심원들에게 납득을 시킬까? 나는 피해자가 성매매 여성이라는 사실을 숨기지 않는다. 있는 그대로 설명하고 나서 내게 유리하게 논리를 편다. "얼마나 많은 사람과 자발적인 성관계를 했습니까? 300명? 500명? 그러면 이전에는 몇 번이나 경찰에 신고를 했었습니까?" 한 번도 없었다. 낯선 사람과 다수의 성관계를 했던 여성이 스스로 경찰에 신고하는 경우는 없다. 신고를 해도 아무도 믿어주지 않을 거라 생각하기 때문이다. 그런데도 가해자가 처벌받도록 자신이 성매매 여성임을 밝히며 공개적으로 나선 것이다. 이러한 사실이 보강증거가 된다.

이런 종류의 사실들은 내가 창의적으로 활용할 수만 있다면 담당한 사건의 진행상황을 뒤집을 수도 있다.

4. 기타 증거의 보강

증인은 분명 훌륭한 보강증거가 된다. 증인은 어떤 일이 일어났는지 목격했다. 상세한 상황설명을 더 해줄 수 있다. 아동이 진술한 사실을 확인해줄 수도 있다. 게다가 피고인의 진술을 반박하고 신뢰성을 의심케 할 수 있다. 확보할 수만 있다면 증인이 중요하다. 그런데 큰 문제가 있다. 대부분의 경우 성범죄 가해자, 특히 아동 대상 성범죄자는 증인이 목격할 만한 장소에서는 범행하지 않는다.

하지만 범죄를 목격한 증인이 없는 경우에도 피해자 진술의 다른 부분을 보강해줄 수 있는 증인이 있다면 큰 도움이 된다. 예를 들어, 강간죄 피고인이 파티에서 피해자에게 여러 차례 추근대다가 거절만 당했다면 증인은 피고인이 줄곧 거절당하는 걸 봤다고 진술해줄 수 있다. 피해자의 진술에 대한 중요한 보강증거가 된다.

유감스럽게도 통계상 아동 대상 성범죄 가해자는 상습범인 경우가 많다. 그래서 성범죄자 신상정보등록제도를 도입했다. 신상정보등록 또한 다수 피해자에 대한 보강증거 자료가 될 수 있다. 다수 피해자가 동일유형의 성적 행위로 동일 용의자를 고발한 경우, 사건의 가능성은 두 가지다. 새 아빠를 싫어하는 아이의 복수이거나 아니면 보강증거를 확보할 수 있는 경우다. 서로 알지 못하는 두 명의 아동이 용의자의 행태에 대해 매우 비슷한 진술을 하는 경우라면 가려내기 쉽다. 아주 강력한 보강증거가 된다. 링컨중학교 벨트란 사건(이 책의 저자가 지방검찰청 차장검사로서 직접 기소한 2008년 사건으로, 10여 년 동안 캘리포니아 링컨중학교 14명의 남녀 학생을 지속적으로 성폭행한 영어교사 벨트란Thomas Arthur Beltran은 14년형을 선고받았다 - 역주)의 경우를 예로 들어보자. 이 사건에서 14명의 피해자가 13년에 걸친 성폭력에 대해 거의 똑같은 묘사를 했다. 성폭력에 이르기까지 유혹하는 행위, 건네는 말과 폭행 수법이 모두 같았다. 어느 정도까지는 교사를 쫓아내기 위해 꾸민 계획이라고 믿을 만한 사람도 많겠지만 각각의 진술과 모든 진술들이 강력한 보강증거가 된다. 대부분의 피해자가 서로 알지 못하는데다가 서로 나이도 크게 다르고, 서로에 대해서 들어보거나 만났을 일도 없기 때문이다. 반대로 엄마의 새로운 동거남을 싫어하던 두 자매가 성폭행 당했다고 고발한 사건의 경우에는 서로 유사한 신뢰할 만한 증언을 하지 못했다면 충분한 보강증거가 되기 어렵다.

결론적으로 성범죄 전담검사들은 특히 아동 피해자 사건의 경우 보강증거를 확보하기 위해서 창의적이어야 한다. 아동 대상 성범죄 기소를 위해서는 어떤 보강증거라도 매우 중요하다. 아동을 다룰 때에는 알 수 없는 부분이 너무 많다. 아이들이 자신들이 말하고 있는 내용이 무엇인지 알고 있을까? 성행위가 무엇인지 알기나 할까? 사실과 상상을 어떻게 잘 구별할 수 있을까? 부끄러워서 모든 사실을 다 털어놓지 못하고 있을까? 이런 이유들로 인해 주도면밀하게 은폐되어 있기 마련인 범죄에는 보강증거를 확보해야 한다. 내가 검사로서 해야 할 임무다.

제8장

증언대에 선 아이들

이니드 사건의 공판 준비절차가 시작되는데 6개월이 걸렸다. 피고인 측 재판연기 요청을 판사가 받아들였기 때문이다(공판 준비절차는 소송의 개연성 청문이라고도 불리는데 공판을 진행할 만한 충분한 증거가 있는지 법관이 판단하는 간단한 형태의 재판이다). 이니드가 아파트 관리인이 그녀의 음부를 만지고 손가락을 집어넣었다고 신고한 지 상당한 시일이 흘렀다. 여전히 이니드는 신경이 곤두서고 취약한 상태여서 법정에서 피고인과 마주한다는 생각만으로도 겁을 내고 있다. 이니드를 돕고자 법정 준비교실에 데려갔다. 함께 법정이 어떻게 생겼는지 익히고, 어떤 일이 진행될지 미리 배우게 했고, 궁금한 점은 어떤 질문이라도 하도록 했다. 소송과 여타 준비과정에 대해 상세히 설명을 해주었지만 이니드는 여전히 가해자와 같은 대기실에 있어야 한다는 사실은 물론이거니와 실제 대면할 생각에 떨고 있었다. 가해

자는 이니드의 엄마가 외출한 사이에 관리인 열쇠로 아파트에 들어
와 일곱 차례 이상 추행을 했다.

1. 아동 성폭력 피해자를 증언대에 세워야만 할까?

"우리 아이가 진술을 해야 합니까?" 아동 대상 성범죄 담당검사들
이라면 수백 번도 더 듣는 질문이다. 부모들에게는 아동의 증언이 가
장 두렵고 무서운 일이다. 부모들은 이미 자신의 자녀들이 폭행으로
겪은 고통에 죄책감을 짊어지고 있는데다가 사태를 어떻게 해결해야
할지 무력감에 빠져 있다. 자신의 자녀가 증언대에 서서 성폭력 사실
을 진술하게 하는 장면부터 머릿속에 그려보게 된다.

부모들의 걱정은 이해할 만하지만 자녀들을 증언하지 않도록 보호
하려다가는 형사재판을 망칠 수 있다. 아동 피해자의 증언은 성폭행
사건의 핵심이다. 단도직입적으로 말하자면 아동 피해자의 증언 자체
가 부모나 아동의 의사와 무관하게 이루어지는 경우도 있다. 검사로
서의 임무는 성범죄 가해자를 사회로부터 격리하여 시민들이 위험에
처하지 않도록 하고, 잠재적 성범죄자들의 범죄를 막는 데 있다. 물론
피해자에 대해서는 최대한 인간적으로 세심하게 대하지만 아동 피해
자가 증언을 위한 소환장을 받게 되면 법정에 출석해 증언할 법적 의
무를 지게 된다. 검사로서 피해자나 피해 아동 부모의 의사와 요구를

고려하지 않는다는 말이 아니라, 고려하기 위해서 그렇게 한다. 검사로서 피해자의 의견이 중요하기 때문만은 아니다. 캘리포니아 주법에 따라 성범죄 사건의 형사재판에 참여할 수 있도록 피해자의 의견진술 기회를 부여하기 때문이기도 하다. 이는 가정 폭력 사건의 경우와는 크게 차이가 있다.

그렇다면 관련된 절차는 어떻게 진행되는가? 어떻게 피해자의 의사를 존중하면서도 소환장을 보낼 수 있는가? 검사로서의 경험상 법원에 기꺼이 출두할 사람은 아무도 없다. 다만 대부분의 아동 피해자나 부모들은 곧 그것이 할 수 있는 최선의 일임을 인정하게 된다. 자신의 자녀와 장래 피해자들의 안전이 자신들에게 달렸음을 안다. 그래서 법정으로 무거운 발걸음을 옮기면서도 마땅히 해야 할일을 한다는 사실을 깨닫게 된다.

사람들은 유죄판결을 받아내기 위해서는 어떤 어려운 일도 마다하지 않는 나 같은 검사들이 그 부담을 어떻게 견디는지 궁금해 한다. 무엇보다도 내가 하는 일에 대한 신념이 있기 때문이다. 뿐만 아니라 보람을 느낄 수 있는 뭔가도 있다. 대부분의 아동 학대 피해자들에게 증언은 카타르시스를 느끼게 해준다. 치유의 기회로서도 만족스런 경험이다. 믿기 어렵겠지만 사실이다. 실제 어떤 아이는 증언대에서 내려오면서 내게 이렇게 말하기도 했다. "재밌는데요." 증언을 마친 아동이 증언 전에 생각했던 것보다 훨씬 괜찮은 경험이었다고 놀라워하는 경우가 보통 사람들의 예상보다 훨씬 더 많다.

물론 일단 피해자가 공판 준비절차에서 증언을 한 경우가 그렇다. 이 절차는 기소를 할 만큼 충분한 증거가 존재하는지를 판단하기 위해 배심원이 아니라 판사 앞에서 진행된다. 피고인이 진술하는 경우는 거의 없으며, 피고인 측 변호사는 가장 유리한 증거는 실제 공판에서 활용하기 위해 피해자에 대한 교차신문 과정에서는 언급하지 않는다.

다행스럽게도 공판 준비절차는 피해 아동의 진술만으로 충분한 경우도 많다. 내가 맡았던 사건의 90% 이상은 실제 공판이 시작되기 전에 유죄인정을 통해 종결된다. 다만 사건의 절반 이상은 여전히 공판 준비절차에서 피해 아동의 증언이 필요하다. 아동의 증언은 피고인 기소를 진행할 만한 충분한 증거가 있다는 점을 보여줄 뿐만 아니라 피고인으로 하여금 유죄인정협상에서 검사 측의 엄격한 조건을 받아들이게 하는데 중요한 역할을 한다.

명심해야 할 것은 판사, 변호사 그리고 공판이 진행될 경우 배심원들까지 모두 피해자의 증언을 듣기를 바란다는 사실이다. 피해자로부터 직접 듣기를 기대한다. 열에 아홉은 피해자의 말을 듣고 감정표현을 지켜보면서 검사 측으로 기울게 된다. 피해자의 증언은 어떤 증거보다도 배심원들의 마음을 움직인다. 배심원들은 증인으로 출석한 피해자를 추상적인 '6세, 여성, 백인'이 아니라 현실 속의 아이로 바라본다. 피고인이 어떤 행위를 했는지, 어떤 피해를 입게 되었는지 듣게 되면 범죄의 실상이 전달된다. 피고인으로서는 이에 맞서 할 수 있는 일이 별로 없다. 이런 이유로 나는 부모들을 설득한다. "이 사건이 재판으로 간다면 아이가 증언을 해야 합니다."

공판 준비절차에서 아동이 증언하게 될 경우에는 일종의 예행연습이 된다. 나중에 아동이 법정에서 증언을 할 경우 침착한 태도로 임할 수 있어 더 신뢰감을 줄 수 있다. 또한 법정에 서는 검사 입장에서도 예행연습이 된다. 검사는 아동이 증언대에서 어떻게 할지, 교차신문에서 어떻게 침착하게 대응할지 사전점검하게 된다. 게다가 교차신문에서 피고인 측이 제기하는 문제를 듣고 검사는 이후 공판 단계에서 피고인 측이 제기할 쟁점의 일부도 미리 알 수 있게 된다.

마지막으로, 아동이 증언해야 할 중요한 이유가 하나 더 있다. 승소여부와는 무관하다. 공판 준비절차에서든, 공판 과정에서든 증언을 함으로써 아동 피해자는 가해자에 맞설 수 있는 능력을 깨닫게 된다. 법정에서의 대면을 통해 얻게 되는 힘은 향후 아동이 치유되는 과정에 크나큰 도움이 된다.

2. 아동 성폭력 피해자의 직접 진술에 대한 대안들

대샤(14세)는 낯선 사람에 의해 트럭으로 납치되었다. 타월로 눈을 가리고 목에 칼을 들이대고 소리 내지 못하게 위협하면서 강간을 했다. 범행 후 범인은 납치장소로부터 45분을 더 가서야 트럭 밖으로 아이를 밀어냈다.

대샤는 강간 신고를 했고, 수사관들은 신속히 출동했다. 45시간 이내에 가해자와 집 주소, 그리고 과거 유죄평결을 모면했던 강간 혐의를 비롯한 기나긴 전과기록이 파악되었다.

공판 준비절차에서 증언하기 위해 법원에 들어서자 대샤는 가해자와 마주 대해야 한다는 생각에 너무 떨린 나머지 법정에 들어서기도 전에 구토를 했다. 증언을 할 수 있는 상태가 아니었다. 나는 법원에 CCTV를 통해 증언할 수 있게 해달라고 청구했다. 십년 만에 처음으로 법원은 영상 증언을 허용했다.

피해 아동이 피고인과 법정에서의 대면을 통해 상처받지 않도록 여러 주州에서는 CCTV를 통한 증언을 허용하고 있다. 다만 아동이 피고인 때문이 아니라 단지 법정구조 때문에 불안하다는 경우라면 허용되지 아니한다.

영상 증언은 특히 부모의 입장에서는 훨씬 좋은 방식으로 보이지만, 검사로서는 장점보다는 단점이 더 많다. 실제로 영상을 통해 아동의 증언을 시청하면 배심원들 앞에서 증언할 때보다 감정적 전달 효과가 떨어진다. 대샤의 사건에서 피해자의 증언은 공판 준비절차였기 때문에 판사 앞에서만 진행되었다. 공판이 진행될 경우라면 나는 배심원들 앞에 직접 증언할 수 있도록 최선을 다해 준비했을 것이다(실제로는 유죄인정협상을 통해 18년 구금형을 선고받게 되었다. 나는 협상과정에서 피해자가 배심원 앞에서 구토라도 한다면 가망이 없을 거라 경고했다). 그리고 전자장치의 경우, 오작동의 가능성이 있기 때문에 재판무효의 근거가 될 수도 있다.

1) 아동 증인의 재판출석을 위한 준비

인기 드라마 CSI나 Law & Order를 보는 사람들은 형사재판과 법정에서 진행되는 일을 친숙하게 여긴다. 하지만 현실 속 법정에 들어서면 정교하게 편집된 텔레비전 드라마나 영화는 실제 형사재판에 관련된 사람에게는 별다른 도움이 되지 않는다는 사실을 깨닫는 데 그리 오래 걸리지 않는다. 나 역시 로스쿨에 진학해서 형법, 형사소송법과 증거법에 대해 배우고 나서도 실제 재판이 어떻게 이루어지고, 법률가들이 어떻게 일을 하며, 피고인의 자리가 검사인 내 자리와 얼마나 가까울지 알지 못했다. 내가 처음 법정에 서던 날 얼마나 떨렸던지 아직도 어제 일처럼 생생하다. 그래서 아동의 입장에서 법정에서 증언하는 일이 얼마나 어려울지 분명히 안다. 우리는 알지 못하는 일에 대해서는 두려워한다. 사전준비 없는 아동 증인은 앞으로 어떤 일이 진행될지, 심지어는 무엇을 모르는지조차도 알지 못한다.

나는 아는 것이 힘이라고 굳게 믿는 사람이다. 그래서 내가 맡은 사건의 아동 증인이 법정에 출석하기 전에 사전준비 시간을 갖는다. 내가 '법정 준비교실'이라고 부르는 장소에 함께 가서 아동 증인에게 법정사진을 보여주면서 어디에 앉게 될 것이며, 판사는 어디에 앉는지, 속기사는 어디에 위치하는지 알려준다. 왜 다른 역할을 하는 사람들이 있으며, 각각 어떤 역할들을 하게 되는지 설명해준다. 예를 들어, 법정 경위는 경찰 같은 사람이라 총을 가지고 있고 법정의 질서를 유지하면서 모든 사람의 안전을 책임진다고 설명해준다. 속기사는 사람들이 말하는 모든 내용을 받아쓰는 사람이라서 우리가 말할 때는 또렷하게 말해야 하고 그저 고개를 끄덕이거나 우물거려서는 안 된다. 판사는 법정 안의 절차를 진행하는 사람으로 검은 가운을 입는데 판사의 말은 아주 주의 깊게 들어야 한다. 법원서기에 대해서도 말해준다. 피해자 증인에게 이름을 확인하고 진실만을 말할 것을 맹세하도록 하는 사람이다.

그런 후에는 모든 절차를 점검해본다. 누가 질문을 하게 될지, 어떤 순서로 하게 될지, 왜 변호사가 이의제기를 하는지, 그리고 판사가 "인정합니다" 또는 "기각합니다"라고 하는 말이 무슨 의미인지 설명한다. 아동 증인의 실제 증언과 신문 및 교차신문에 대비하여 준비시켜야 할 일은 더 많다. 이 부분에 대해서는 다음 장에서 다루겠다.

피해자와 가족은 절차에 대해 많이 알아야 덜 불안하다. 내가 가장 당혹스러운 부분은 형사 사법 시스템이 때때로 얼마나 느리게 진행되는지에 대해서도 이들에게 설명해주어야 한다는 점이다. 절차의 지연에 대한 준비는 다음에 이어서 설명하겠다.

2) 아동 증인(과 그 가족)의 절차지연에 대한 준비

하나의 사건이 기소에서 최종판결에 이르기까지 걸리는 시간은 마치 영원처럼 느껴진다. 내 경험으로는 유죄인정협상으로 해결되지 않는다면 기소부터 재판 종결까지 평균 1년 이상, 약 14개월이 걸린다. 대개 기소 후 공판 준비절차까지만 해도 적어도 2-3개월은 걸린다.

신속한 재판을 받을 권리는 어찌된 건지 의문을 가질 만하다. 물론 헌법에 있는 규정이지만, 검사나 피고인 측이나 이런 권리를 사양하면서 시간을 더 달라고 요청하는 일이 종종 있다. 소송 초기 단계에서 약간의 지연은 정상적이고 예상할 수 있는 일이다. 하지만 5개월이나 6개월, 7개월이 되면 사정이 다르다.

검사의 입장에서는 그렇게 오래 지연될 경우 피고인 측만 이익이란 걸 알기 때문에 나는 기소한 사건이 가능한 한 신속히 진행되도록 노력한다. 지연되면 될수록 기억은 희미해지고, 증거가 소실될 개연성은 높아진다. 게다가 소송을 오래 끌수록 사람들은 점점 관심을 잃기 쉽다. 나쁜 사람에게 죗값을 치르게 하려는 일이 점점 더 근거를 잃고 현실성이 떨어져 간다.

할 수만 있다면 아동 성폭행 사건은 가능한 한 빨리 기소되고, 반드시 6개월 안에 매듭지어져야 한다. 이런 사건들은 지연되거나 연기되거나, 어떤 연장사유 때문에 질질 끌어서는 안 된다. 검사는 피고인의 연기요청에 이의제기를 해야 하고, 판사도 수용여부를 신중하게 고려해야 한다는 의미다. 6개월이 지나가는 데도 연기를 신청한다면 나는 판사가 이를 각하하거나 피고인 측이 다시는 연기신청을 하지 않는다는 조건일 경우에만 수용하기를 바란다.

재판의 지연을 부정적으로 생각하지만, 그렇다고 내가 경솔하게 제대로 준비되지 않은 상태로 재판을 서두른다는 뜻은 아니다. 완전히 준비를 마치지 않고 재판을 시작하는 법률가는 없겠지만, 형사재판의 경우 특별히 그렇다. 거의 모든 경우 검사는 피고인을 단 한 번 기소할 수 있을 뿐이기 때문에 처음부터 정확해야 할 이유는 충분하다. 따라서 합리적인 사유가 있을 때에는 판사에게 재판준비를 위한 시간을 요청한다. 종종 내가 어찌해볼 도리가 없는 사유도 있다. DNA 분석, 과학수사, 의학적·심리적 검사 등 증거수집 방식들은 종종 시간이 걸린다. 그래도 이렇게 어렵게 수집한 증거가 승소와 패소를 결정짓는다.

어찌해볼 수 없는 사유에 대해 말이 나온 기회에 덧붙이자면 DNA 검사와 관련 과학증거 분석을 위한 대기 건수는 놀랄 정도로 많다. 정말 믿을 수 없을 정도다. 전국적으로 어이없을 정도로 많은 표본 보관함들이 검사를 기다리며 거의 몇 년 동안 쌓여 있다. 검사 작업이 진행되지 않았기 때문에 충분한 증거가 확보되지 못했을 사건들과 연관된 표본들이다. 더구나 용의자와 피해자가 확인되었어도 법정에서 활용되어야 할 때까지 과학수사 결과를 얻지 못하는 사건들도 셀 수 없이 많다.

믿기 어렵지 않은가? 도대체 '범죄와의 전쟁'을 외치던 그 많은 정치인들이 과학수사 예산이 부족해서 범죄자를 감옥에 가두는 데 필요한 증거를 놓치는 문제에는 왜 관심이 없는가? 문제라고 생각하는 사람은 나뿐만이 아니다. 2003년 국립사법연구원은 전국의 지역별 수사기관 실태조사를 통해 DNA 과학수사 연구보고서를 작성했다. 조사된 자료에 근거한 연구에 따르면 다음과 같다.

- 생물학적 증거가 있는 강간 사건으로서 수사기관이 아직 과학수사부서에 분석의뢰를 하지 못한 경우는 169,000건 이상에 달한다.

- 각 주州와 지역 과학수사부서에 의뢰된 DNA 검사 사건 중 분석 대기 건수는 57,000건 이상에 달한다.

- 542,700건의 형사 사건에서 생물학적 증거제출 대기 중이거나 과학수사부서의 분석을 기다리고 있는 중이다.

검사의 실무현실에서는 아직 나오지 않은 과학수사 분석결과를 기다리지 않고 소송을 진행시킬 것인지, 증거가 확보될 때까지 소송을 지연시킬 것인지는 어느 쪽이 유죄평결을 받아내는데 도움이 될지 비교해서 판단해야 한다.

3) 아동 증인의 법정규칙 준수를 위한 준비

난감한 소송지연에 대해 설명하느라 최선을 다하는 일 말고 피해자와 가족들을 위해 준비해야 할 다른 일은 무엇일까? 나는 소송진행 중 어려움을 덜 겪고 대처할 수 있도록 피해자가 감당할 수 있을 만한 모든 지침을 설명해주려고 노력한다. 법정 준비교실을 마칠 때쯤이면 아동 증인과 부모들은 앞으로 남은 소송절차가 진행되는 동안 다양한 소송관계자들과 '수다를 떨 수 있게' 된다. 피해자 부모들은 소송에 관계된 다른 사람들이 무엇을 하고, 무엇을 말할지 알게 됨으로써 힘을 얻는다. 그렇지 않았다면 영문을 모르는 무력한 방관자라고 느끼게 될 뿐이다.

아동과 부모들이 알아두어야 할 소송에 관련된 특별한 규칙들도 있다. 예를 들어, 다른 증인들과 이야기해서는 안 된다. 법정 밖 복도에서도, 엘리베이터 안에서도, 화장실 안에서까지도 어디든 남들이 들을 수 있는 곳에서는 항상 말조심해야 한다. 마치 교회 안에 있을 때처럼 행동해야 한다. 눈에 띄지 않게 단정히 차려입고, 묵묵히 있어야 한다. 개인적 필요에 따라 약간씩 변형을 하지만 기본내용은 항상 같다.

"항상 진실만을 말한다." 내가 피해자나 증인에게 주지시키는 제1원칙이다. 진실이 해가 될지 이로울지에 대한 개인적인 생각은 상관없다. 진실을 알지 못하며, 질문에 답할 수 없어도 상관없다. 단지 진실을 기억하지 못한다 해도 상관없다. 진실만을 말한다는 것은 배심원들이 믿을 수 있도록 있는 그대로의 진술을 의미한다. 피해자가 자신의 진술이 사건에 도움이 될지 해가 될지 망설이게 되면 배심원들도 알아챌 것이다. 배심원들의 관점에서 피해자가 할 일은 오직 자신이 겪은 일을 가감 없이 있는 그대로 진술하는 것이다.

흥미롭게도 대부분의 법원은 아동의 진술능력 인정여부를 연령이 아니라 소송절차에 참여할 수 있는 증인능력을 기준으로 판단한다. 판사가 보기에 아동이 옳고 그름을 가릴 줄 알고, 진실과 거짓말의 차이를 이해하며, 법정에서 진실을 말하기로 약속해야 한다.

세 살 아동이 진술능력이 있는지 확인하기 위한 전형적인 질문은 다음과 같다.

문: 몇 살이지?

답: 세 살.

문: 내가 만약에 네가 열 살이라고 하면 참말인가 거짓말인가?

답: 바보 아니에요. 그건 거짓말이죠.

문: 색깔이 뭔지 아니?

답: 예.

문: 이 칼라 펜 색깔이 뭐지?

답: 빨강. (정답)

문: 이 칼라 펜 색깔은?

답: 파랑. (정답)

문: 내가 만약에 이 펜 색깔은 노랑이라고 하면 참말인가 거짓말인가?

답: 거짓말.

문: 거짓말해본 적 있니?

답: 예.

문: 어떻게 됐지?

답: 혼났어요.

문: 어떤 거짓말이었는데?

답: 이빨 안 닦고 엄마한테 닦았다고 했어요.

문: 법정 안에 있을 때는 항상 참말만 해야 되는데, 그렇게 하기로 약속할 수 있겠니?

답: 약속할 게요.

이 아동은 질문에 답할 수 있고, 진실과 거짓말의 차이를 분간하며, 진실만을 말하기로 약속했기 때문에 증인으로서의 자격이 인정될 수 있다.

나는 피해자에게 진실을 말해야 한다는 원칙 외에도 서두르지 말아야 한다는 점을 강조한다. 질문을 끝까지 들어야 한다. 피해자가 질문을 이해하지 못했으면 이해하지 못했다고 말해야 한다. 이해 못한 질문에 진실한 대답을 할 수가 없다. 말하기 전에 어떻게 답할지 생각해야 한다. 법정 속기사가 말하는 내용을 기록할 것이다. 정말 하려고 하는 말인지 확신할 수 있는가? 변호사들이 보통 증인이 답을 한 뒤에도 아무 말 없이 뭔가를 기대하는 눈빛으로 쳐다만 보면서 뭔가 증인이 원치 않던 말을 불쑥 내뱉기를 기다리는 술책에 넘어가서는 안 된다. 증인이 답변을 하고 침묵이 이어지는 순간에 뭔가를 말해야 하는 것은 아니다. 나는 이렇게 간명하게 정리해준다. 듣고, 생각하고, 진실을 말하라.

증인을 위한 또 하나의 기본원칙은 침착하고, 예의바르고, 정중해야 한다는 점이다. 피고인 측 변호사에게 봉변을 당했을 때 더욱 그렇다. 세금이 우리 삶의 일부인 것처럼 교차신문도 소송의 일부다. 검사가 이의를 제기하면 판사가 받아들일지 기각할지 기다린다. 진술 중에 실수했다고 세상이 끝나는 건 아니다. 다시 답변하겠다고 말하고 바로잡을 수 있다. 피곤하거나 화장실에 가야겠다면 휴정을 신청하면 된다.

결국 시간이 지나면 증인은 자신이 아는 문제에 대해 대화를 하고 질문에 답하는 역할을 할 뿐이라는 사실을 깨닫게 된다. 점차 증인은 침착해지면서 질문에 차분하고 정확히 대답하는데 집중할 수 있게 된다.

증언을 준비하는 과정에서 증인과 가족이 기본적으로 같은 정보를 알아야 하지만, 내가 보기에 가족은 아동과 별도로 법정 준비교실을 거치는 편이 더 좋다. 이렇게 함으로써 부모나 아이나 상대방이 있을 경우에 묻기 힘든 질문도 할 수 있게 된다. 뿐만 아니라 소송 진행 과정에서 자녀를 어떻게 도울 수 있는지 부모들에게 추가정보를 제공하게 된다.

3. 피고인 본인의 직접변호

증언을 하고 나면 대체로 아동은 힘을 되찾는 기분이 들게 되며, 또 마땅히 그래야 한다. 그런데 그렇지 않은 경우도 있다. 피고인이 자신의 변호사가 대리하게 하지 않고 본인이 직접 변호에 나서겠다고 결정하는 경우다. 자주 일어나는 일은 아니지만, 이런 경우도 짚고 넘어가야 할 마땅한 이유가 있다.

피고인은 법원이 그 위험성을 알고 이해하고 있다고 인정할 경우에 변호인의 도움을 받을 권리와 마찬가지로 스스로를 변호할 헌법적 권리를 가진다. 이를 피고인 본인의 직접변호라 한다. 권리는 존재하지만 법원은 되도록 인정하지 않으려 한다. 피고인 본인이 직접 변호하는 경우에 종종 본인 스스로를 불리하게 할 뿐만 아니라 전문 변호사만큼 효과적으로 변호하는 경우도 드물다. 게다가 판사와 검사, 배심원들도 매우 곤란해진다. 판사는 스스로 변호사가 된 피고인에게 법적 설명을 하느라 시간을 더 써야 하고, 판사와 검사 모두 피고인이 제대로 변호하고 있는지 확인을 해야 한다. 그렇지 않으면 법적 오류가 발생하여 재판무효가 되거나, 이후 항소에서 유죄평결이 뒤집힐 수도 있기 때문이다.

이런 사실을 알기 때문에 나는 옛말이 정말 옳다고 믿는다. "법정에서 스스로를 변호하려는 사람은 의뢰인으로는 바보인데다가, 변호사로서는 멍청이다." 누구나 정상적인 방식으로 자격 있는 변호사가 변호하게 해야 더 잘 보호받을 수 있다. 피고인이 아무리 똑똑해도, 피고인 자신이 변호사라 해도 제3자인 변호사가 더 제대로 효과적으로 변호를 할 수 있는 객관성과 기술과 자원을 가지고 있다.

피고인의 자기변호를 말리는 또 다른 이유가 있다. 내 경험으로는 스스로 변호하려는 성폭력 가해자 유형은 피해자에 대해 권력을 행사하면서 자기도취적인 쾌락을 누리려는 의도인 경우가 종종 있다. 스스로를 변호함으로써 가해자는 교차신문 과정에서 피해자나 증언대에 피해자를 위해 나온 가족과 직접 대면하게 된다. 게다가 직접 변호하는 피고인은 제출된 모든 증거를 볼 수 있다. 한 번은 강간피해자 검사과정을 직접변호 가해자와 함께 지켜본 일이 있었는데, 열두 살 피해자가 검사받는 과정을 지켜보면서 웃고 흥분하는 가해자의 모습에 정말 고통스러웠다.

어떻게 해야 할까? 나는 아동 성폭력 피고인이 형사절차에서 직접 변호하는 권리는 전적으로 금지되거나 적어도 제한되어야 한다고 생각한다. 예를 들어, 아동 피해자에 대한 직접 교차신문은 허용되어서는 안 된다. 피해자의 학교 기록, 강간검사 기록사진, 성폭행으로 인한 상처를 진찰한 의료기록 등 피해자의 사생활과 관련된 비밀이 보장되어야 할 증거자료는 볼 수 없도록 해야 한다.

4. 피고인은 무엇을 진술하게 될까?

이미 여러 차례 설명했듯이 아동 성폭행은 증인이 거의 없는 경우가 대부분이기 때문에 혐의 입증이 대단히 어렵다. 한편으로 피고인도 내놓을 수 있는 항변사유가 별로 없는 것도 사실이다.

항변사유의 하나는 "그건 내가 아니었다"고 주장하는 것이다. 이러한 항변에 대한 최고의 반박은 DNA 증거다. 범행 당일 피해 아동의 몸이나 옷에서 발견된 피고인의 DNA 증거를 제시할 수 있다면 자신이 아니었다고 부인하지 못한다. 또한 범행 현장에서 피고인을 목격한 사람의 증언을 제시하거나 피고인의 과거 유사범행을 지적할 수도 있다. 때때로 운이 좋을 때는 피고인 본인의 진술을 피고인을 공격하는데 사용할 수도 있다. 앞서 제7장에서 설명했던 위장통화를 이용하는 경우가 그 예다. 피고인이 피해자를 모른다거나 범행시간대에 피해자 근처에 없었다는 피고인의 진술이 거짓말이라는 걸 입증하기 위해 필요한 모든 증거를 제시하게 된다.

본인이 아니라고 부인하는 경우는 사람들이 생각하는 것보다는 적다. 그 이유는 비극적이다. 대부분의 아동 성폭행 사건에서 피해 아동과 가해자는 어떤 형태로든 아는 사이이기 때문이다. 법정에 서게 되었는데 피해자는 당신의 딸이거나, 동거녀의 자녀거나 조카, 또는 당신의 학생이라면 피해자가 당신을 잘못 봤다고 주장하기 어려울 것이다.

성인 대상 성폭행 사건에서 동의는 항변사유가 되는 경우가 종종 있지만 아동 성폭행 사건에서는 드물다. 법적으로 미성년자의 동의는 항변사유가 될 수 없기 때문이다. 대부분의 주州법에 따르면 일정 연령 미만의 피해자는 성행위에 대하여 법적으로 유효한 동의를 할 능력이 없다. 성행위 여부를 판단할 만한 이성적·감정적 능력이 없다고 간주되기 때문이다. 이러한 사건에서는 피해 아동이 동의했는지의 여부는 상관없다. 항변사유가 될 수 없다.

가장 일반적으로 활용되며, 피고인이 증언할 필요가 없기 때문에 좀 더 유리한 항변사유는 검사 측 주장에 대해 합리적 의심의 문제를 제기하는 것이다. 앞서 제7장에서 합리적 의심이라는 불분명한 개념에 대해 설명을 많이 했다. 캘리포니아 주 배심원 지침에 따른 개념 정의도 분명치 않다. 즉 합리적 의심의 여지없는 증거라 함은 배심원들의 마음에 기소사실의 진실여부에 대한 '흔들리지 않는 확신abiding conviction'을 줄 만한 증거를 말한다. 이게 도대체 무슨 뜻인가? 배심원 중 한 사람이 내게 와서 "나는 합리적인 사람이고, 나는 모든 DNA 증거에 대해 의심이 들어요. 그러니 합리적인 의심이지요"라고 말하면 나도 이렇게 말해주고 싶다. "아, 그래요. 그럼 마틴은 외계인일 수도 있겠네요. 피고인의 정액을 훔쳐다가 피해자의 질 속에 넣어둔 거죠." 말을 삼킬 수 있으니 다행이다. 냉소적으로 보여서는 결과가 썩 좋지 않을 테니까.

그래서 합리적 의심은 피고인 측에서 겨냥하는 가장 큰 표적이며,

대개 합리적 의심을 항변사유로 삼으려 한다. 검사 측의 주장에 대해 피고인 측 변호사가 배심원들의 마음속에 합리적 의심을 불러일으킬 수만 있다면 항변은 성공이다. 더구나 아주 작은 의심이라도 불러일으킬 수 있다면 그 의심은 합리적인 것이라 주장할 수 있게 된다.

의심스럽다는 주장을 하기 위한 피고인 측의 전략은 배심원들에게 검사가 주장하는 사유가 분명한 사실은 못 된다는 점을 보여주는 것이다. O. J. 심슨 재판을 기억해보라. 피고인 측은 증거 하나하나마다 문제를 제기하고, 모든 증인의 신뢰성을 공격하면서 배심원들의 주의를 다른 곳으로 돌리려 할 것이다.

유감스럽게도 이는 종종 피해자 때리기를 의미하게 된다. 피해자의 신뢰성을 공격하게 되고, 실제로는 '천사일 수는 없는' 피해자의 주변 사실들을 문제 삼는 경우가 더 많다. 피고인은 피해자가 불안정하고 반항적이며, 비호감인 청소년으로 보이게끔 성생활이나 마약복용부터 정신건강 문제, 초등학교 3학년 철자시험에서 커닝하다 적발된 일까지 무슨 일이든 찾아내려 한다.

당연히 자신에 관한 나쁜 일이 드러나는 걸 좋아할 사람은 없다. 그래서 피해자는 검사에게 자신의 과거에서 부정적인 일까지 모두 이야기하지는 않는다. 당황스럽기도 한데다가 피해자로서는 부정적인 일이 드러나면 소송에 나쁜 영향을 끼칠지도 모른다 생각하는 일도 종종 있어서 감추려고 애쓰기 마련이다.

검사로서 배운 게 하나 있다면 감춰둔 일은 언젠가 드러나게 마련이라는 사실이다. 과거의 비밀 따위는 없다. 내가 아동 성폭행 사건들을 다뤄본 경험으로는 피고인은 나보다 피해자에 대해 더 많이 알기 때문에 피해자가 내게 숨긴 게 있을 경우에 바로 검사로서는 불리해진다. 검사는 모든 걸 알고 있어야 성공적인 소송 수행전략을 만들어낼 수 있다. 그래서 검사가 피해자와 서로 믿고 편안한 관계를 형성하는 일이 중요하다.

인간이라면 실수하게 마련이라는 사실은 배심원들도 인정할 뿐만 아니라 스스로도 알고 있는 부분일 것이다. 그래서 피해자에 대한 모든 부정적인 사정들을 다 알고 있다면 처음부터 꺼내놓고 피고인 측에서 노리는 충격을 최소화할 수는 있을 것이다. 내가 다녔던 로스쿨 교수님은 이런 방법을 '종기에 구멍내기'라고 불렀다.

부정적인 사실에 대해 미리 알고 잘 다루기만 한다면 충격을 최소화할 뿐만 아니라 오히려 긍정적인 방향으로 작용할 수도 있다. 만약 피해자가 폭행당하던 당시 술이나 마약에 취해 있었고, 배심원들이 피고인 측으로부터 이런 사실을 먼저 들었다면 불리해질 수 있다. 하지만 검사가 미리 알고 이 정보를 이렇게 전달할 수 있다. "피고인은 성폭행을 사전 계획했음이 틀림없습니다. 현장에서 가장 취한 여자를 골랐으니까요." 나는 부정적인 상황을 가해자가 범행을 위해 어떻게 사전계획을 했는지 보여주는 증거로 삼았다. 피해자의 신뢰성을 흠집내려는 시도는 피고인들이 흔히 하는 일이라 새삼 놀랄 것도 없다. 피고인 측에서 아동 피해자를 공격하는데 주로 사용하는 수법들은 다음과 같다.

- 뒤늦게 신고한 걸 보니 거짓말을 하고 있다.
- 시간이 지날수록 점점 더 많이 진술하는 걸 보니 거짓말을 하고 있다.
- 축소하거나, 처음에는 부인하거나 번복하는 걸 보니 거짓말을 하고 있다.
- 아동이 피고인의 행동을 잘못보거나 오해한 것이다.
- 품행이 좋지 않은 아동이었으니 믿을 수 없다.
- 이혼 소송, 양육권 소송이 진행 중이니 부모 중의 한 사람이 거짓말하도록 시켰을 것이다.
- 의욕이 지나친 검사나 경찰, 변호사나 성폭력 대응팀 사람들이 거짓말하도록 위협하거나 시켰을 것이다.
- 피고인은 지역사회에서 신망을 받는 사람으로 성실한 부모이며 전과도 없는 선량한 사람이다. 거짓말은 피해자가 하고 있다.
- 관심을 끌기 위해, 혹은 규율이 너무 엄격해서 아동이 거짓말을 하고 있다.

이런 주장들은 새삼스러운 것도 아니어서 피고인 측에서 악용할 수 있는 피해자의 과거 경력 사실을 내가 알기만 하면 사전에 이런 주장들을 반박하기 위해 준비를 해둘 수 있다.

검사로서 피고인 측 주장을 반박하려면 어떻게 해야 할까? 전문가 증인을 신청해 아동성폭력대응증후군(Child sexual abuse accommodation syndrome은 피해 아동의 성폭력을 신고하는 과정은 1단계: 비밀유지, 2단계: 무력감, 3단계: 포기·수용, 4단계: 신고지연, 5단계: 위축·철회로 이어진다는 이론이다. 신고를 늦게 하거나, 신고 후 진술을 철회하는 행동 역시 아동 성폭력의 증거가 될 수 있다 - 역주)이 피해사실을 증언한 피해 아동에게 어떻게, 언제, 어떤 영향을 미치는지에 관해 진술하게 하는 경우가 있다. 이를 통해 신고를 뒤늦게 했다거나, 시간이 흐를수록 진술내용이 추가된다거나, 심지어는 진술을 철회했다는 사실을 공격하는 피고인의 주장을 반박할 뿐만 아니라 배심원들 역시 상식적으로 자신에게 일어난 끔찍한 일을 어떻게 신고할 수 있었을지 피해 아동의 입장에서 생각해볼 수 있게 된다.

5. 아동법정

아동은 어른들에게 겁먹거나 두려움을 느끼기 쉬운 취약한 존재다. 누구나 아는 사실이다. 그렇기 때문에 법원은 아동 증인을 위해 별도의 공간을 마련한다. 주州마다 다르고 법원마다 다르지만 아동을 위해 법정 환경을 어떻게 갖추고, 편안함을 느낄 수 있도록 어떤 조치들을 취하는지 전형적인 사례를 보면 다음과 같다.

아동을 위한 법정 환경에서 가장 중요한 부분은 절차진행의 시간이다. 아동이 집중할 수 있는 시간은 짧다. 상처받은 아동의 경우는 더 짧다. 아동은 어른만큼의 정신력을 가지고 있지 못하다. 그래서 하루 공부시간에 제한을 두는 것처럼 아동이 법정에 머물러야 하는 시간에 제한을 두는 법원이 많다. 특히 아동이 11세 미만일 경우에는 일반적으로 학교에서 보내는 시간만큼으로 증언시간을 제한하는 경우가 전형적이다.

또한 법원은 아동 증인을 위해 안정감을 줄 수 있는 소지품을 법정에 가지고 올 수 있도록 허용한다. 일반적인 경우 증인은 개인소지품을 가지고 증언대에 설 수 없다. 하지만 집에서 덮던 담요나 좋아하는 동물인형은 신문과 교차신문 동안 아동에게 안정적인 환경을 만들어준다. 그리고 보통 아동이 증언하는 동안 물컵과 티슈를 준비해둔다.

특히 법정진행절차에 관련하여 자녀의 사생활 보호가 부모들의 가장 큰 관심사다. 피해 아동이 법정절차 때문에 평생 동안 상처받거나, 재판과정이 언론에 의해 낱낱이 보도됨으로써 아이의 이름이 공개되기를 바라는 사람은 없다. 그래서 법정문서나 절차에서는 (내가 이 책에서 실명을 결코 쓰지 않는 것처럼) 미성년아동의 성과 이름을 사용하지 않는다. 때때로 피해자의 성이나 이름만 부르거나, 단순히 홍길동 또는 홍길순이라고 부른다.

뿐만 아니라 법원은 아동친화적인 환경을 마련하기 위해 위압적이고 공식적인 법정구조를 바꿀 수도 있다. 법정 참여자들이 테이블에 둘러앉고, 판사도 판사석에서 내려오거나 법복도 벗을 수 있다.

일부 주州에서는 증언절차와 관련해서 아동 증인을 보호하기 위한 환경을 갖추고 있다. 미성년자에게 질문하는 방식, 아동의 답변을 듣는 방식과 이의제기를 다루는 방식 등 모든 질문이 아동보호 관점에서 진행되도록 법적 규정을 둔다. 아동 성폭행 사건에서 검사는 증거 수집에 관한 일반적인 규칙을 벗어나더라도 좀 더 조심스러운 방식으로 질문을 할 수 있도록 판사에게 요청할 수 있다. 아동이 이해할 수 없거나 아동에게 불편할 수 있는 말이 포함된 질문이 있을 경우에는 이의제기를 할 수도 있다.

불행하게도 거의 대부분의 주요도시들에서 아동 성폭행이나 아동 학대 전문 특별법정을 필요로 하는 사건들이 많이 일어나고 있다. 이러한 현실에서 아동의 필요와 현실을 고려한 디자인과 가구를 완벽하게 갖춘 법정을 설치하고 있다는 사실은 좋은 일이다. 예를 들어, 아이들이 좋아하는 파스텔 색깔로 법정을 칠하고 그림으로 장식을 해서 공적이고 위압적인 어른들만의 장소가 아니라 학교 교실처럼 보이게 한다거나 증언석 의자는 높낮이 조절이 돼서 네 살이나 열네 살이나 앉으면 바닥에 발을 붙일 수 있게 하는 점이다.

판사들에게 필요한 가장 중요한 일은 특별교육이라고 생각한다. 즉 아동 성폭행 피해자들의 심리를 이해하고, 2차 피해를 최소화하면서 증거를 판단하는 방법으로 피해자를 돕는 방법에 대해 훈련받아야 한다. 또한 전담판사들이 아동 성폭행 사건을 맡도록 해야 아동 증언 관련 법규정, CCTV를 통한 증언이 허용되는 상황, 학계에서 공인된 전문가 증언 내용으로서 증거로 인정될 수 있는 문제 영역 등과 같은 사항에 대해 전문적 판단을 할 수 있다. 이와 같은 아동 성폭행 전문법원 시스템은 많은 지역에서 도입하고 있는 마약법원(Drug Court는 마약범죄에 특화된 법원으로서 마약사용범죄자의 치료와 개선, 재범방지를 목적으로 판사와 검사, 치료전문가가 협력하여 마약범죄자 개인별 치료 및 재범방지 프로그램을 처분하고 판사가 이행을 감독한다 - 역주)의 모델을 따를 수 있다. 마약법원은 마약중독자의 처지에 따라 문제를 해결하고, 구금형의 대안으로 치료방법과 시기를 판단하는 효과적인 체계를 구축해왔다.

한편 교차신문 중 피고인 측 변호사가 피해 아동을 괴롭히지 못하도록 제한을 두어야 한다. 아동의 신뢰성을 떨어뜨리기 위한 공격시도 역시 제한해야 한다. 즉 피고인 측에서 강간 피해자의 성경험을 거론하는데 제한을 두는 것처럼 피고인 측 변호사가 피해 아동의 과거 비행을 거론하지 못하도록 해야 한다.

다행스럽게도 오늘날에는 기존 형사 사법 시스템에는 없지만 아동 대상 사건에 적용되는 상당한 절차적 보장이 마련되어 있다. 형사절차의 궁극적 목적은 완벽하게 진실된 증거를 찾는데 있다. 아동의 현실을 이해하고 필요한 보호를 보장해준다면 최선의 증거를 확보할 수 있다. 피해 아동이 증언대에서 울면서 티슈를 많이 썼으니 검사인 내가 대신 값을 물어내라고 말한 판사도 있었다. 피해 아동을 위해 해야 할 일들이 아직도 많다.

제9장
비협조적인 피해 아동과
도와주지 않는 엄마

로하스 형사가 전화했다. 샤이나와 함께 법원으로 가는 길이란다.

"샤이나 엄마는 어디 있는데요?"

"설명하자면 너무 길어요."

"법원에서 봐요"

한 시간 반쯤 뒤, 우리는 형사법원 제129재판부 법정 앞에서 만났다. 고맙게도 피해자의 변호인 타냐도 와 있었다. 적어도 샤이나는 증언 차례를 기다리는 동안 법정 밖에서 혼자 앉아 있지 않아도 되었다. 30분 후에 최초 신고를 접수했던 경찰관의 증언을 끝냈다. 이제 10분 뒤에는 다음 증인인 샤이나를 증언대에 세워야 한다. 샤이나를 데리러 법정 밖 복도로 나갔다.

샤이나는 나무벤치에 조용히 웅크리고 앉아 있었다. 샤이나를 감싸안아주고 몇 시간 안에 다 끝날 거라고 말해주고 싶을 뿐이었다.

괜찮은지, 필요한 게 없는지 물었다. 샤이나는 야윈 어깨를 그저 으쓱하면서 없다고 답했다.

증언대에 선 샤이나는 감정도 분노도 거의 드러내지 않은 채 차분히 증언했다. 낯선 사람에게 납치되어 로스앤젤레스 이곳저곳을 끌려 다니며 강간당했던 끔찍한 사건 당일을 정확히 기억해 증언했다. 피고인석의 피고인은 샤이나를 줄곧 쏘아보고 있었다. 피고인 측은 샤이나의 잘못으로 몰아가려 했다. 낯선 사람의 차에 탄 것은 피해자의 책임이라는 것이다. 샤이나의 증언이 끝나고 경찰관, 심리학자, 의사와 DNA 분석가의 증언 그리고 피고인 측의 주장이 며칠 동안 더 이어졌다.

최종변론이 끝나고 배심원들은 이틀간 평의를 진행했다. 왜 이리 오래 걸리는 걸까? 배심원 중 일부가 샤이나의 잘못이라는 피고인 측 주장에 정말 설득되기라도 했을까? 마침내 배심원들은 법정으로 돌아와 평결 결과를 공표했다. 모든 기소내용에 대해 유죄, 모든 일반 및 특별 형 가중사유에 대하여 유죄였다. 배심원들은 자기도취적이고, 말솜씨 좋은 피고인과 "난 잘못한 게 없어요"식의 주장에 맞서 올바른 판단을 내렸다.

배심재판이 끝나면 배심원들과 질의응답할 수 있는 시간이 있다. 검사나 변호사들은 배심원들이 사건을 어떻게 이해했는지, 특정 증인에 대해 어떤 생각을 했는지 알고 싶어 한다. 배심원들의 질문은 하나뿐이었다. "샤이나 가족들은 어디 있나요?"

종종 이런 질문을 받는다. 아직 답을 찾지는 못했다. "아무도 보호해주지 않는 가족들과 살면서 아이의 상처가 과연 나을 수 있을까?" 나 스스로도 의문이 든다. 피고인 측의 가족 역시 아무도 나타나지 않았다. 놀랄 일도 아니다. 놀라운 일은 검사와 변호사, 증인과 피고인과 배심원 그리고 법원 직원들만 앉아 있고, 검사석 뒤편의 방청객 의자에 아무도 앉아 있지 않은 법정이 정말 많다는 사실이다. 텅 빈 법정의 모습은 내게 너무나도 상징적으로 다가온다. 텅 빈 법정은 마치 성폭력이 피해자와 그 가족들과 우리 사회에 남긴 공허감과 박탈감을 보여주는 듯싶다.

성폭행은 아동의 마음을 파괴한다. 평생 동안은 아니라 해도 상처는 어른이 될 때까지 오래도록 남는다. 피해자의 가족들 또한 엄청난 상처를 받게 된다는 사실을 모르는 사람들도 많다. 아동 성폭행은 부모를 죄책감과 현실 부정, 분노와 절망, 좌절감과 복수심에 이르기까지 엄청난 감정 상태에 빠뜨린다. 아동 성폭력 사건은 가족들에게도 심각한 영향을 미친다. 오랜 실무 경험에 따르면 상상할 수 없는 방식으로 가족들의 감정이 표출되는 경우도 종종 있다.

피해 부모들의 행동은 제각각이다. 어떤 엄마는 자기 딸의 침실 문을 잠궈 남편이 더 이상 들어가 추행하지 않게 딸을 보호했다고 강변했다(대신 남편은 딸을 차 안에서 강간했다). 어떤 엄마는 낙심한 나머지 어찌나 심하게 울던지 아이가 "엄마, 난 괜찮아" 하며 달래야 할 지경이었다. 어떤 부모들은 자녀가 피해자가 될까 너무 두려운 나머지 자신들 스스로 아동 학대를 저지르는 경우도 있다. 날마다 자녀의 질을 검사해 정액이 있는지, 상처가 있는지 확인했던 엄마는 그 자신이 아동 학대 수사대상이 되기도 했다. 내가 만난 부모들 중에는 자녀가 성폭력 사실을 자신들에게 제일 먼저 알리지 않은 걸 보니 부모 자격이 없다고 자책한 나머지 자녀들을 모두 입양을 보내겠다는 사람도 있었다. 자신은 관여하고 싶지 않다는 이유로 나타나지 않는 부모들도 있다. 만날 수가 없는 부모들이 가장 난감한 경우다.

1. 지나치게 개입하는 부모

많은 경우, 부모들은 자신의 자녀가 성폭행을 당했다는 사실에 너무 충격을 받아서 제대로 판단하고 대처하지 못한다. 분노하거나, 자신의 아이를 보호하지 못했다는 자책과 죄책감에 사로잡힌 부모들의 상황도 이해할 만하다. 정말 무슨 일이든 하고 싶어 한다. 경찰을 도와 범죄자를 잡거나, 검사를 도와 기소를 하거나, 심지어는 직접 범죄자와 맞서려 하는 경우도 있다. 자녀의 회복에 너무 집착한 나머지 상황이 나아질 수 있다면 무슨 일이든 하려 들지만, 자녀를 너무 몰아붙이다가 더 상처를 주는 부모도 있다.

월리(13세)의 경우가 기억에 남는다. 월리의 엄마는 피해 아동 면담에 동석하기를 원했다. 자신이 같이 있어 줘야 윌리가 사실대로 말할 수 있다는 주장을 되풀이했다. 그래서 피해자 면담에 동석하는 일은 절차규칙에도 맞지 않고, 재판이 진행되면 그 사실이 틀림없이 불리한 쟁점이 될 것이기 때문에 사건해결에 도움이 되지 않는다는 점을 설명해주었다. 일단 서로 안면을 익히고 면담에 편하게 응할 수 있게 잠시 윌리와 둘이서만 이야기해보겠다고 했다. 윌리의 엄마는 마지못해 승낙했다.

엄마가 나가자마자 윌리가 말했다. "하나님 감사합니다. 엄마를 밖으로 내보내셨네요. 정말 안 들어왔으면 좋겠어요." 잠시 뒤 일어나 문을 여니 윌리 엄마는 문에 귀를 바짝 붙이고 있었다. 문 밖에서 윌리가 하는 말을 들었다고 했다. "알았습니다. 나 없이 면담을 진행하세요."

'지옥으로 가는 길은 선의로 포장되어 있다'는 잘 알려진 말이 있다. 나도 부모들에게 선한 의도로 갈 수 있는 '올바른 길'을 말해줄 수는 없다. 첫째, 나는 정신과의사가 아니다. 둘째, 피해 아동이 부모에게 바라는 바는 아이에 따라, 나이에 따라, 또는 폭행 정황에 따라, 가족과 관련된 사건인지에 따라, 그밖에도 많은 요소들에 따라 다르다. 하지만 내 경험에 의하면 부모들이 절대 해서는 안 될 일은 있다. 그러니 가족들이 '지옥으로 가는 길'만큼은 피할 수 있도록 돕고자 한다.

(1) **부모들은 절대 피의자를 찾아가거나, 위협하거나, 답을 들으려**

해서는 안 된다 - 부모들이 피의자를 찾아가거나 추궁하는 행동은 반격을 받게 된다. 피의자에게 정식수사의 개시를 눈치 채도록 하거나, 범죄현장을 깨끗이 정리할 기회를 주거나, 변호사를 선임해 항변사유로 활용할 구실을 줄 수 있다. 또는 말다툼이 격해지다보면 마치 부모가 피의자에게 일종의 복수를 하려고 피해자를 교사해서 고발하게 했다는 식으로 사건을 뒤바꿔버리게 될 수도 있다.

(2) **부모들은 절대 스스로 조사를 해서는 안 된다** - 충치가 있으면 누구를 찾아가는가? 치과의사가 아닌가. 치과의사조차도 자기 치아는 자기 손으로 치료하지 못한다. 수사팀에는 전문가들이 있다. 전문가들은 성폭력 사건수사와 기소업무 경력을 통해 전문성을 갖추고 있다. 가족들이 직접 조사를 해서는 아무 것도 얻을 수 없다. 가족들이 수사에 관여해서는 안 된다는 말이 아니라 전문적인 수사관과 검사를 통해야 한다는 말이다. 검사로서 부모들에게 가장 바라는 바는 자녀를 보호하는 일이다. 자녀와 부모 자신들에게 집중하기를 바란다.

검사의 입장에서는 부모들이 수사기관을 믿고 안심할 수 있기를 바란다. 물론 전문가들이 임무를 다하지 못한다면 부모들도 개선을 요구하거나 다른 전문가에게 의뢰할 수도 있다. 그렇지만 자신들 스스로 조사를 해서는 안 된다. 부모가 조사를 시작하게 되면 피해 아동에게는 엄청난 압박을 주고, 이중으로 조사를 받게 되면서 진술의 일관성을 잃게 되면 피해자의 신뢰성에 대한 공격거리가 될 수 있다. 또한 수사에 적극 참여해 도움을 준다고 여길 수 있겠지만 실제로는 그렇지 않다. 부모들의 관심이 자녀가 아니라 사건 자체로 옮겨가면 아동에게는 더 큰 압박을 주게 되고, 사건 해결에 악영향을 줄 뿐만 아니라 가족 전체의 치유와 회복과 생활에 필요한 시간을 빼앗기게 된다. 나는 부모들에게 자녀가 먼저 말을 꺼내지 않는 한 사건에 대해 자녀와 이야기하지 말 것, 자녀가 먼저 말을 시작해도 질문은 하지 말 것을 조언한다. 묵묵히 들어주면서 자녀가 자연스럽게 말을 이어가도록 해야 한다. 자녀가 말하고 싶고 말할 필요가 있는 말을 하도록 해야지 부모가 듣고 싶어 한다고 생각하는 말을 하도록 만들어서는 안 된다.

(3) **부모들은 자신의 분노, 좌절, 상처, 실망의 감정을 아동에게 보여서는 안 된다** – 앞서 말한 바와 같이 부모들이 느끼는 죄책감, 수치심, 경악, 좌절과 슬픔의 감정은 너무나 자연스러운 일이다. 하지만 피해 아동 앞에서 그런 감정을 쏟아내거나 단지 드러내기만 하더라도 아동에게는 엄청난 부담이 된다. 물론 어떤 부모도 그럴 의도는 아니었을 테다. 단지 자신의 감정에 솔직했을 뿐이지 않겠는가? 그래도 '감정에 솔직'하려면 혼자 있을 때만 그렇게 하라.

아이로서는 부모가 일어난 사건 때문에 화를 내는 것인지, 자신 때문에 화를 내는 것인지 분간하기가 쉽지 않다. 감정적으로 대처하기가 아주 어렵다. 부모가 아이 때문이 아니라고 설명해주지 않거나, 부모조차 분간하지 못할 경우에는 특히 더 그렇다.

결과적으로 아이는 부모가 바로 자신 때문에 화를 낸다고 느낀다.

자신이 부모를 고통스럽게 한 원인이고, 그래서 책임이 있다고 느낀다. 성폭력 피해 아동이 이러한 터무니없는 자책감을 갖기도 한다. 이에 관해서는 뒤에 다루기로 한다.

몇 년 전, 내가 맡은 사건 피해자 브리트니의 부모는 지극히 성실한 사람들이었다. 학교활동 참관, 가족행사 참석, 자녀에게 책 읽어주기, 자녀의 텔레비전 시청지도, 식습관 지도 등 열다섯 살 난 딸의 행동을 통제하기를 원하는 만큼 딸에게 자유를 주고 친구들과도 어울릴 수 있도록 해주어야 한다는 사실도 알고 있었다.

어느 토요일 밤, 이 부모들이 가장 두려워하던 일이 일어났다. 브리트니는 다섯 명의 친구들과 대학 사교클럽 파티에 가기로 했다. 남자 대학생들과 어울리면 재미있을 거라 생각했던 터라 술도 마시고, 대마초도 피웠다. 함께 간 친구들 모두 많이 취했고, 브리트니가 가장 많이 취했다. 대학생(21세)에게 끌려 나간 기억도 하지 못했다. 어떻게 옷이 벗겨졌는지 기억도 못하고, 누구의 아파트에서 잠이 깼는지도 몰랐다.

다만 집에 당장 돌아가야 한다는 것, 그리고 부모에게 무슨 일이 일어났는지 사실대로 말해야 한다는 것만은 알았다. 혼날 일을 생각하면 두려웠지만 집에 돌아가서 음주와 마약, 그리고 뒤이어 일어난 모든 일들을 부모에게 말했다. 부모들은 브리트니를 성폭력피해자지원센터로 데려왔고, 나는 전문가팀과 함께 피해자 면담을 했다. 보강증거를 확보할 수 없었기 때문에 기소를 할 수는 없었지만 브리트니가 매주 센터로 찾아왔기 때문에 이야기를 나눌 기회는 자주 있었다.

사건 후 3주일이 지나자, 브리트니의 부모는 딸을 자퇴시키고 홈스쿨링을 시작했다. 친구들과의 모든 연락을 끊게 하고, 컴퓨터는 물론 전화사용도 막아서 완전히 고립시켰다. 처음에는 나도 일종의 교훈을 주거나 잠시 벌을 주려는 것인 줄 알았다. 놀랍게도 6주가 지나서도 브리트니의 부모는 그치지 않았다. 정말로 브리트니의 삶을 바꿔놓았다. 부모가 좋은 의도였다는 것은 알겠지만, 성폭행 사건이 일어난 뒤 이렇게 통제를 심하게 하면 반발이 있을 거라 예상했다. 실제 그렇게 되었다. 내가 면담한 지 6개월 후 브리트니는 가출하고 말았다. 선셋 대로에서 발견된 브리트니는 자신의 부모가 만들어 놓은 감옥을 피해 길거리 생활을 계속하려고 몸을 팔고 있었다.

2. 지나치게 당황하는 부모

면담을 시작하면서 아나스탸사가 처음 꺼낸 말이다. "내가 말한 걸 엄마에게도 말해줄 건가요?" 어떤 형태로든 내가 면담한 피해자의 90%가 이런 질문을 한다. 너무 자주 듣는 질문이라 면담 시작 전 서로 친숙해지기 위한 시간에 설명해줄 사항 중의 하나에 포함시켰다. 검사와의 면담에서 피해자나 그 밖의 모든 사람이 한 말은 부모에게 알리지 않는다고 설명해준다.

그런데 아이들이 부모에게 야단을 맞을까봐 두려워 이런 질문을 하는 게 아니라는 사실을 아는가? 대부분의 경우 아이들은 부모를 보호하려고 한다. 아이들이 두려워하는 것은 적나라한 폭행 사실이 부모에게 알려져 부모를 더 당황케 하는 일이다. 정신의학 전문가들은 이를 '부모 역할화'라고 말하는데, 바로 아동이 보호자로서의 부모의 역할을 하려는 현상이다. 어린아이가 짊어지기에는 너무 큰 짐이기도 하거니와 피해 아동은 부모의 반응을 걱정한 나머지 검사든 누구에게든 폭행 사실 전부를 말하지 않게 된다.

아동은 부모의 감정 상태를 믿을 수 없을 정도로 잘 안다. 우리 모두 한때 아동이었지 않은가? 부모가 우는 모습을 보고 우리가 얼마나 당황했었는지 기억해보라. 부모들이 당황하면 아동은 그 자리에서 피해버리거나, 부모가 기뻐하거나 흥분을 가라앉힐 수 있을 어떤 행동이든지 하려고 한다. 성폭행 사건에서 부모가 피해 아동 앞에서 고통을 숨기지 못하는(숨기려 애쓰지도 않는) 경우에 피해 아동은 바로 이런 모습을 보인다. 아동은 자신의 상처 치유에 집중하기보다는 격한 감정 상태의 부모를 진정시켜야 한다는 부담을 느낀다. 아나스탸사에게 일어났던 일처럼 아동은 자신이 해결할 수도, 감수할 수도 없는 또 다른 고통스런 상황으로부터 벗어나기 위해 감정의 벽을 세워 막아버린다.

내가 본 어떤 엄마는 걷잡을 수 없이 울고 또 우는 바람에 급기야 피해자인 딸이 엄마의 눈을 티슈로 닦아주고 머릿결을 쓰다듬으면서 계속해서 엄마에게 속삭였다. "괜찮아, 엄마. 난 괜찮을 거야."

이런 일도 있었다. 브라이언(4세)과의 면담을 막 끝내고 대기실의 엄마에게 데려다 주었다. 브라이언을 보자마자 엄마는 울기 시작했다. 훌쩍이는 정도가 아니라 격하게 울었다. 브라이언에게 사랑한다는 말을 해보려고 입을 열 때만 간간이 멈출 만큼. 브라이언이 나를 올려다보며 물었다. "아줌마, 엄마가 왜 울어요?" 그러고는 자신이 피해자지원센터를 얼마나 좋아하는지, 여기에 더 있고 싶다고 했다. 울고 있는 엄마와 함께 집에 돌아가고 싶지 않다는 이야기인 줄 알고 그런 마음이 충분히 이해는 되었지만, 브라이언에게 왜 이 센터에 계속 있고 싶은지 물었다. 그런 게 아니었다. "아줌마는 사람들을 도와주는 분이잖아요. 보세요. 엄마가 도움이 필요해요. 나는 필요 없어요, 엄마가 필요하지." 이 네 살 난 아이가 엄마를 위해 도움을 청하려는 것이었다.

이런 일은 우리의 상식에 반한다. 우리의 아이들은 힘센 어른들에게 의지한다. 우리가 어른이다. 우리는 인생에서 실패와 어려움을 이미 겪어본 사람들이다. 우리는 경험이 있고, 견뎌낼 수 있다. 하지만 나는 아이가 아니라 자신에게 관심을 돌리도록 하는 부모만큼 더 당혹스런 경우를 보지 못했다. 일부러 그렇게 하는 부모가 있다는 말을 하려는 게 아니다. 그런 부모는 드물지만 많은 경우 그런 일이 일어나도록 자초한다는 말이다. 아이 앞에서 지나치게 당황하는 부모는 도움이 되기는커녕 해로운 영향을 미친다. 이런 문제를 부모에게 이해시키는 일은 정말 어렵다.

3. 부정하는 부모

지나치게 간섭하거나 지나치게 흥분하는 부모는 생각 이상으로 사건 해결과 피해 아동에게 나쁜 영향을 끼친다. 그보다 더 놀라운 일은 많은 부모가 자녀가 성폭행 당했다고 밝혔는데도 사실을 부정해버린다는 사실이다. 자녀를 보호하지 못했다는 죄책감 때문인지, 자기 친구가 아동 성추행범이라는 사실을 받아들일 수 없어서인지, 아니면 단지 충격을 받아서인지 왜 눈을 감아버리는 건지 알 수가 없다. 게다가 부모가 사실을 부정하는 방식 자체가 가장 해로운 결과를 가져온다. 결과적으로 부모가 자신의 자녀를 믿지 못하는 것이다.

내가 다뤘던 사건들 중에 가해자가 피해 아동 엄마의 남자친구인 경우에 엄마는 피해자를 믿지 않거나, 심지어 더 심하게는 자녀가 꼬리를 쳤다고, 짝사랑을 했다고, '창녀' 노릇을 했다고 비난하는 경우가 많다. 믿을 수 없을 정도로 그런 경우가 많다.

마침내 성폭력을 밝히려고 용기를 낸 자녀를 믿지 못하는 것보다 더 나쁜 부모의 태도는 없다. 자신의 삶에서 가장 중요한 사람이 자신을 믿어주지 않는 것보다 더 참담한 일이 있겠는가? 어른이 아동에 대해 갖는 힘을 잊지 말아야 한다. 아동은 어른에게 의지하고, 어른을 신뢰하며, 어른에게 관심과 애정 그리고 보호를 기대한다. 아동의 성폭력 신고를 부인하는 순간 모든 것이 뒤집혀버린다. 자신을 믿어주지 않는 엄마에게 어떻게 더 이상 의지할 수 있겠는가? 엄마가 여전히 자녀를 사랑하는 것일까? 자신의 엄마라고 믿을 수나 있겠는가?

부정은 아주 일상적인 방어기제다. 우리 모두 그로 인해 고통 받는다. 우리는 뉴스에서 듣는 일들이 우리 아이들에게는 일어나지 않을 것이라 믿으려고 애를 많이 쓴다. 성폭력이 일어나기도 전에 부모들에게 이런 부정의 기제가 작용하기도 한다. 자녀에게 낯선 사람의 위험성에 대해서만 가르친다면 부모들은 아동 성추행범이 우리가 알고 사랑하고 신뢰하는 사람들 중에도 있을 수 있다는 훨씬 현실적인 위험을 명백히 부정하고 있는 것이다.

나는 이런 형태의 부정과 불신을 늘 목격하고 있다. 전국을 돌며 강연을 하고 있지만, 부모 대상 성폭행·성폭력 강좌와 프로그램, 세미나 등의 교육에 부모들이 거의 참석하지 않는 사실에 늘 놀라고 있다. 성폭력 자체뿐만 아니라 성폭력에 대해 말을 하는 것 또한 터부가 된 듯싶다. 내가 강연했던 어떤 학교는 학교 자선장터에는 학부모 1000여 명 중 800명이 참석했다는데, 흉악성범죄자로부터 아이들을 보호하기 위한 무료 교육 프로그램에는 12명이 참석했을 뿐이었다.

부정은 효과적인 방어기제들 중의 하나다. 감정적인 고통으로부터 자기 자신을 지키는 데 사용된다. 우리가 사랑하는 자녀가 우리가 또한 사랑하는 남편, 남자친구, 형제나 가까운 친지 중의 한 사람에게 성폭력을 당했다면 어떤 형태로든 엄청난 감정적 고통을 겪게 된다. 끔찍한 진실을 인정하고 대응하기보다는 부정하고 믿지 않는 편이 더 쉽다.

다시 한 번 말하자면, 제5장에서 상세히 설명한 바와 같이 아동이 아동 성폭력 사실에 대해 거짓말을 하는 경우는 거의 없다. 만일 부모가 부정하거나 믿지 않기로 한다면 거의 틀림없이 잘못된 판단이며, 자녀에게는 참담한 영향을 주게 된다.

아동은 거짓말하지 않는다는 말을 하려는 게 아니다. 저녁 먹기 전에 쿠키를 몰래 먹고 하는 거짓말과 성폭력을 당했다고 거짓말하는 것은 큰 차이가 있다는 말이다. 아이의 거짓말에 대해 단순하게 생각하는 게 아니다. 지난주에 내 여섯 살 딸은 내가 알고 있는 데도 이빨을 닦았다고 당당하게 거짓말을 했다. 물기 없는 칫솔을 보여주는 것만으로 사실이 드러난다.

하지만 성폭력을 당했다고 거짓말하는 아동은 거의 없다. 내가 검사여서 이렇게 말하는 건 아니다. 일상적인 실무 경험상 분명히 알고 있는 사실이다. 사회학자, 범죄학자, 법의학 전문가들 역시 입증하고 있다. 캐서린 브롤의 책 〈당신의 아이가 추행 당했을 때〉에 따르면 아동이 성추행 사실에 대해 거짓말하는 경우는 드물다. 대부분의 경우 거짓말할 이유가 없거나 그럴 만한 지적 능력이 결여되어 있다 (Kathryn Brohl, When Your Child Has Been Molested, 2004, 33면).

지나치게 감정적인 부모와 마찬가지로, 자녀를 믿지 않는 부모 때문에 아동은 입을 다물고 자폐적이 되어 혼란스런 가운데 누구도 신뢰하지 못하게 된다. 자신이 믿지 못하면서 자녀를 돕기란 불가능하다. 자신의 자녀를 위해 곁에 있어주고 싶다면 부정하면서 뒤로 물러서지 말고 믿음으로 나서야만 한다.

아동의 성폭력 신고를 믿고 싶지 않거나 믿을 수 없다면 검사로서의 내 직무수행이나 피해 아동의 치유가 가로막히게 되고, 최악의 경우에는 성폭력이 멈추지 않게 될 것이다.

4. 미숙하기 짝이 없는 부모

또 하나의 부모 유형은 상황에 어떻게 대처해야 할지 아무런 생각이 없는 게 분명해 보이는 사람들이다. 이런 부모들은 말을 해야 할지 말아야 할지, 말을 해야 한다면 무얼 말해야 할지조차도 모른다. 그 결과는 사실상 성폭력을 외면하는 행위에 다름없는 끝없는 난감한 침묵이다. 이러한 상황 역시 아동에게는 엄청나게 해롭다. 성폭행은 이미 아동에게 이제까지 믿고 의지해왔던 어른들로부터 소외되었다는 느낌을 불러일으킨다. 그런데 성폭행에 대해 마치 방 안에 코끼리를 놓고 아무도 이야기하고 싶어 하지 않는 것처럼 반응한다면 소외된 아동에게 더 고립감을 주게 된다.

앞서 설명한 것처럼 아동은 부모의 태도에 어떤 변화가 있다는 걸

예민하게 감지한다. 언제 부모가 자신과 눈 마주치기를 꺼리게 되는지, 억지웃음을 짓는지, 말하는 것과 대하는 태도가 다르다는 걸 안다. 이런 일이 일어나면 아동에게는 부모의 도움을 받을 희망이 사라져버린다. 마치 진짜 부모가 더 이상 존재하지 않는 것처럼 생각하게 된다. 아동은 끔찍한 사건을 말하는 바람에 가족 전체가 변했다는 걸 안다. 부모가 난감해하면서 사건을 외면한다는 건 정상적인 삶으로 돌아갈 가능성이 없다는 걸 의미하게 된다.

늘 곁에서 도와줄 사람들이 있어도 아동으로서는 성폭력 피해 경험에 대처하기란 정말 어려운 일이다. 미숙한 부모는 자녀에게 부모를 더욱 불편하게 느끼게 하며, 피해에 맞서 혼자 싸우고 있다는 느낌을 더욱 강하게 한다.

그렇다면 이런 미숙한 부모들을 어떻게 해야 할까? 이런 부모들과 만나게 되면 나는 부모들 자신이 상담과 도움을 받아보도록 권한다. 성폭력 피해 아동을 이해하고 돕는 일은 쉽지 않다. 전문가의 도움을 구하는 일에 아무런 잘못이 없다. 미숙한 부모들은 자녀가 의지할 수 있는 편안한 환경을 마련해주려면 먼저 자신들이 안정을 찾을 필요가 있다.

5. 성폭력에 관해 자녀와 대화하는 법

부모가 할 일이란 무엇일까? 자녀가 다가와서 성폭력 사실을 털어
놓는다면 어떻게 대처해야 할까? 성폭력 피해 아동에 대한 내 경험과
내가 접한 부모들의 잘잘못들을 바탕으로 일종의 가이드라인을 제시
해보고자 한다.

(1) **침착하라** - 앞서 설명한 대로 차분한 반응이 최선이다. 이제 막
아이가 두려운 일을 말했다. 어떤 어른이 자신에게 어떤 아주 나쁜 일
을 했다는 말을 한 것이다. 이 때 아이가 절대 보아서는 안 될 모습은
바로 자신이 의지하려던 어른이 당황하는 모습이다.

(2) **아이를 믿어라** -아이가 털어놓는 말을 확인하되, 아이가 하는
말을 주의 깊게 들으면서 자신의 직감을 믿어야 한다. 덮어놓고 믿어
야 한다는 말을 하려는 게 아니다. 누구도 당신보다 자녀를 더 잘 알
지 못한다. 그러니 아이가 당신에게 털어놓을 수 있지 않겠는가? 이
전에 비슷한 거짓말을 한 일이 있었는가? 자녀가 말하는 내용을 보완
해줄 어떤 흔적이나 표시가 있는가? 자녀가 하는 말이 사실이라면 있
어야 할 어떤 흔적이 없는가? 자녀에게 이런 거짓말을 할 동기라도
있는가? 당신 자녀가 성폭력에 대해 털어놓는 동안 어떤 태도를 보이
는가? 당신의 자녀를 알고 이러한 물음에 대해 생각해본다면 자녀가
말한 사실에 어떻게 대처해야 할지 곧바로 알 수 있게 될 것이다.

(3) **서두르지 마라** - 당장은 말하고 싶지 않는 일이 우리 모두에게 일어나기도 한다. 어떤 일이 일어났는지 겉으로 드러내고 그 일에 대해 말할 수 있으려면 어느 정도 시간이 걸린다. 아동도 다를 바 없다. 많은 경우 아동은 어떤 일이 자신에게 일어났는지 파악하고 말하는데 불편하지 않으려면 일정한 시간이 필요하다. 아동이 사실 전부를, 혹은 조금씩 말할 준비가 될 때가 온다. 준비가 되지 않은 상태에서 재촉하면 입을 닫아버리고 긍정적인 방향으로 감정을 다루기를 거부할 수 있다. 약물남용이나 자살충동과 같이 자신의 감정을 더 부정적인 방향으로 분출하기 시작하거나, 외상 후 스트레스 증후군으로 고통받게 된다.

(4) **자녀를 안심시켜라** - 가장 중요한 지침은 무엇보다 아동을 최대한 안심시키는데 집중해야 한다는 것이다. 말을 하든 하지 않든 괜찮다 안심해라. 엄마가 울지 않을 테니 안심해라. 성 폭력을 고발해도 다른 나쁜 일이 일어나지 않을 테니 안심해라. 당황하거나 부끄러워하지 마라. 네 잘못이라 생각하지 말고 안심해라. 네 자신의 감정 말고는 다른 사람의 감정에 대해 신경 쓸 필요 없으니 안심해라.

워렌 워싱턴 성폭력피해자보호센터는 피해 아동이 대처해나갈 수 있도록 돕기 위해 부모가 해줄 말에 관하여 훌륭한 지침을 다음과 같이 제시하고 있다.

● 나는 너를 믿는단다.

- 나는 네 잘못이 아니라는 걸 안단다.
- 내게 말해줘서 네가 정말 자랑스럽구나. 정말 용감하구나.
- 그런 일이 네게 일어나다니 미안하구나.
- 앞으로 무슨 일이 있을지 나도 확실히는 모르겠구나.
- 나도 화가 나지만 네게 화가 난 건 아니란다.
- 나는 그런 짓을 한 사람에게 화가 나는구나.
- 나는 슬퍼, 그래서 내가 우는 걸 볼지도 몰라. 그래도 괜찮아. 난 너를 지켜줄 수 있어. 네게 화난 게 아니란다(Warren Washington CARE Center의 목표는 '우리 사회에서 아동이 본질적인 약자로서 우리의 사랑과 보호를 받을 수 있도록' 하는데 있다. www. wwcarecenter. org).

또한 워렌 워싱턴 성폭력피해자보호센터는 아동이 상황에 대처하도록 돕는 방법에 대해 다음과 같은 지침을 제시하고 있다.

- 가능한 한 빨리 일상으로 돌아가라.
- 가능한 한 빨리 자녀가 치료를 받을 수 있도록 하라.
- 부모 자신과 가족을 위한 도움과 상담을 구하라.
- 자녀에게 안전규칙을 가르쳐라.
- 성폭력에 대해 자녀에게 묻지 않도록 주의하라.
- 다른 피해자나 피해자 가족과 사건에 대한 논의를 삼가라.
- 당신의 자녀가 수사관이나 전문가에게 어떻게 행동하고 어떻게

말해야 할지 가르쳐주거나 조언을 해서는 절대 안 된다.

● 피의자와 접촉하지 마라. (앞의 주와 동일)

부모가 매우 적절한 방식으로 자녀를 돕는 태도를 보인다 하더라도 여전히 아동에게 필요한 것이 많다. 부모의 감정 상태에 영향을 받지 말아야 할 필요도 포함된다.

6. 부모의 잘못도 아니다

자녀가 성추행을 당했다고 해서 부모 잘못은 아니라는 점을 부모들이 꼭 알아야 한다. 성폭행 피해자 부모들은 자기 탓이라 자책하는 경우가 많다. 성폭력이 일어나고 있었음을 보여주는 표시와 단서들을 알아차리지 못했다는 데 죄책감을 느낀다.

통계에 따르면 18세가 되기 전까지 다섯 명의 소녀 중 한 명, 여섯 명의 소년 중 한 명꼴로 성폭력 피해를 겪을 가능성이 있다. 피해 아동의 부모 역시 성폭력의 피해자였을 수 있음은 물론이다. 자녀의 성폭력 피해로 인해 부모의 성폭력과 관련된 과거의 상처와 풀지 못한 문제들이 다시 괴롭힐 수 있다. 이런 상황이라면 성폭력 피해를 겪었던 부모 역시 어린 시절이든 성인이 되어서 피해를 입었든 자신의 감정 상태를 알아차리고 자신의 반응이 성폭력 피해 자녀에게 어떤 영향을 미치는지 이해할 수 있도록 전문가의 도움을 받아야 한다.

또한 부모들은 자녀가 겪은 성폭력은 성추행범이 저지른 일이지, 부모가 초래한 일이 아님을 잊지 말아야 한다. 자녀들이 겪은 성폭력은 부모의 뜻과 상관없이 벌어진 일이다. 그렇다고 부모가 죄책감을 완전히 벗을 수 있는 건 아니지만, 부모가 그런 일이 일어나도록 한 것은 아니라는 사실을 깨달아야 한다. 아동을 성폭력으로부터 보호할 수 있도록 돕기 위한 부모 대상 교육 프로그램의 필요성을 적극적으로 주장하는 나로서도 자녀를 100퍼센트 안전하게 보호하기란 불가능하다는 걸 안다.

7. 부모가 잘못한 경우

하지만 일부 사건에서는 실제로 부모에게 잘못이 있다. 자녀에게 성적 행위를 실제로 한 부모의 경우는 물론이다. 자기 남편의 트럭 안에서, 또 자신의 집 위층 딸의 침실 안에서 무슨 일이 일어나고 있는지 모르는 냥 그저 침묵을 지켰던 배우자 역시 마찬가지다. 교사나 아동보호기관, 의료 전문가, 이웃과 경찰에게 성폭력 사실을 숨기는 걸 방조한 부모도 포함된다.

자녀가 어떤 형태로든 성폭력을 당하고 있다는 사실을 알게 되거나 의심이 드는 순간 부모는 자녀를 보호할 의무가 있다. 가해자가 남편이건 남자친구건 즉시 수사기관에 신고해야 한다는 뜻이다. 자녀교육법을 논하려는 것은 아니지만, 가해자가 누구이건 가해자를 공개하거나 기소될 위험으로부터 보호하는 일보다 자녀의 건강과 안전을 보호할 부모의 의무가 언제나 앞서야 한다는 건 분명한 사실이다.

또 하나 강조하고 싶은 사실이 있다. 만일 가해자가 성폭력을 그만둘 것이라 믿거나, 가해자가 그만 두겠다고 하는 말을 믿는다면 분명히 말하지만 잘못 생각하고 있는 것이다. 성폭력이 한 번으로 그치는 경우는 거의 없다. 대부분의 경우 당신이 조치를 취하고 수사기관이 저지할 수 있도록 돕기 전까지는 틀림없이 계속될 것이다.

아동은 우리가 사는 세상의 순결함과 순수함을 상징한다. 성추행범이 아동의 순결함을 앗아가는 순간, 아동이 자신에게 기대했던 선함도 날아가 버린다. 많은 경우 아동은 어른의 말을 거부할 힘이 없다는 점, 어떤 행동이 적절한지 부적절한지 분간하지 못한다는 점을 부모들은 반드시 염두에 두어야 한다. 범죄적 행동이 지속되도록 내버려둠으로써 부모는 아동으로 하여금 성폭력이 '정상적'인 행위라고 믿게 하거나, 자신이 그런 일을 당해도 마땅하다는 생각을 갖게 한다. 이런 잘못된 인식은 평생토록 영향을 미치면서 자존감을 해치며, 피해 아동 자신이 성폭력 가해자가 될 위험성을 높이게 된다.

8. 더 효과적인 시스템을 위하여

내 방식대로 할 수만 있다면 가정법원의 시스템 일부를 가져오고 싶다. 이혼사건이나 양육권 소송 또는 부모의 친권을 박탈하고 아동을 보호시설에 보호할 것인지를 결정하는 절차와 같은 경우들이다. 가정법원의 최고 원칙은 분명하다. '아동에게 최선의 이익이 되는 결정을 내려야 한다.' 내가 원용하고 싶은 원칙이 바로 이것이다.

다른 하나는 피고인뿐만 아니라 가족 구성원 등 아동의 양육보호의무를 진 사람들에 대하여 준수조건이나 명령을 부과할 수 있는 가정법원의 권한이다. 가정법원에서는 판사가 아동에 대한 우선적인 법적 양육권을 실질적으로 가장 잘 행사할 수 있는 사람을 결정한다. 부모 중 한 쪽이든, 부모 모두이든, 또는 조부모나 숙모, 양부모 중에서 결정하는데 아동에게 최선의 이익이 실현되도록 하는데 목적이 있다.

각 주州마다 '최선의 이익'에 대한 규정은 약간씩 차이가 있지만 대부분의 주법원은 복지 평가 리스트를 활용하고 있다. 이 리스트는 아동의 안전에 최선이 되는 방식을 결정하는 주요 요소들을 잘 정리하고 있다.

- 현재 및 장래의 아동의 신체적, 감정적, 교육상의 필요
- 현재 및 장래의 양육 환경 변화가 아동에게 미칠 것으로 예상되는 영향
- 법원의 고려 대상인 아동의 나이, 성별, 배경 등 기타 특성

- 아동이 겪고 있는 피해 및 예상되는 잠재적 위험
- 해당 부모의 자녀양육 능력(다른 양육 가능자와 비교)
- 아동의 나이와 발달 정도, 판단 능력을 고려한 아동 자신의 의사와 감정

가정법원은 복지 평가 리스트를 활용해 이혼, 양육권 소송에 휘말린 아동을 보호한다. 아이가 누구와 함께 살아야 할지 결정하는데 아동에게 최선의 이익을 기준삼아야 함은 너무도 당연하다. 물론 아동 대상 성범죄 기소여부를 결정하는 건 다른 문제다. 하지만 아동 성폭행 사건에서도 아동 피해자에게 최선의 이익을 고려하도록 더욱 관심을 기울일 수 있고, 또 그래야 마땅하다고 생각한다.

법원이나 의회에서는 어떤 답을 내놓을지 안다. 형사법원의 목표는 피고인에게 공정한 재판을 보장하는데 있다고 할 것이다. 물론 그렇다. 형사재판에서는 피해자보다 피고인에게 초점이 맞춰진다. 그래도 피해자에게 최선의 이익을 보호하는 일과 서로 어긋나지는 않는다. 예를 들어, 피고인에게 유죄가 선고되면 피해자 치료비 배상명령이 부과되는 경우가 종종 있다. 거기에 더해 피해 아동이 절실히 필요로 하는 가족환경의 안전한 회복에 최선의 방법이라면 부모나 가족의 치료비도 배상하도록 명령을 부과하면 어떨까?

아내를 폭행하는 가정 폭력범은 분노조절 강좌에 보내고, 마약중독자는 치료 프로그램을, 아동성애자는 성충동 치료를 받게 할 수 있다.

그렇다면 아동 성폭행 피해자, 그러니까 피해자와 피해자 가족들을 재활과 치료를 받게 하지 못할 이유가 어디 있겠는가? 그렇게만 한다면 어떤 요인들이 성폭력의 원인이 되는지, 어떻게 하면 아동이 피해 사실을 말하게 할 수 있는지, 부모가 아동 성폭력을 예방하기 위해 무엇을 할 수 있는지에 대해 더 많이 알 수 있게 될 것이다. 이제는 검찰, 법원, 의회 모두가 무엇이 아동 성폭력 피해자에게 최선의 이익인지, 그것을 어떻게 실현할 수 있을 것인지를 좀 더 열심히 고민해야 할 때다.

제10장
실제 현실 속의 CSI

　이제 우리는 법정에서 DNA 증거가 어떻게 활용되는지 다룬다. 오늘날의 배심원들은 DNA 증거의 존재여부와 상관없이 으레 관련 증거를 기대한다. CSI와 같은 드라마 덕분에 배심원들은 범죄현장마다 분석전문가들이 출동해서 범죄증거 수집을 위해 현장을 샅샅이 뒤질 거라 생각한다.

　내 견해로는 해당 사건에 DNA 증거가 없는 경우라도 DNA 증거에 대한 진술은 있어야 한다고 본다. 일단 배심원들이 기대를 하고 있기 때문에 검사는 왜 DNA 증거가 있는지 혹은 없는지, 왜 DNA 증거가 있어야 하는지 또는 있을 수 없는지, 그리고 수사과정에서 최소한 DNA 검사를 했었음을 설명할 수밖에 없다.

　애버리는 혼자 집안 소파 위에 앉아서 텔레비전을 보고 있다가 갑자기 뒤에서 공격을 당했다. 한 번도 본 적 없는 낯선 남자가 넥타이로 애버리의 입을 막더니 블라우스를 벗겨내려고 했다. 애버리가 저항을 하면서 간신히 넥타이를 뿌리치고 남자의 팔을 물자 집 밖으로 달아났다. 애버리는 곧바로 응급전화에 신고를 했고, 피의자는 집 근처 길거리에서 체포되었다.

내가 볼 때 애버리는 운이 좋은 경우다. 조사 결과 그 남자는 다른 네 건의 강간 사건 용의자인데다가 16세 소녀 강간 혐의도 있었다. 경찰은 남자의 배낭에서 각 강간 사건들과의 관련성을 보여주는 물건들을 찾아냈으며, 범행 수법은 모두 동일했다.

재판 과정에서 애버리는 사건에 대해 진술하면서 피고인을 자신을 공격한 가해자로 지목했다. 피고인을 체포했던 경찰관은 애버리 집 근처 길거리에서 피고인을 체포했다고 증언했다. 수사 담당 경찰관은 피고인의 배낭에서 발견된 물건들의 다른 강간 사건들과의 관련성 및 동일 범행 수법에 대해 증언했다.

교차신문 과정에서 피고인 측 변호사는 왜 지문증거가 없는지, 경찰이 피해자의 집 안에서 지문을 채취하려고도 하지 않았는지를 따지는데 대부분의 시간을 썼다. 나는 법정 안에 앉아 끝없이 계속되는 피고인 측 변호사의 말을 들으며 다음 생각들을 떨쳐버릴 수 없었다. "지문채취라니? 목격한 증인이 있고, 범행 현장 근처 길거리에서 체포를 했고, 피고인의 배낭 속 물건들이 다른 성폭행 사건 증거이며, 모두 동일 범행 수법인데 도대체 지문이 왜 필요하단 말인가?"

1. 현실 속의 CSI 효과

피고인 측 변호사는 흔히 CSI 효과라고 알려진 문제를 활용하려 했던 것이다. Law & Order, CSI 등 아주 유명한 범죄수사 드라마들 때문이다. 이런 드라마들로 인해 실제 현실 속 범죄와 수사가 어떠할지에 대한 배심원들의 관념이 형성된다. 그래서 지문, DNA, 신체조직 검사와 같은 과학 증거가 모든 사건에 있을 거라 기대하게 된다. 과학 증거가 없을 경우 배심원들은 경찰수사가 철저히 행해졌는지 의문을 가지게 되고, 애버리 사건에서처럼 피고인 측 변호사는 피고인의 유죄에 대한 합리적 의심의 문제로 쟁점을 삼으려고 하기 마련이다. 가정해서 말하는 게 아니다. CSI 효과는 우리 현실에 실재한다. 실제로 이 문제는 사회학적 관점에서 연구된 바 있다. 도날드 셸튼 판사 등의 2006년 연구 '과학 증거에 관한 배심원의 기대와 요구에 관한 연구: CSI 효과는 존재하는가?'가 그것이다. 이 연구는 배심원 선정을 위한 소환대상이었던 사람들을 대상으로 인구학적 정보, 텔레비전 시청 습관, 검사의 과학 증거 제출에 대한 기대 정도, 피고인의 유무죄에 대한 합리적 의심의 여지없는 판단을 위해 과학 증거가 필요하다고 생각하는지의 여부에 관한 정보를 수집해 분석하였다.

연구결과는 다소 엇갈리지만, 내가 다루었던 중한 폭력범죄 사건과 관련해 경험했던 CSI 효과를 실증적으로 뒷받침해준다. 즉 조사대상의 46%가 살인 및 살인미수 사건에서 DNA 등 과학 증거가 필요하다고 답했고, 강간 사건에서는 73%가 필요하다고 답했다.

더욱 눈에 띄는 부분은 CSI 효과가 유무죄 평결에 대한 판단에 얼마나 영향을 미쳤는가에 대한 조사대상자들의 응답이다. 연구결과에 따르면 검사 측에서 과학증거 없이 정황증거에만 의존해 기소를 하는 경우 응답자의 41.7%는 어떤 형사 사건에서도 무죄평결을 택할 것이라 답했다는 것이다. 애버리 사건의 경우처럼 피해자가 강간 등 성폭행에 대해 증언하고 피고인을 지목하는 경우에도 여전히 26.5%나 되는 응답자는 과학 증거가 없다면 무죄평결을 택할 것이라고 답했다(Donald E. Shelton, Young S. Kim & Greff Barak, "A Study of Juror Expectations and Demands concerning Scientific Evidence: Does the CSI Effect Exist?" Vanderbilt Journal of Entertainment and Technology Law 9, no.2, 2007, 360면).

그렇다면 실제 현실 속 법정에서 성범죄 담당 검사는 CSI 효과 문제를 어떻게 다루어야 할까? 첫째, 배심원들이 기대하는 바에 응해야 하는 일이라면 새로울 것도 없다. 어느 배심재판에서나 나는 배심원들이 검사에게 기대하는 바를 잘 알고 있다. 예를 들어, 배심원들은 검사에게 보수적이고 단정한 옷차림을 기대한다. 나는 언제나 안전하게 단색으로, 대체로 검은색이나 회색, 남색의 짙은 색깔의 옷을 입는다. 공판 첫날이나 최후진술을 할 때는 언제나 네이비블루 색상의 치마를 입는다.

사실 재판이 2주 이상 계속될 때만 바지정장을 입는데 그런 경우에도 일주일에 많아야 한두 번이다. 왜냐하면 거의 모든 배심원단에는 나이 많은 배심원들이 한두 명씩 있기 마련인데, 이들은 아직도 여성은 법정 같은 공식적인 자리에서 치마정장을 입어야만 정상적이라고 생각하기 때문이다. 게다가 배심원들의 나에 대한 인상이 내 자신에 대해 어떻게 생각하는지 뿐만 아니라 내가 내세우는 증인, 내 논증과 내가 맡은 사건 전체에 대한 생각에 영향을 줄 수 있음을 잘 안다. 나도 치마정장을 좋아하느냐고? 전혀. 입고 싶은 옷을 입고 싶다. 하지만 내 임무는 배심원들이 유죄평결을 내리도록 설득하는 일이다. 아침에 일어나 오늘은 타이트한 바지에 발가락 나온 하이힐을 신고 싶다고 해서 소송을 망칠 생각은 없다.

내가 영향을 받는 CSI 효과는 무슨 옷을 고를지의 문제보다 더 심각하다. 나는 수사관들에게 아무런 과학 증거를 확보할 수 없을 현장에서도, 심지어 애버리 사건의 경우처럼 과학 증거가 필요 없는 경우에도 과학 증거를 조사하고 확보하라고 요청해야 한다. 더 심각한 문제는 공판이 시작되면 그렇지 않아도 밀린 업무가 과중한 과학수사 전문가를 법정에 출석시켜 배심원들에게 왜 과학 증거가 확보되지 못했는지, 그리고 도대체 왜 아무런 과학 증거를 기대할 수 없는지에 대해 진술하게 해야 한다는 점이다.

증거분석을 기다리며 여전히 보관중인 DNA 관련 미제 사건들에 대해 앞서 했던 이야기를 기억해보자. 이 사건들만 해도 과학 증거가 존재할 개연성이 있는 경우로, 단지 과학수사 인력이 부족해서 분석을 못하고 있다. 그러니 수사기관이나 과학수사 전문가들이 법정에 나와 증거가 왜 없는지를 설명하느라 시간을 쓰는 일을 곤란해 하는 것도 충분히 이해할 수 있다. 수사관이나 과학수사 전문가들도 CSI 효과에 대해 잘 알고는 있지만 당장 해야 할 업무가 많은 처지에 공판 출석을 통보받기를 원할 사람은 아무도 없다.

과학수사 부서나 경찰서에 '증거 없음' 문제를 전담할 전문가를 두고 해당 사건에서 물리적 또는 과학적 증거의 부재에 대한 설명을 맡게 하는 방안을 제안하는 사람들도 있다. 하지만 그렇게 하려면 전담 업무를 할 사람도 역시 실제 재판에 활용될 실제 분석업무를 맡을 만한 과학수사 전문가여야 한다. '증거 없음' 전문가를 지정한다고 해도 여전히 범죄 현장에서 찾을 가능성도 없는 과학 증거를 샅샅이 뒤져야 하는 수사전문가들의 업무 부담을 더는데 아무런 도움이 못된다.

업무가 과중한 경찰과 과학수사 전문가에게 미치는 CSI 효과를 줄일 수 있는 방법이 없지는 않다. 다만 효과적으로 대처할 수 있는 길을 가로막는 난감한 문제가 두 가지 있다. 첫째는 DNA라는 말 자체가 겁이 나서 관련된 과학을 배워볼 생각조차 않는 법률가들이다. 자신도 이해 못하는 내용을 어떻게 남들에게 설명할 수 있겠는가? 둘째는 과학자를 불러놓고 알 수 없는 과학 전문용어를 끝없이 중얼거리게 내버려두는 법률가들이다. 배심원들은 혼란스러워 하다가 지루한 나머지 하품에 눈물이 날 지경이 된다.

내 경험상 두 가지 문제는 해결할 방법이 있다. 첫째는 가급적 검사와 수사관들도 DNA에 대해 단지 교과서 수준을 넘어 철저히 배워둘 필요가 있다. 검사와 수사관들은 과학수사연구실을 반드시 찾아가서 전문가들과 교류하면서 어떤 업무를 하는지 관찰해야 한다. 검사는 DNA 검사 절차를 머릿속에 그릴 정도가 되어야 배심원들에게도 설명할 수가 있다. 범죄 현장 사진이나 의료적 진찰 사진이 없을 경우에는 과학수사연구실 사진을 찍어서 배심원들에게 검사가 관찰한 내용을 재현해 보이는 것도 나쁘지 않은 방법이다. 배심원들은 이런 자료에 흥미를 갖기 때문에, 법률가들도 배심원들의 입맛에 맞출 방법을 배울 필요가 있다.

검사가 해야 할 두 번째 해결책은 DNA 전문가로 하여금 과학 전문가들이 아닌 배심원들에게 DNA 증거를 설명할 수 있도록 준비시키는 일이다. 단지 쉽게 풀어 말하라는 뜻이 아니라 어려운 과학 전문용어를 배제하고, 학술논문을 읽는 듯한 장문이 아니라 단문으로 끊어서 진술하도록 하며, 배심원들이 알 필요 없는 세부사항은 잘라내야 한다는 말이다. 오염이나 양성오류false positive(본래 음성/부정이어야 할 검사결과가 잘못되어 양성/긍정으로 나온 경우 – 역주)와 같은 복잡한 문제가 아닌 한 DNA 검사 관련 사건에서 전문가의 직접 진단은 길어야 3, 40분 정도 걸릴 뿐이다. 진단이 필요한 사항은 다음과 같다.

- DNA의 내용
- 가능한 검사 방법 및 질적 보장과 해당 사건에서 사용된 검사 방법
- 검사결과의 내용

● 검사결과의 의미

왜 긴 문장보다 짧은 문장이 더 나은지는 O. J. 심슨 재판에서 8일 간에 걸친 DNA 관련 증언과 아래의 검사결과에 대한 간명한 진술을 비교해보면 알 수 있다.

[DNA 분석]은 브라운 살인사건 현장에서 발견된 혈흔이 O. J. 심 슨의 것일 가능성을 보여준다. 심슨이 아닌 다른 사람의 혈흔일 가능 성은 1억7천만분의 1이다. 심슨의 양말에서 발견된 혈흔의 DNA 분석 결과는 니콜 브라운의 혈액과 동일하다. 혈액은 약 97억분의 1 오차의 DNA 특성을 가진다. 심슨의 소유 차량 내부와 주변에서 발견된 혈흔 의 DNA 분석결과에 따르면 심슨, 브라운과 골드만의 혈흔이 검출되었 다(Court TV, "O. J. Simpson: Week-by-Week," www.courttv.com/ trials/ojsimpson/weekly/16.html).

2. 피해자와 피의자에 대한 의학적 검진

CSI 효과에 대한 최고의 대응수단은 피해자와 피의자에 대한 의학 적 검진이다. 배심원들이 워낙 과학 증거와 물리적 증거를 기대하기 때문에 수사팀이 의학적 검진결과를 확보하지 않는다면 직무태만이라고 생각한다. 피해자에 대한 의학적 검진을 통해 피해자가 진술한 가해내용을 보완하는 신체상해 사실을 찾아낼 수 있다. 뿐만 아니라 체모, 피부조직, DNA 등 가해자가 피해자의 신체나 옷에 남긴 과학 증거를 찾게 되기도 한다. 찾아내지 못하는 경우라도 수사팀과 피해자 모두 성폭행 수사에 얼마나 신중히 임했는지 보여줄 수 있다.

피의자에 대한 의학적 검진 또한 피해자 진술을 보완해준다. 피해자 검진의 경우처럼 피의자에게 아직 남아있는 피해자의 체모, 피부조직이나 DNA를 찾을 수 있다. 가해자에게 긁힌 자국 등 상처가 있는 경우 피해자의 진술을 뒷받침하는 신체적 표지가 될 수 있다. 성폭행을 당하지 않고서는 피해자가 진술할 수 없는 부위의 상처나 사마귀 같은 식별표시도 찾을 수 있다.

피의자 검진의 기회에 성병 감염 사실을 찾게 된다면 기소 가능성과 형량이 높아진다. 예를 들어, 피의자가 에이즈 양성이라면 감염 사실을 알면서 성폭행한 사실로 인해 가중 처벌된다. 피의자에 대한 검진에서 가장 좋은 점이라면 가해자도 피해자와 똑같은 경험을 하게 만든다는 것인데, 성기를 약솜으로 닦아내고 음부를 검사하고 사진 찍고 생물학적 증거를 채취하기 때문이다.

아이러니하게도 CSI 효과 덕분에 이제는 피해자가 검진 전에 목욕, 샤워, 질 세정은 물론 가능한 한 화장실 사용도 피해야 하는 일이 얼마나 중요한지 널리 알려지게 되었다. 성폭행과 가해자의 신체정보(체모, 정액, 피부 등)가 피해자의 신체에 남을 수 있기 때문이다. 피해자는 사건현장을 정돈해서는 안 된다. 옷도 집보다는 병원에서 갈아입어야 한다. 옷을 갈아입을 수밖에 없다면 피해 당시 입었던 옷을 비닐백이 아닌 종이백에 넣어 병원으로 가져가야 한다(비닐백은 습기를 가두기 때문에 박테리아 감염의 위험성이 높아진다. 종이백은 증거를 건조시켜 남겨둔다).

　유감스럽게도 경찰은 피의자 검진을 꺼리는 경우도 있다. 늘 과잉수사에 대한 문제 제기가 있기 때문에 솔직히 골칫거리가 될 수 있다. 우선 피의자와 피해자를 검진이 가능한 장비를 갖춘 의료시설로 이송한다. 의료시설에 일단 도착하면 호송경관은 피해자와 피의자가 반드시 별도의 공간에서 검진을 받도록 해야 한다. 범행 현장이 아니라 병원에서 체모, 피부조직 등 가능한 증거가 서로 섞이지 않도록 해야 하기 때문이다. 일부 경찰관들은 법적으로는 피해자와 피의자를 서로 다른 병원에서 검진을 받게 해야 한다고 생각하지만, 서로 다른 간호사와 의사가 분리된 공간에서 검진하는 것으로 충분하다. 가장 중요한 원칙은 아동 피해자가 좀 더 안정감을 가질 수 있도록 가능한 한 '병원처럼 보이지 않는' 시설로서, 강간 및 성폭행 사건에 특화된 클리닉에서 검진을 해야 한다는 것이다.

경찰은 CSI 효과를 피의자에게 불리하게 활용하는 확실한 방법을 알고 있다. 바로 이렇게 활용된다. 경찰관이 먼저 피의자에게 말을 걸어 잡담을 나누다가 DNA, 피부조직, 체모 등을 찾기 위해 피해자를 철저히 의학적으로 검진했다는 사실을 언급한다. 피의자가 이 말에 어떻게 반응하는지만 봐도 많은 걸 알 수 있다. 피의자 역시 드라마 CSI에서 그런 검사 장면을 봐왔기 때문에 피고인에게 정말 불리한 소식이 될 수 있다는 것도 안다. 이때 경찰관이 (이전 다른 사건에서 가져온) 검진결과서를 꺼내서 피의자에게 보여주면서 검진 결과 DNA 합치 판정이 나왔다고 말해준다. 피의자는 어떻게 그런 결과가 나왔는지 설명할 수 있을까? 내가 여러 번 목격한 바로는 의학적, 과학적 결과가 있다고 생각하는 순간 피의자는 내게 도움이 될 만한 어떤 말이라도 쏟아내기 시작한다. 완전히 자백하지는 않더라도(그런 경우는 거의 없다) 검진결과를 해명하려고 애쓰는 동안 자백에 가까운 진술에 이르게 된다. 예를 들면 이런 식이다. "그래요, 그 여자 집에 있었어요. 그 여자 앞에서 재채기를 했었던가 봐요. 하지만 우린 절대 성관계를 하지는 않았어요." "성관계가 있었던 건 맞아요. 하지만 그 여자가 원해서 그랬을 뿐이에요."

일반적으로 의학적 검진이 고통스럽지는 않다. 의사가 아동을 안전하게 아프지 않게 검진하기 때문이다. 예를 들어, 질 확대경은 가해자에 의한 상해 정도를 살펴보기 위해 생식기 부분을 확대해서 관찰하는 광학기구다. 질 확대경은 아동의 신체 부위에 접촉하지 않고 조명과 카메라를 장치하여 상처 부위를 기록한다.

다만 질 확대경을 사용한 의학적 검진결과를 법정에 제출하는 검사 입장에서는 갈등이 있을 수 있다. 검사는 한편으로는 배심원들에게 성폭행뿐만 아니라 사건 이후에도 피해자가 아프고 당혹스런 의학적 검진을 받으며 얼마나 더 상처를 입는지 보여줄 수 있다. 이렇게 해서 배심원들이 피해자에게 동정심을 느끼게 될 뿐만 아니라 피해자에 대한 신뢰를 형성하게 된다. 사실이 아니라면 어떻게 그 모든 고통스런 일을 겪어낼 수 있었겠는가? 다른 한편으로는 검사는 피해자에 대한 진단과정이 가능한 한 고통스럽거나 아프지 않기를 바란다. 피해자는 아동이다. 누군들 고통을 덜어주고 싶지 않겠는가? 검사들은 피해 아동에게 질 확대경이 무엇인지 최대한 쉽게, 예를 들어 아주 큰 망원경인데 음부에 직접 닿지는 않을 거라는 식으로 설명해 주려 애쓴다. 간호사 역시 아이의 두려움을 덜 수 있도록 진료대 위에 동물인형을 놓아두고 질 확대경을 비춰 인형의 털이 얼마나 크게 보이는지 보여주거나, 아이가 직접 자기 발가락이나 손가락을 비춰보게 해서 컴퓨터 화면에 비치는 모습을 보여줄 수도 있다.

성폭행 피해를 당한 후 의학검진이 약간만 늦어도 증거를 확보할 수 없다는 오해도 바로잡아야 할 필요가 있다. 빠를수록 더 좋기는 하지만 실제 생물학적 증거는 사람의 신체에 놀랄 정도로 오래 남아 있다. 성폭행 직후 48시간, 심지어는 76시간이 지난 뒤에도 의학적 검진을 통해 유효한 생물학적 증거를 확보한 경우도 있었다. 피의자를 검진하면 피해 아동만이 알아볼 수 있는 문신, 기형과 같은 신체적 표시처럼 절대 사라지지 않을 증거를 확보할 수도 있다.

아주 큰 사건이었다. 피해자 3명에 각각의 기소 죄명은 10개로, 피고인을 기소한 죄명은 모두 30개나 되었다. 피고인에게는 수차례의 무기형이 기다리고 있었다. 검사에게 매우 유리한 확실한 사건이었지만, 나는 배심원들이 피해자 중 2명을 문제 삼으리라는 걸 알고 있었다. 게다가 주요증거 중 하나에 대해서는 전문가들의 견해가 달랐다. 검사 측 전문가는 간호사인데, 피고인 측에서는 의사를 전문가로 내세웠다.

쟁점이 된 증거는 법의학간호사가 검진결과서(OCJP 형식은 모든 법의학 검진내용을 기록하는 캘리포니아 주의 표준기록지다)에 기록한 내용 중의 하나였다. 간호사는 음부의 상처를 발견하고, 피해자의 진술에 대한 '이전 기록상의 표현과 일관되도록' '균열'이라고 기록했다. 당연하게도 피고인 측 의사는 균열이라는 것은 절대 상처가 아니라 일종의 기형으로서 태어날 때부터 있었을 것이라고 반박했다. 배심원들이 간호사와 의사의 증언의 타당성을 동일하게 인정한다 해도 검사에게는 잘해야 비기게 되는 결과다. 잘 알다시피 양측의 주장이 동등하면 피고인에게 유리하게 된다. 증거에 대해 두 가지 합리적인 해석이 있다면 합리적인 의심의 여지가 있으니 검사 측에서는 입증에 실패한 것이다.

만회할 방법이 필요했다. 그래서 모든 간호사를 감독하는 의료감독기관장에게 검진결과서를 가져갔다. 감독기관장 역시 소아여성의학 전문가였다. 검진결과에 대해 검토하기 전에 감독기관장은 먼저 피고인 측 전문가의 자격부터 검증해볼 것을 제안했다. 의사의 이력서를 주의 깊게 살필 줄 아는 의사 덕분에 나는 피고인 측 전문가가 응급의학 전문의로서 소아여성의학은 고사하고 여성의학 분야 전공 훈련을 받은 적이 없다는 사실을 찾아냈다. 결국 만회할 방법을 찾아냈다. 교차신문이 아주 재미있어지겠다!

아동 성폭행 수사에는 특별한 지식과 기법이 필요하다는 점이 이 책 전체에 걸친 주제다. 수사관, 검사, 사회복지전문가 등과 마찬가지로 아동 성폭행 피해자를 검진하는 의료종사자에게도 적용되는 사실이다. 의료종사자는 성폭행 피해 아동에 대한 의학검진을 위한 특별훈련을 받아야 한다. 무엇을 검진해야 하는지, 상처받은 아이를 어떻게 배려하며 다룰 것인지에 대해서 뿐만 아니라 자신의 검진결과 기록양식이 아동 성폭행 기소의 근거가 된다는 점을 인식할 수 있는 훈련을 받아야 한다.

SANE나 SART가 바로 그러한 예다. SANE는 성폭행전담 법의학 간호사Sexual Assault Nurse Examiners를 뜻하며, SART는 성폭행대응팀 Sexual Assault Response Team을 의미한다. SANE를 포함한 SART는 의학 지식과 기술을 가진 전문가들로 구성된다. 팀원들은 성폭행 관련 검진을 위한 훈련을 받았을 뿐만 아니라 팀 중심의 실무방식을 훈련받고 형사 사법절차에 대해서도 익숙하다. 앞서 예로 든 사례에서 지적했듯이 법정에서 증언하는 피고인 측 일부 '전문가'들은 성폭행 아동 피해자 검진 경험이 없거나 전문훈련을 받지 않은 경우, 소아여성의학 전문의가 아니거나 심지어는 소아과 전문의마저 아닌 경우도 있다.

아동은 감정과 지능 면에서 뿐만 아니라 생물학적, 생리학적으로도 다르기 때문에 소아과 전문의가 따로 있다. 아동은 치료와 성장조건이 성인과 다르다. 이러한 기본적 차이 외에도 성폭행 피해 아동의 검진과 검진결과의 해석 및 활용에 관하여는 특별한 법적 요건이 있다. 피학대아동, 특히 성폭력 피해 아동에 대한 소아의학은 매우 새로운 연구영역이다. 이 분야를 담당한 검사들은 아동 성폭행의 특유한 의학적 문제에 대해 잘 알아야만 한다. 그래야 배심원들 앞에서 피고인측 '전문가'에게 아동 성폭력 소아의학 전문 자격이 없기 때문에 전문가 의견의 타당성이 부족하다는 점을 밝혀낼 수 있다.

특별한 지식과 관련해서 여성 해부학에 관해 몇 가지 언급하고자한다. 여성에게조차 불편할 만큼 꺼내기 어려운 주제라는 걸 안다. 많은 경우 성인여성조차도 이 구멍인지 저 구멍인지 구분을 못한다. 이런 주제에 관해 읽는 것만으로도 안절부절 못한다면 법정 안 낯선 사람들 앞에서 남성 성기와 여성 성기를 입에 올려야 하는 검사나 나이 어린 피해자는 어떨지 상상해보라. 하지만 공개적으로 이야기하지 않으면 잘못된 통념이나 오해와 오류들이 점점 더 커져 결국에는 배심원들의 판단에도 영향을 미치는 요소가 되고 만다.

이 책을 읽는 독자들을 내가 앞으로 만날 배심원이라고 생각하고 오해와 잘못된 통념들을 가급적 최대한 파헤쳐 보고자 한다. 아마도 처녀막을 둘러싼 오해가 가장 클 것이다. 앤디 타롤리의 '성 폭력 피해 아동의 의학적 검진(Andi Taroli, "Medical Examination of Sexually Abused Children,", Robert R. Hazelwood & Ann W. Burgess 편, Practical Aspects of Rape Investigation: A Multidisciplinary Approach , 제4판, 2009, 298면)'에 따르면 처녀막에 대한 의학적 내용은 다음과 같다.

[처녀막과 관련된] 검진결과에 대해 검토하려면 먼저 다음의 사항을 분명히 인식해야 한다.

- 모든 여성에게는 처녀막이 하나씩 있다.
- 처녀막은 관통 가능한 피막으로서, 찢어지거나 파열되는 막이 아니다. 순결여부의 증거도 아니다.
- 태어날 때부터 처녀막에는 틈새가 나 있다. 처녀막은 일종의 도넛 모양을 하고 있다. 극히 드물게 여아의 경우 처녀막이 막혀 있는 경우도 있다.
- 처녀막은 내부구조로서 질 입구 바로 앞에 대음순과 소음순 사이에 감춰져 있다. 승마, 체조, 자전거 타기와 같은 활동에 의해 상처가 나거나 영향을 받는 경우는 '없다.'
- 내부구조이기 때문에 처녀막에 '우연히' 닿게 될 일은 결코 없다 (가해자가 무슨 말을 하더라도 그런 일은 없다).
- 처녀막의 틈새 넓이로는 성폭력 피해를 입은 경우와 그렇지 않은 경우를 식별할 수 없다.

또 하나의 잘못된 통념은 아동 성폭행은 항상 신체적인 상처를 남긴다는 생각이다. 사실 대부분의 경우 그렇지 않다. 납득하기 어렵다는 걸 안다. 도대체 대여섯 살의 아이가 성인남자에게 강간을 당했는데 신체적 상처가 전혀 없을 수가 있겠는가?

의사나 의학전문가들은 의학전문용어를 사용해서 설명하겠지만, 내가 알기로는 대부분의 사람들이 쉽게 이해할 수 있는 방식으로 배심원들에게 설명하는 방법이 도움이 된다. 여성의 성기는 남성의 성기를 받아들일 수 있도록 만들어져 있다. 대부분 초경 이후 소녀들의 경우가 그렇지만 모든 여성의 질 내벽은 매우 탄력적이다. 그래서 논리적으로는 삽입에 의해 꼭 상처가 생기지는 않기 때문에 의학적 검진단계에서 상처가 발견되지 않을 수도 있다. 게다가 생식기 주변의 조직은 매우 빠르게 상처가 치유된다. 성폭행 후 24시간 이내에 정확히 의학적 검진이 이루어지지 않으면 찰과상과 같은 흔적은 이내 아물어 버린다.

DNA 증거의 부재와 마찬가지로 의학적 증거의 '부재'가 수사가 부실했다거나 성폭행 사실이 부인된다는 의미는 아니다. 확보할 수 있다면 중요한 증거이지만 사건을 좌우할 만한 수준으로 봐서는 안 된다. 다른 종류의 증거들도 수세기 동안 활용되어 왔기 때문에 합리적 의심의 여지없이 피고인의 유죄를 입증할 수도 있다. 특히 검사, 수사관과 관련 전문가들은 법원에서 CSI 효과 문제를 다룰 준비가 되어 있어야 한다. 의학적 검사 결과 정상이라고 판단된다 해서 아무 일도 일어나지 않았다는 의미는 아니다.

단지 아동 성폭행 사건의 입증을 돕는 문제를 넘어 의학적 검진이 올바르게 수행되어야 할 다른 이유도 많다. 즉 성폭행은 종종 신체 상해, 유기, 부모의 학대 등 다른 형태의 폭행과 결합된다. 의학적 검진 결과 발견된 정보를 통해 아동이 처해 있는 총체적 환경이 비로소 파악될 수 있다.

릴리의 경우를 생각해보자. 스리랑카에서 미국으로 이주해왔을 때만 해도 넘치는 음식과 새 옷, 그리고 학교까지 삼촌이 마련해준 모든 혜택에 매혹되어 있었다. 피해자지원센터에 찾아온 릴리가 진술할 수 있던 내용은 삼촌이 자신을 마사지하는 동안 잠들었다가 음부 주변에 통증을 느껴 깨어났다는 뒤죽박죽의 기억뿐이었다. 자신에게 무슨 일이 일어났는지 알고 싶어 찾아왔던 것이다.

의학적 진단을 마친 뒤 우리는 사태를 파악했다. 릴리의 혈액에서 다량의 진정제가 검출되었다. 검진결과만으로는 어떻게 릴리의 혈관에 진정제가 투입되었는지 알 수 없었지만 바로 여기서 릴리는 분명히 상황을 깨닫게 되었다. 릴리의 말에 따르면 스리랑카에서는 탄산음료를 한 번도 마셔본 적이 없었다. 미국에 와서 처음 마셔보고는 너무 좋아했지만 마음껏 마셔보지는 못했다. 릴리의 삼촌은 언제나 기꺼이 탄산음료를 큰 병으로 사주었기 때문에 쉽게 진정제를 탈 수 있었던 것이다.

DNA, 의사의 진단서, 상처 부위 사진과 같은 최고의 증거라도 증거능력이 없는 한 검사에게는 아무런 가치가 없다. 그러므로 증거수

집 과정이 적절하도록 주의를 기울일 필요가 있으며, 증거가 오염되었거나 변형되었다는 반박을 피하려면 공판까지 조심스럽게 보관해야 한다.

이런 문제는 '머리를 안 써도 되는' 유형이지만 언급이 필요할 만큼은 종종 문제를 일으킨다. 성폭행 수사에서 적절한 증거수집, 증거 내용확인과 보존 및 보관은 성공적인 기소 가능성을 크게 높여준다. 분석을 위한 증거를 과학수사연구실로 전달하는 수사담당경관과 분석을 담당할 연구실 범죄분석전문가 사이의 원활한 의사소통 역시 중요하다. 증거는 반드시 범죄사실, 수집된 증거와 필요한 과학적 검사에 관해 적시된 이송공문과 함께 전달되어야 한다. 대부분의 경우 최초 검진 의사의 검진소견서와 같은 관련 검사보고서들도 증거와 함께 첨부되어야 한다.

이 장을 마치면서 마지막으로, 잘못된 통념 하나를 바로잡고 싶다. 적어도 나는 그것이 피해자에게 가장 고통을 주는 잘못된 통념이라고 생각한다. 내가 듣고 또 듣는 질문이 하나 있다. "내가 아직 처녀인가요?" 사전에 따르면 처녀란 성교 경험이 없는 사람이라는 뜻임을 나도 안다. 일부의 규정에 따르면 성교란 남자의 성기를 여자의 성기에 삽입하는 행위를 뜻한다.

내가 사전을 다시 편찬한다면 이 용어들의 개념에 세상 현실을 어느 정도 반영하고 싶다. 처녀성은 단지 기술적인 용어가 아니다. 이 말에는 훨씬 감정적이고 심리적인 의미가 담겨 있다. 내가 제안하는 처녀성의 정의는 '합의하고' 성교한 경험이 없는 사람이다. 더 이상 처녀가 아니기를 스스로 결정할 때까지 누구나 처녀다. 감히 주장하건대 우리 사회가 강간범이 여성의 의사에 반해 여성의 처녀성을 앗아갈 수 있다고 보는 태도를 용납한다면 절대적으로 잘못이다.

처녀성은 '앗아갈' 수 있는 물건이 아니다. 평생에 단 한 번 있을, 누군가와 함께 공유할 그 무엇이다. 누구에게도 아직 주지 않았다면 여전히 당신의 소유다.

나는 강간이나 추행 피해자가 변함없이 감정적, 심리적 그리고 육체적으로도 자신을 처녀로 여길 수 있도록 우리가 있는 힘껏 도와야 한다고 생각한다. 가해자들은 자신이 성행위를 했다고 여기겠지만, 그렇지 않다. 폭행을 했을 뿐이다. 피해자에게 폭행을 가했을 뿐 피해자와 뭔가를 했던 것이 아니다.

나는 성폭행 피해 아동에게 더 이상 처녀가 아니라고 말해서는 안 된다고 생각한다. 피해자가 되었다고 해서 스스로 바라지 않은 낙인을 강요해서는 안 된다.

이러한 점을 염두에 두고 부모와 검사, 의료전문가, 경찰관과 치료전문가 모두 UCLA 대학병원 강간피해치료센터 엘리엇 슐만 박사의 사례를 이해해야 한다. 슐만 박사는 어떠한 성폭력을 당했더라도 아동에게 순결증명서를 발급해준다. 생각해보면 의학적 검진결과에 약간의 희망을 덧붙인 정도에 다름 아니겠지만 적어도 피해자를 좀 더 안심시킬 수만 있다면 할 만한 일이다.

제11장
형벌과 유죄인정협상

나는 짐이 가득한 내 서류가방의 묵직한 바퀴를 끌면서 법원에 들어선다. 오늘 내 일정표에 따르면 새로운 사건 여섯 건의 최초 기일이고, 배심재판이 두 건, 보호관찰 이행심사 네 건이 있다. 보호관찰 건에 시간을 내기는 쉽다. 여섯 건의 새로운 사건 공판과 두 건의 배심재판을 동시에 뛰는 일이 문제다.

새로운 사건 여섯 건은 검사로서의 매일매일의 삶의 한 부분일 뿐이다.

- 두 건은 수년간 지연되고 있는 성폭력 관련 사건으로, 친부가 딸들을 성추행하고 강간한 사건이다.
- 한 건은 13세 소녀가 36세의 친삼촌과 사랑에 빠져 '합의 하에' 성행위를 했다는 사건이다.
- 또 한 건은 의식 있는 시민이 크리스마스 퍼레이드에서 일곱 살

아이의 엉덩이를 움켜쥐던 남자를 목격하고 신고했는데, 등록 대상 성범죄자로 밝혀졌다.

- 경찰서를 찾아와 십 년 전 조카딸에게 구강성교를 했다고 자수한 사건이다. 문제는 피해자가 비협조적이라는 사실이다.
- 마지막 사건은 21세의 남자가 현재 15세인 소녀와의 사이에 두 살 난 딸을 두고 있는 경우다.

내가 처음 들를 법정은 제100재판부다. 공판 일정이 잡혀 사건이 송부되어 있다. 그리고 두 건의 배심재판 자료를 면밀히 검토한다. 각각 사실관계의 요약과 함께 법정에서 기억을 되살릴 수 있게 정리한 가중 및 감경 양형사유 요약목록을 준비해두었다. 이 망할 메모들을 작성하는데 얼마나 고생했는지를 생각하면서도 어쨌든 감사하게도 끝낼 수 있었으니 웃기로 한다. 오늘 같은 날은 메모 없이는 내가 맡은 사건들을 도저히 기억할 수 없다.

어떤 사건의 재판이 가장 먼저 시작될지 기다린다. 두 사건은 일 년 이상 끌어왔는데, 나로서는 한 법정에서 한 사건씩 진행할 수밖에 없다. 선택할 수 있다면 DNA 증거와 자백이 확보된 가능성 있는 사건부터 시작하고 싶다. 첫 번째 사건에서 유죄평결이 나온다면 다음 사건의 피고인들이 내가 제안하는 유죄인정협상에 동의하도록 힘을 실어줄 수 있을지 모른다.

어떤 재판부터 가야 할지 정하면 내가 담당한 여섯 개의 새로운 사건이 진행될 3층에 통지한다. 다음에는 어떤 사건이 정식공판을 거치지 않고 해결될 가능성이 있을지 판단해본다. 다시 말하면 어떤 사건을 유죄인정협상으로 해결할 수 있을까?

1. 유죄인정협상은 나쁜 방법인가?

많은 법원이 조기종결 프로그램(Early Disposition Program은 소송기간의 효율적 단축을 위해 판사가 주재하는 별도의 청문을 거쳐 피고인의 기소사실인정과 항소포기를 조건으로 법정 최저형을 구형하고 소송절차를 종결한다 - 역주)을 통해 증인소환이나 정식재판을 거치지 않고 사건을 해결하도록 하고 있다. 내가 알기로 형사 사건에서 '유죄인정협상'이나 '조정' 같은 용어는 피해자나 피해자 측 변호인들의 불신의 대상이다. 많은 시민들도 같은 반응을 보인다. 협상이나 조정 같은 말들은 검사, 피고인 측 변호사와 판사가 공모해서 피고인으로 하여금 유죄평결을 받고 장기형에 처해지는 대신 가볍게 처벌받고 나갈 수 있게 함으로써 사건을 쉽게 처리해버린다는 나쁜 의미를 담고 있다. 이 책을 통해 다른 많은 잘못된 통념들을 바로잡기 위해 노력해온 필자로서는 유죄인정협상에 대한 부정적 시각 또한 지나친 점이 있다고 생각한다. 물론 유죄인정협상에 문제점이 있기는 하지만 단순히 업무부담이 과중한 사법체계의 짐을 줄인다는 이유를 훨씬 뛰어넘는 장점도 있다.

유죄인정협상이란 정확히 무엇을 말하는가? 형사피고인과 검사 사이의 협상과 약속을 의미한다. 피고인 측에서 유죄를 인정하는 대가로 검사는 ① 법정형이 낮은 죄명으로 기소하거나 ② 일부 죄명에 대한 기소를 취소하고 ③ 낮은 형량을 구형하게 된다. 형사재판에서 유죄판결의 90%는 유죄인정협상에 의한다. 그렇다면 왜 피해자나 시민들은 이러한 관행에 대해 부정적인 인식을 갖는가?

기본적으로 사법체계 바깥에서 보는 사람들은 법정에서 통쾌하게 정의가 실현되지 못한다는 사실을 이해하기 어렵다. 하지만 유죄평결이 언제나 확실하지는 않다. 이른바 절대적 형량(mandatory sentence는 특정범죄에 대해 판사가 선고할 형량을 법으로 특정함으로써 양형재량을 제한하는 경우다 - 역주)에 해당하는 경우라도 판사가 선고하기 전까지는 어떤 형량도 확신할 수 없다.

법정에서 적극적으로 가해자에 맞서 증언한 피해자의 눈에는, 그리고 종종 일방적인 언론보도만을 접할 수 있을 뿐인 시민들에게 사건은 아주 단순명쾌해 보일 수 있다. 정말 어떤 사건이 그렇게 확실하다면, 유죄인정협상이 가능할 사건은 '제임스 얼 레이 사건' 같은 경우뿐이다. 마틴 루터 킹 목사 암살범인 레이James Earl Ray는 사형선고를 면하기 위해 가석방 없는 종신형을 조건으로 유죄인정협상을 했었다.

실무 현실에서는 검사와 피고인 측 모두 정식재판으로 갈 경우 위험부담을 안게 된다. 바로 이러한 동등한 위험 때문에 유죄인정협상이 이루어지게 된다. 형사재판에서의 검사와 피고인 양측이 부담할 주된 위험은 두 가지다. 첫 번째 장애물은 배심원이다. 유죄인가 무죄인가? 두 번째 장애물은 판사다. 배심원의 유죄평결이 내려지면 판사는 중한 형 아니면 가벼운 형을 선고하는가? 이 두 문제를 좀 더 살펴보기로 하자.

2. 배심원 평결은 유죄일까, 무죄일까?

배심제도에 대해 개인적으로 어떻게 생각하든 (개인적으로 전문배심에 대해서는 적극 찬성한다) 지역사회 구성원들 중에 무작위로 선정된 12명의 손에 사건의 결과가 달려 있을 경우 위험과 예측불가능성이 존재한다. 배심원들은 사건을 다루어본 경력도 없고, 대체로 자신들이 적용할 형법 관련 경험도 없다.

내 생각에는 아동 성폭행과 관련된 복잡하게 뒤엉킨 문제들을 고려할 때 전문배심이 보장되어야 한다. 사건이 어렵기 때문만은 아니다. 전문배심이 필요한 이유는 배심원이 잘못 판단할 경우의 결과 때문이다. 흉악성범죄자를 사회로 되돌려 보내 중대한 위험을 초래하거나, 무고한 사람을 '성범죄자'로 낙인찍어 감옥으로 보낼 중대한 오류를 범하게 된다. 물론 전문배심이라는 제도는 아직 존재하지 않는다. 내 희망일 뿐이다.

'전문배심'이란 무엇을 말하는가? 내가 생각하는 전문배심은 배심재판 수행을 위한 훈련을 받고, 업무에 대해 정당한 보상을 받으며, 엄격한 객관성을 갖고 판사의 설명 사항에만 따르는 사람들로 구성된 배심원 단이다. 전문배심은 '합리적 의심의 여지없는' 또는 범죄고의의 상이한 정도와 같은 전형적인 법정용어를 충분히 이해하고 있어야 한다. 자신들의 임무는 법을 준수하는 것이며, 배심평의실 밖에서는 사건에 대해 거론해서는 안 되며, 자신들이 다루고 있는 사건에 대해서는 어떠한 언론보도도 보지 않아야 한다는 점을 알아야 한다. DNA 일치, 화학적 분석, 아동심리 같은 전문 분야 관련 사건에 상응하는 특정한 과학적 배경을 가진 사람들로 전문배심을 구성할 수도 있다.

배심원은 무작위 선정된다. 말 그대로 길거리에서 뽑는다는 말은 아니지만 거의 다름없다. 배심원 후보명단은 선거인명부나 자동차등록부로 구성한다. 따라서 차를 소유하거나, 유권자등록카드를 제출했다는 사실만으로 한 사람의 생명과 자유가 걸린, 또는 끔찍한 성폭행의 아동 피해자에게 정의가 실현되는지의 여부가 걸린 사건에 관해 결정을 내릴 지위에 놓이게 된다. 스스로에게 물어보자. 고속도로에서 갑자기 끼어들고는 후방거울로 당신을 쳐다보며 비웃던 멍청이가 기억나는가? 그런 자가 일주일간의 성폭력 재판에서 신중하고 공정하게 증거를 판단하고, 폭력적인 아동 성추행범 피고인이 감옥에 갇히게 될지 길거리로 되돌아갈지의 여부를 올바로 결정할 것이라고 신뢰할 수 있겠는가? 지난 선거에서 모든 기표란에 배우 찰튼 헤스톤의 이름을 낙서한 사람은 또 어떤가? 배심원이 우리 사법 시스템의 예측 불가능한 요소라는 사실을 아직도 납득하지 못하는 사람이 있다면 O. J. 심슨 재판의 배심 평결을 떠올려보기 바란다.

검사의 입장에서 볼 때 유리한 사건을 망쳐버릴 수 있는 배심재판에 특유한 위험요소들이 있다. 그 하나는 배심원 중의 누군가가 피해자나 수사기관 주요증인을 싫어하거나 단지 불신한 나머지 평의과정에서 나머지 배심원들까지 자기 생각대로 설득하는 경우다. 또 하나는 (실제로 자주 일어나는데) 배심원 일부가 합리적 의심의 여지없는 증거를 이해하지 못하고, 모든 가능성을 합리적 의심으로 오해하는 경우다. 언론매체도 위험요소다. 사건을 어떻게 보도하는가? 배심원들이 정말 언론보도를 접하지 않거나 영향을 받지 않을 수 있겠는가? 우리 모두가 평생 동안 신문에서 읽거나 텔레비전에서 본 내용에 따라 부분적으로 생각에 영향을 받지 않는가? 배심원들이 이런 평생 동안의 습관을 쉽게 멈출 수 있으리라는 생각은 비현실적이지 않은가?

오해말기 바란다. 언론이 관심을 보이는 모든 경우가 불공정한 재판의 원인이 되는 건 아니다. 언론에 보도된다고 해서 마땅한 결과에 미치지 못하는 결정이 내려진다고 할 수도 없다. 사실 검사에게 언론보도는 유리하게 작용한다. 캐일리 안소니 사건을 예로 들어보자. 이사건에서는 낸시 그레이스의 훌륭한 보도를 통해 경찰이 사건해결을 위해 얼마나 많은 노력을 기울이고 성실히 업무에 임하는지 시민들에게 알려지게 되었다. 마찬가지로 수사에 관한 심층보도나 공판과정 전체에 걸친 보도는 신문에 등장한 그 많은 '증거'가 배심원들에게는 결코 제시되지 않으며, 이러한 차이로 인해 사건의 결과가 바뀌게 되는 현실을 사람들에게 알려준다. 언론보도는 배심원들이 보이지 않는 곳, 현장의 이면에서 일어나는 일들을 보여주고 설명해줄 수 있다. 그럼으로써 우리 사법 시스템에 대한 이해를 높여준다.

언론보도는 종종 피고인 변호사의 사건에 대한 태도에도 영향을 미친다. 사실 많은 경우 피고인 변호사들은 판사에게 재판장소를 다른 지역으로 이전해줄 것(재판관할의 이전)을 신청하기도 한다. 재판 전 언론보도 때문에 해당 지역사회의 배심원 후보들이 자신의 의뢰인에 대하여 부정적인 편견을 가질 수 있지 않을까 우려하기 때문이다. 때로 판사가 이전신청을 기각하면 피고인 측에서는 정식 재판을 할지 조기종결을 협상할지 결정하는 요인이 되기도 한다.

이제까지 나는 모든 형사재판에 관련된 배심의 위험성에 대해 설명했다. 그런데 아동 대상 성범죄 기소의 경우에 고유한 위험성이 더 있다. 다음의 주요 사례들은 실제로는 적절하게 종결되었지만 배심원에 대해 영향을 미칠 가능성 때문에 아직도 유죄인정협상 평가요소로 삼고 있다.

첫 번째 사례는 1980년대 맥마틴 사건(McMartin 사건은 미국 역사상 최장기간 최다 소송비용이 소요된 형사재판이었으며, 당시 주간보육시설에서의 아동 성폭력에 대한 집단적 히스테리와 사탄의식에 대한 도덕적 공포현상을 보여준 대표적 경우다. 이 사건을 계기로 많은 주에서 피해 아동의 폐쇄회로 텔레비전을 통한 증언이 법적으로 허용되었으며, 아동 증언에서 유도질문과 허위기억의 문제점을 인식하게 되었다. 또한 국립아동학대유기연구센터National Center on Child Abuse and Neglect가 지원하는 아동 학대 관련 연구가 크게 늘어나게 되었다 - 역주)이다. 수십 년 전의 이 사건에서는 캘리포니아에서 보육시설을 운영하고 있던 맥마틴 일가의 여러 사람이 자신들이 돌보던 아동을 성적으로 학대한 혐의로 기소되었다. 1983년 신고가 접수되어 체포와 수사가 1987년까지 계속되었다. 재판은 1987년 시작되어 1990년까지 진행되었다. 6년에 걸친 수사와 재판 끝에, 언론에 의해 낱낱이 파헤쳐지고 대중들의 큰 관심을 끌었지만 결국 단 한 건도 유죄평결에 이르지 못한 채 1990년 모든 기소가 취소되었다.

이처럼 대대적으로 보도되고 논쟁거리였던 사건에 대해 독자들도 나름의 의견이 있을 것이다. 나도 성범죄 전담검사로서 이 사건을 마녀사냥이나 다름없었던 그래서 결국 기소될 만한 실체를 찾지 못했던 사건으로 많은 사람들이 기억하고 있다는 사실을 인정할 준비가 되어 있다. 이 사건은 아동 성폭행 사건의 전체 수사경과에 걸쳐 문제를 제기한다. 부모를 비롯해 아동 성폭행 사실을 고발했던 사람들의 신뢰성뿐만 아니라 어떻게 아이를 면담했는지, 경찰, 부모, 검사, 친구 등 다른 사람들의 암시나 유도에 아이들이 얼마나 취약했는지 문제 삼게 되었다.

유감스럽게도 이 사건의 경험으로 인해 전체 시스템이 놀랄 정도로 발전했다는 사실을 아는 사람은 거의 없다. 사건 이후 수년간 경찰과 검사에게 아동 성폭행 사건의 수사와 기소 기법을 훈련시키기 위해 연방기금이 투입되었다. 점점 더 많은 검찰청들이 아동 성폭행 사건의 기소 및 보강증거 요건에 관한 명확한 지침을 개발하게 되었다. 피해 아동 면담에서 암시나 유도를 하지 않도록 적합한 면담 방식을 교육하기 위한 프로그램도 마련되었다. 예를 들어, 제1장에서 다루었던 토마스 리옹의 아동 면담 10단계는 검사와 면담 담당자들에게 널리 받아들여지고 활용되고 있다. 현 시스템이 완벽하지는 않지만 대부분의 지역에서 맥마틴 사건에서의 문제점들을 극복하고 개선이 이루어지고 있다.

아동 학대 사건의 기소가 어느 정도 존중받는 분위기가 다시 찾아오고 있고 또 마땅히 그래야 하지만, 여전히 거의 모든 배심원들이 가지고 있는 '맥마틴 효과'의 잔재를 어떻게 다룰지 가볍게 여기는 검사가 있다면 순진하고 어리석은 일이다. 맥마틴 사건과 유사한 경우, 즉 교사, 보육교사나 아동캠프, 학교 등이 관련된 사건으로 맥마틴 사건의 기억을 다시 떠오르게 하는 경우라면 더더욱 그렇다.

듀크대 라크로스팀 사건(2006년 노스캐롤라이나 주에서 발생한 사건으로 성폭행 피해의 허위주장과 검찰과 경찰의 불법수사 사실이 드러나 주임 검사 니퐁Mike Nifong은 사법왜곡죄로 기소되어 유죄판결을 받았으며, 노스캐롤라이나 주 변호사 자격도 박탈되었다 – 역주) 역시 성범죄 기소에 대한 대중의 부정적 인식을 보여주는 사례다. 의욕이 과하거나 명성을 떨치고 싶은 검사가 불확실한 사건을 기소하고 유죄평결을 이끌어내기 위해 무리를 계속한다는 인식이 그것이다. 이 사건은 2006년 3월 남가주중앙대 재학 중인 아프리카계 미국인 스트리퍼 크리스틸 게일 맹검이 듀크대 라크로스팀 코치 집에서 열린 파티에서 백인 선수 3명에게 강간당했다고 고발하면서 시작되었다. 마이크 니퐁 검사를 포함해서 많은 사건관계자들이 이 성폭행 사건은 인종적 동기의 증오범죄라고 주장했다. 맹검의 주장이 허위라는 증거가 점점 더 나오기 시작했는데도 검사는 멈추지 않았고, 선정적인 언론보도는 몇 주간 계속되었다. 결국 허위신고로 밝혀져 모든 기소가 취소되었다.

성폭행과 직접 관련은 없지만 배심재판에서 여전히 일정한 영향을 미치는 사건은 2000년대 초반 발생한 로스앤젤레스 경찰국 램파트 경찰서의 부패 스캔들(1997~98년 로스앤젤레스 경찰국 램파트 경찰서 소속 조직범죄 담당부서 경찰관 70명이 불법 및 부패행위로 기소되거나 파면된 미국 역사상 최대 규모의 경찰 부패사건이다. 이 사건으로 인해 경찰의 증거조작과 위증사실이 밝혀짐에 따라 106건의 유죄 사건에 대해 재심에서 무죄가 인정되었다 - 역주)이다. 피의자 조작, 증거 조작, 강도, 마약거래와 불법 총격에 이르기까지 경찰의 광범한 부정행위에 대한 경악할 만한 사례로서 배심원들의 경찰관 증언의 신뢰성에 대한 인식에 여전히 영향을 주고 있다. 사실상 내가 기소하는 거의 모든 사건이 어떤 정도로든지 경찰관의 수사와 보고서, 증거확보에 의존하고 있기 때문에 경찰관의 신뢰성은 매우 중요하다. 특히 사건과 관련해서 경찰관이 수사에 최선을 다하지 않았거나 문제 소지 있는 수사기법을 활용했다는 이유로 논란이 될 가능성이 있는 경우에 검사는 유죄평결의 가능성을 따져보는데 있어 '램파트 효과'를 고려하지 않을 수 없다. 결과적으로 유죄인정협상을 시도할지, 정식으로 배심재판을 진행할지 판단하는 데 영향을 미치게 된다.

내가 맡은 사건과 관련해서 듀크대 사건이나 램파트 사건과의 유사성을 언급만 해도 피해자는 화를 내겠지만, 그렇다고 문제를 짚고 넘어가지 않거나 피해자에게 설명하지 않는 형편없는 검사가 될 수는 없는 일이다. 원하든 원하지 않든 과거 문제가 되었던 사건들이 여전히 배심원과 배심평결에 영향을 미칠 수 있고, 또 미치고 있다. 배심원들이 해당 사건이 소송할 가치가 없거나 검사가 과욕으로 기소했다고 생각하지 않도록 하려면 피해자 주장을 보강할 별도의 증거가 반드시 있어야 한다. 제6장에서 보강증거가 무엇인지 상세히 설명한 바 있다. 다양한 유형의 보강증거들이 있으며, 배심원은 각 증거마다 증거능력이 어느 정도 있는지 판단하게 된다. 예를 들어, 피해자의 친구가 피해자 진술을 보완해주는 경우와 피고인의 자백이 피해자 진술에 대한 보강증거가 되는 경우를 비교해보자. 피해자나 피해자의 친구의 생각과는 달리 대부분의 배심원들은 피해자와 친구의 증언보다는 피고인의 자백을 보강증거로 더 높이 평가하게 된다. 두 경우 모두 같은 진술을 하게 된 동기나 주제, 기타 개인적인 이유들이 있다. 오해하지 말기 바란다. 피해자의 범죄에 대한 진술을 뒷받침해주는 증인이 피해자의 친구이든 친척이든 의미 있는 보강증거가 된다. 다만 증인이 피해자의 친구가 아닌 제3자일 경우의 증언이 더 설득력 있다. 물론 피고인의 자백이 더 설득력이 있고, DNA 일치와 같은 법의학 증거는 더더욱 그렇다. 내 요점은 보강증거의 증거능력은 배심원의 유죄평결 가능성에 영향을 미치며, 이는 다시 어떤 형태로 유죄인정협상을 제안할지에 대해서도 영향을 준다는 사실이다.

우리 자신에 대해, 피해자에 대해, 그리고 성폭행 사건에 관련된 모든 사람들을 매우 솔직하게 봐야만 배심원이 어떻게 결정할지 판단할 수 있다. 이상적이고 공정한 배심원의 의무이행을 기대하는 건 사치라는 뜻이다. 우리는 현실 속 배심원의 행동 개연성에 따라 사건을 판단해야 한다. 우리는 본래 선입견, 첫인상, 편견과 고정관념에 근거해 사람과 사물을 판단하고 결론 내린다. 앞에서도 이야기했지만 다른 예를 하나 더 들어보겠다. 어떤 사람이 누더기 옷을 입은 채 술 냄새를 풍기면서 쇼핑 카트를 밀고 가고 있다고 해보자. 아마도 독자들 대부분은 내가 노숙자를 말하고 있다고 추측할 것이다. 이처럼 노숙자에 대한 고정관념과 개인적인 선입견에 따른 의심은, 이제 피고인 측 변호사로 하여금 이 사람이 정신질환이나 알코올 중독이 있기 때문에 신뢰할 수 없는 증언이라는 주장을 훨씬 쉽게 할 수 있게 해준다. 만일 이 사람이 피해자의 진술에 대한 보강증거를 제공해줄 수 있다면 싫든 좋든 나로서는 이와 같은 선입견이 미칠 수 있는 영향을 고려하지 않을 수 없다.

여자들 중에는 다른 여자를 한 번 보자마자 좋아할지 싫어할지 곧바로 파악하는 사람들이 있다. 여자들이라면 잘 알 것이다. 내 경험으로는 법정에서도 이런 경우가 있다. 남자들은 사건의 사실관계에 더 주의를 기울이는 반면, 여자들은 직감으로 판단하는 경향이 있다. 이런 말을 하면 놀랄 사람들도 있겠지만 실제로 그렇다. 법정에서 진행되는 일에 영향을 미친다. 내가 세운 모든 증인과 피고인 측에서 세울 모든 증인과 피해자 증언의 개연성, 신뢰성, 효과성을 다른 사람들이 어떻게 생각하는지 판단하고 대처하지 못한다면 검사로서의 직무를 제대로 수행하지 못한다.

내가 맡은 사건의 피해자와 증인에 대해 배심원들이 가질 수 있는 편견과 선입견에 대해 파악하고, '그리고 대처해야' 한다고 말한 점에 주목해주기 바란다. 내 증인 중의 한 사람이 노숙인이라고 해서 '부실한 증인'이거나 사건에 해가 된다는 의미는 아니다. 나로서는 할 수 있는 최대한 배심원들이 가질 수 있는 편견을 예상하고 이해하고 대처해야 한다는 뜻이다. 사실 이 노숙인은 정신적으로도 정상일 뿐만 아니라 침착하고 사려 깊은 태도를 보일 수 있다. 검사 측 질문을 통해 배심원들에게 이 사람의 침착하고 사려 깊은 태도를 보여줄 수 있다. 한때는 책임 있는 지위에 있었던 사람이라면 배심원들은 귀를 기울여 듣게 된다. 음주나 마약복용을 하고 있다면 그 사실이 실제로 증인이 목격한 내용을 진술하는 능력에 어떤 영향을 미쳤는지의 여부를 밝혀내 대응한다. 따라서 내가 맡은 피해자나 증인이 어떤 부정적인 문제를 가지고 있다고 해서 그저 손을 놓고 사건을 포기하지는 않을 것이다. 누군들 그렇게 하지 않겠는가? 다만 해당 증인을 보강증거로서 활용해 유죄평결을 받아낼 가능성을 따져볼 때는 부정적인 문제점들이 배심원들에게 어떤 영향을 미칠지 판단하고, 어떻게 효과적으로 대응할 수 있을지 판단해야 한다.

배심원과 관련된 또 하나의 큰 위험은 배심원들이 피고인에게 부과될 형량의 엄중함에 자신들의 판단이 어떤 영향을 미칠지에 대해 민감한 경향이 있다는 사실이다. 물론 배심원들은 평의과정에서 처벌에 대해서는 고려하지 않도록 판사가 설명한다. 하지만 내 경험으로는 거의 모든 경우 대부분의 배심원들이 형량에 미칠 영향을 고려한다. 책임을 져야 할 사람은 피고인 한 사람뿐인데도 배심원들은 자신의 결정, 즉 형 선고에 대해 큰 책임감을 느낀다.

책임감을 덜기 위해 배심원들은 '아기 갈라가지기splitting the baby(구약성경에 나오는 솔로몬왕의 재판에서 유래된 표현 - 역주)'로 알려진 방식의 고려를 한다. 예를 들어, 피고인의 기소 죄목이 4건이라면 2건에 대해서만 유죄평결을 내린다. 배심원들은 기소된 상이한 범죄에 규정된 상이한 법정형에 대해서 알지 못하기 때문에 아기를 갈라놓음으로써 배심원 각각이 결정한 죄목과 실제 기소내용과는 커다란 차이가 발생하게 된다. 따라서 배심원들이 결정한 죄목에 따라 양형이 결정되기 때문에 검사가 기소한 내용과 다른 엉뚱한 결과가 나올 수 있다.

간단히 말해서 배심원들이 어떻게 나올지를 예측하기 위해 검사와 피고인 측에서 고려해야 할 요소들은 아주 많다. DNA 일치나 자백과 같은 강력한 증거는 명백한 요소이지만, 여러 해 동안 배심에 대한 경험으로 추측할 수밖에 없는 요소들도 있다. 예를 들면, 배심원들이 주요 증인을 좋아할지 믿어줄지의 여부가 그런 요소다.

검사와 피고인 모두 해당 사건의 승소 가능성을 신중하게 가늠해서 정식재판을 진행할지의 여부를 판단한다. 더구나 배심과 관련된 위험 요소뿐만 아니라 판사의 태도 또한 예측해야만 한다.

3. 판사는 어떤 형벌을 선고할까?

사안의 강점과 약점을 평가하고 배심원들의 태도를 예측하고 나면 양형과 관련된 강점과 약점에 대해서도 별도의 분석이 필요하다. 배심원들이 어떤 범죄에 대해 유죄평결을 내릴 것인가? 해당 범죄에 대한 형량 범위는 어떻게 정해질까? 판사가 고려할 가중사유와 감경사유가 있는가? 판사도 우리 같은 사람인만큼 판사는 어떤 개성이 있을까? 해당 범죄와 피고인에 대해 판사가 어떤 반응을 보일까? 엄벌을 선고한다는 평판이 나 있는가? 양형기준을 잘 준수하는가? 소년범에 대해서는 관대한 태도를 보이는가?

유죄인정협상을 구상하면서 검사가 할 일 중의 하나는 판사가 어떤 형을 선고할지 '추측'하는 일이다. 일부 주에서는 절대적 양형기준 mandatory sentencing guideline(양형기준에 명시된 범죄별 형의 종류와 정도에 따라 선고해야 한다. 우리나라의 양형기준은 판사에게 권고적 효력만을 가진다 – 역주)이 시행되지만 일부 주에서는 일정한 형량 범위 내에서 판사에게 재량권을 부여한다. 예를 들어, 캘리포니아 주 판사들은 단기, 중기, 장기 구금형 중에서 선택할 재량권을 가진다. 기소 죄명에 따라 판사가 구금형이 아닌 일정조건부 보호관찰을 선고할 수도 있다.

판사의 형 선고에 영향을 미치는 또 하나의 요소는 이른바 피해자 진술이다. 양형 단계에서 피해자와 피해자가족은 공판에 출석하여 피해자 진술을 할 수 있다. 피고인의 범행으로 인한 유형무형의 피해 결과에 대해 직접 설명할 수 있다. 피해자가 진술이 불편하거나 원하지 않는 경우에는 대신 진술서를 제출할 수도 있다. 진술서는 법정에서 낭독되며, 공판기록에 포함된다. 피고인의 범죄가 피해자와 그 가족, 사회에 미친 영향을 충분히 이해하지 않고서는 판사는 범죄가 초래한 해악의 심각성을 정확히 반영한 형을 선고할 수 없다. 이러한 피해자 진술은 재판에서 매우 강력한 요소가 될 수 있어서 피고인에게 법정 최고형이 선고될지 감경될지의 여부를 결정할 수 있다.

범죄별로 서로 다른 형이 선고된다. 어떤 죄명으로 기소할지는 검사의 권한이기 때문에 유죄평결이 내려질 경우 피고인에게 어떤 형이 선고될지에 대해 상당한 영향력을 가진다. 예를 들어, 주법에 따르면 죄명에 따라 보호관찰 대상이 될 수도 있고, 안 될 수도 있다.

따라서 일정한 성폭행 사건에서 검사가 보호관찰이 가능한 죄명으로 기소하지 않거나, 유죄인정협상 결과 불가능한 죄명에서 가능한 죄명으로 변경하지 않는 한 판사는 보호관찰을 선고할 수 있는 법적 권한이 없다.

수사관들에게 검찰이 일정한 죄명으로 기소하는 방법에 대해 강의할 때마다 나는 지방검찰청의 캐시 스티븐슨에게 들었던 인상적인 조언을 인용한다. "당신이 기소하는 내용은 당신이 원하는 재판결과의 함수다." 무슨 뜻일까?

처음부터 재판의 최종결과를 예측해보고 최선의 목표뿐만 아니라 핵심목표를 파악해야 한다는 뜻이다. 예를 들어, 검사에게 유리한 사건인 경우 보호관찰이 허용되지 않는 죄명으로 기소한다. 피고인의 입장에서는 정식재판을 청구했다가 패소하게 되면 보호관찰의 기회를 잃고 구금형을 살게 된다는 사실을 인식한다. 반면 불리한 사건일 경우에는 보호관찰도 가능한 죄명으로 기소하게 된다.

도대체 왜 검찰은 성범죄자에게 보호관찰이 가능하도록 기소하려는 것일까? 해당 사건의 핵심목표가 무엇인지 알고 있기 때문이다. 앞서 설명한 대로 기소를 하려면 보강증거가 필요한데, 보강증거가 취약하다면 어떻게 해야 할까? 예를 들어, 가장 친한 친구 사이인 두 소녀가 피고인이 자신들을 침실에 감금하고 둘 다 강간했다고 신고한 경우를 가정해보자. 피고인은 얼마 전 소녀 중의 한 명과 헤어진 바람에 화가 나서 거짓말을 하고 있다고 반박한다. 나는 소녀들의 말을 믿지만 보강증거는 취약하다. 만일 피고인 측에서 피해자들이 어떤 동기를 가지고 모든 이야기를 지어냈다고 주장한다면 피고인 쪽에 승산이 있다. 최소한 내가 성범죄자라고 믿고 있는 자가 아무 책임도 지지 않고 풀려나는 것만은 원치 않는다. 게다가 항상 이렇게 '빠져나간' 범죄자들은 또 다른 범죄를 저지를 가능성이 있다.

그렇다면 해당 사안의 사실관계를 고려할 때 내가 재판에서 달성하려는 핵심목표는 무엇인가? 피고인을 몇 년간 감옥으로 보내고 싶은 마음은 간절하지만, 운에 맡겼다가 피고인이 무죄로 풀려날 큰 위험도 감수해야 한다. 내가 진정 바라는 목표는 성폭력을 방지하고, 전과기록을 남겨서 만일 피고인이 재범을 할 경우 범행전력이라는 보강증거가 될 수 있도록 하는데 있다. 그러므로 이런 유형에 해당하는 사건이라면 특히 성범죄자 신상등록명령이 포함되는 조건 하에 보호관찰이 허용되는 죄명으로 기소하거나 유죄인정협상도 기꺼이 하게 된다.

독자들 중에 이런 생각을 하는 사람도 있을 줄 안다. 이 검사가 제정신인가? 보호관찰은 범죄자를 풀어주는 것이나 마찬가지 아닌가?

꼭 그런 것만은 아니다. 모든 보호관찰처분에는 일정한 준수조건이 부과되며, 보호관찰관이 준수여부를 감독한다. 조건을 위반할 경우 처분이 취소된다. 다시 재판을 받고 감옥에 가야 한다는 의미다. 보호관찰처분을 받는 조건으로 유죄를 이미 인정했기 때문에 다시 배심재판을 받을 필요도 없고, 다시 유죄인정협상을 할 수도 없다. 보호관찰처분의 조건으로 판사가 정했던 장기구금형에 처해진다.

뿐만 아니라 검사, 피고인과 법원은 보호관찰 준수조건을 통해 피고인의 재범방지에 실질적으로 효과적인 맞춤형 처분을 부과할 수 있는 상당한 융통성을 갖게 된다. 표준적인 보호관찰 준수조건 중에는 보수를 받을 수 있는 직업을 구하거나, 학교를 다니거나, 벌금을 납부하거나, 법령을 준수하고 경찰이 요구할 때 신원을 밝혀야 한다는 내용들이 있다. 그 밖에도 피고인의 과거 특정 범행전력을 교정하는데 필요한 조건을 부과하기도 한다. 사안별 특화된 유형의 준수조건으로는 마약검사에 응하거나, 특정인이나 특정장소에 대해 접근을 금지하거나, 분노조절 프로그램 등 관련 상담을 받거나, 개인주거 수색과 범행 관련된 모든 증거압수에 동의하는 등의 내용도 가능하다.

일부 주州에서는 성범죄자에 특정된 보호관찰 준수조건을 규정하고 있다. 예를 들어, 보호관찰과 함께 성범죄자 신상등록을 하고 성범죄자 치료 상담을 받게 한다. 절대적 부과조건이기 때문에 유죄인정협상을 통해서도 면제되지 않는 경우도 종종 있다.

보호관찰 준수조건을 정하는데 있어서 검사와 판사는 피고인 범행의 중한 정도와 범행전력 그리고 사회적 안전 확보의 필요성을 고려한다. 준수조건으로 부과 가능한 내용은 다음과 같다.

- 위반 시 일정기간의 구금
- 가택구금
- 사회봉사노동
- 심리치료

- 성범죄, 가정폭력, 자녀양육, 분노조절 관련 수강
- 접근 및 출입금지 명령

보호관찰 준수조건을 부과하여 피고인의 행태를 교정함으로써 단순히 피고인을 감옥에 보내는 것보다 형벌의 목적, 즉 피해회복, 재사회화, 범죄방지가 좀 더 분명하게 실현될 수 있다. 뿐만 아니라 이러한 장점을 구금형과 결합하여 피고인이 출소한 후 일정기간 동안 적용되는 조건부 보호관찰을 부과할 수도 있다.

보호관찰 처분의 최대 장점은 보호관찰의 준수조건이나 법령을 위반한 경우에는 다시 재판을 거쳐 합리적 의심의 여지없는 유죄여부를 입증할 필요 없이 보호관찰 처분 당시 판사가 정한 법정최고형에 처해진다는 점이다.

유죄인정협상의 여부를 판단할 경우에는 협상조건을 제시하기 위해 다음과 같은 다양한 요소들을 고려한다.

- 유죄평결의 가능성
- 증언에 대한 피해자의 감정
- 배심원들이 피해자에 대해 갖게 될 인상
- 피고인이 석방될 경우 사회적 안전
- 피고인이 피해자에게 가한 신체적, 심리적, 감정적 침해
- 피해자의 의료비 등 피해배상에 대한 피고인의 의사와 배상 능력
- 잠재적인 미성년자 대상 성폭력 범죄자에 대한 일반예방효과

유죄인정협상에서 가장 큰 부정적 측면은 앞서 언급했듯이 피고인이 법정최고형보다 감경된 형을 받게 될 사실에 대해 피해자가 느끼는 고통이다. 게다가 결백하지만 재판을 받게 되면 유죄로 중한 형벌을 받게 될까 두려운 나머지 자신이 저지른 범행이 아닌 데도 유죄를 인정하고 협상에 응할 수밖에 없게 될 위험성도 있다. 심지어 유죄인정협상을 반대하는 사람들은 피고인의 배심재판과 재판을 받을 헌법적 권리를 타협을 통해 배제한다고 주장한다.

하지만 이제까지 설명한 이상으로 유죄인정협상의 장점이 있다. 유죄인정협상은 업무 부담이 과중한 기존 법원 시스템의 부담을 덜어준다. 피해자와 증인이 법정에 출석해 증언하고 교차신문에 응하면서 사건의 상처를 되살려야 하는 부담을 피할 수 있음은 물론이거니와, 직장과 학교를 쉬고 증언을 위해 출석하는 시간도 아낄 수 있다. 마지막으로, 납세자들에게는 공판진행과 법정 설치, 그리고 검사, 판사, 법원사무관, 법정경비 등의 인력을 유지하는데 필요한 세금을 절감하는 장점이 있다.

4. 절대적 최저형이란 무엇인가?

형사 사건의 진행방향을 결정할 우선권은 판사가 아니라 기소를 결정하는 검사가 가진다. 절대적 형벌이 규정된 죄명으로 기소한다면 검사는 사실상 '판사의 손을 묶어버린다.' 의회가 특정범죄에 관한 처벌규정에 절대적 최저형을 포함시킬 경우, 이는 해당 범죄의 모든 피고인에 대해서는 반드시 실정법상 규정된 특정형벌을 선고해야 한다는 의미다. 사안에 따라 판사나 배심원들의 적정 형량에 대한 개별적 판단이나, 다른 경우 감경이 가능한 상황의 고려도 허용되지 아니한다. 피고인이 절대적 최저형에 해당하는 범죄로 유죄평결을 받은 경우 판사는 예외 없이 해당 형벌을 선고해야 한다.

로스앤젤레스에서는 절대적 최저형을 널리 알려진 삼진법을 본떠서 원 스트라이크 아웃법이라고 부른다. 전형적인 절대적 최저형 법률에 따르면 특정 가중요소가 결합된 해당범죄에 대하여 유죄평결이 내려질 경우 판사는 피고인에게 단기 15년 내지 무기형(가석방 심사가 15년 이후에나 가능하다는 의미다) 또는 단기 25년 내지 무기형을 선고해야 한다.

절대적 최저형 법률이 유죄인정협상에 큰 영향을 미친다는 점은 충분히 예상할 수 있다. 검사가 기소한 죄명이 절대적 최저형에 해당되면 모든 당사자를 구속한다. 검사나 피고인도 구형내용의 변경을 협상할 수 없고, 판사도 다른 형을 선고할 수 없다. 피고인이 절대적 최저형보다 감경된 형을 선고받을 수 있는 유일한 방법은 검사가 피고인에 대한 기소 죄명을 변경하는 것인데, 배심원이 최종평결을 결정하기 전까지만 가능하다. 평결 이후에는 누구도 바꿀 수 없다. 절대적 최저형이 예상되는 피고인이 어떻게든 최고선고형인 무기형을 면하기 위해 25년, 26년, 27년, 심지어 32년 유기형에 기꺼이 응하는 경우도 종종 있다. 유죄인정협상 결과 32년형도 꽤 내 마음에 든다.

주州마다 양형기준이 다르지만, 대부분의 경우 적절하게도 성범죄에 대해서는 다른 중죄보다 장기형을 부과한다. 성범죄 피해자가 아동인 경우 일반적으로 형량이 더욱 가중되며, 또 마땅히 가중되어야 한다.

하지만 아동 대상 성범죄는 더 중하게 처벌되어야 한다는 데 일반적인 합의가 존재한다고 해서 절대적 최저형과 같은 양형재량의 박탈이 필요한 것은 아니다. 절대적 최저형이라는 강경대응의 그럴 듯한 겉모습에도 불구하고 계속 논란이 되고 있다. 입법자들은 미성년자 대상 성범죄를 저지른 범죄자에 대해 절대적 형벌을 부과하려고 하지만, 일부에서는 아동 대상 성범죄자에 대한 엄벌의 필요성을 인정함에도 불구하고 범죄자에게 성공적인 교정가능성이 있을 경우 감경의 재량이 유지되어야 한다고 믿는다. 예를 들어, 일부 주에서는 초범여부와 상관없이 13세 미만 대상 성폭행 범죄자인 경우 25년의 절대적 최저형을 제안하고 있다.

성범죄 양형은 범행 방식과 피해자의 미성년자 여부뿐만 아니라 범행 당시 미성년자의 나이에 따라 차이가 있다. 주에 따라 12-14세의 미성년자 대상 성폭행범은 14세 이상 미성년자 대상 성폭행범보다 장기형에 처해진다. 캘리포니아 주 양형기준에 따르면 14세 미만의 아동에 대한 음란 행위는 각각 3년, 6년, 8년형에 처한다.

양형에 영향을 미치는 또 다른 요소는 흉기를 사용하였거나 아동에게 성적 행위 자체 이외의 중한 신체적 해악을 위협한 경우다. 이러한 경우 많은 주에서는 형을 가중한다.

형량에 크게 영향을 미칠 수 있는 또 하나의 요소는 가해자가 두 차례 이상 피해 아동을 추행했거나 성폭행했는지의 여부다. 이러한 요소는 검사에게도 다루기 어려운 부분인데, 각 범죄행위별 증거가 충분하지 않다고 볼 경우에는 일정 기간 동안 자행된 하나의 범죄로 기소할 수도 있다. 피고인이 해당 기간 동안 추행과 강간 등 다수 유형의 범행을 한 경우라면 기소 대상 범죄의 수가 증가하는 만큼 형을 가중하게 된다.

또한 절대적 최저형은 동일 피고인에 대해 여러 건을 동시에 기소하는 검사의 결정에도 영향을 미칠 수 있다. 기소된 범죄 중 일부는 절대적 최저형의 대상이고, 일부는 그렇지 아니한 경우 배심원이 절대적 최저형의 대상이 아닌 범죄에 대해서만 유죄평결을 내린다면 결과적으로 절대적 최저형이 부과되지 못한다. 배심원들에게는 어떤 기소 범죄가 절대적 최저형에 해당되는지 알려주지 않기 때문이다. 따라서 배심원들이 복수의 기소 범죄 중 일부만 분리해 평결하는 경향은 기소 대상 범죄의 일부만 절대적 최저형의 대상인 경우 특히 문제의 소지가 있다.

5. 현실 파악

이 장에서는 유죄인정협상이나 공판과 유죄평결 이후 공식적인 절차 뒤편에서 성범죄자에게 선고되는 형량에 영향을 미치는 문제들에 대해 조명해보고자 한다. 피해자와 일반인들이 형사 사건에서의 유죄인정협상에 대해 분노하는 이유는 특정 사건에서의 협상 내용 때문이라기보다는 해당 사건의 협상에 내재된 요소들과 사고들에 대해서 알지 못하기 때문이라 생각한다. 현실을 올바르게 알려준다면 정식 재판을 진행할 경우의 위험을 상쇄하고 유죄인정협상으로 확실하게 유죄를 인정받는 방식을 대체로 수긍할 것이다.

대부분의 주에서는 피해자에게 자신과 관련된 사건의 진행상황을 고지 받을 권리, 소송절차에 참여할 권리 및 피해자 진술을 통해 진술할 권리를 법으로 인정하고 있다. 다만 내가 우려하는 바는 많은 검사들이 바쁜 업무로 인해 피해자와 피해자가족들에게 보장된 권리를 설명하고 절차진행에 대해 지속적으로 알려주고 참여케 하는데 필요한 시간을 내지 못한다는 점이다. 아동 성폭력 사건에서 피고인에게 중형을 선고받게 하는데 성공했다 하더라도 피해자와 피해자가족이 절차에 함께 참여하지 못했다면 이들의 치유와 회복에 별다른 도움이 못될 수 있다.

좀 더 시간을 내주고 이해를 구하며 설명을 한다면 피해자와 시민들 모두 사법 시스템, 그리고 유죄인정협상 및 양형과 관련된 현실 세계의 실무적 요소들에 대해 더 잘 이해할 수 있게 될 것이다. 올바른 이해가 부족하기 때문에 사람들은 엄중한 절대적 최저형이 좋은 제도이고, 유죄인정협상은 나쁜 제도라고 생각하기 마련이다. 하지만 이 같은 피상적인 반응은 얼마든지 유죄인정협상의 장단점에 관한 합리적인 공론으로 바뀔 수 있다. 피해자 관련 사건에서 증거의 강점과 약점이나 배심재판에 고유한 불명확성, 입증 기준, 판사의 양형 재량범위와 같은 요소들에 대하여 피해자와 시민들에게 시간을 들여 설명해 주어야 한다.

제12장
성범죄자 신상정보등록과 범죄예방

앤은 훌륭한 엄마다. 워킹맘으로서 죄책감을 느끼기는 하지만 자녀의 생활과 학업을 꾸준히 챙기고 있다. 늘 바쁜 일정이라 모든 일에 순서를 정할 수밖에 없기 때문에 부모가 자녀에 대해 '진짜' 걱정해야 할 일과 세상이 단순히 과장하는 일을 구분해야 했다. 앤은 내게 사실과 과장을 구분해서 자녀가 성폭력 피해를 입지 않도록 안전하게 보호하는 방법에 대해 물었다. 내가 익히 들어왔던 질문들이었다. "세상에 얼마나 많은 성범죄자들이 있는지 아는 검사가 어떻게 자기 자녀들을 밖에 나가게 할 수 있지요?" 앤의 말에 따르면 자신은 자기 아이 중 하나가 성폭행을 당할 수 있다는 생각만 해도 너무 당황스러운 나머지 자신의 동네에 성범죄자가 얼마나 있고, 누가 성범죄자이며, 어떤 범죄를 저질렀었는지는 고사하고, 성범죄자의 거주여부를 확인하기 위해 인터넷을 찾아보는 일마저도 엄두를 낼 수가 없다고 한다. 크게 심호흡을 하고 앉아서 바로 앤과 같은 부모들이 활용하도록 제공되어 있는 정보들을 함께 찾아보기로 했다. 이 장에서 독자들과 함께 해보고자 하는 일이 바로 이것이다.

1. 성범죄자 신상정보등록

인터넷에 대해 어떻게 생각하든 적어도 한 가지 훌륭한 점은 있다. 우리 아이들을 더 잘 보호할 수 있도록 도와줄 엄청난 양의 귀중한 정보를 활용할 수 있게 해준다는 사실이다. 이 같은 인터넷 정보자원 중에서도 온라인 성범죄자 신상정보등록부가 가장 유용하다.

성범죄자 신상정보등록은 성적 행위를 구성요건으로 하는 범죄로 유죄판결을 받은 전력이 있는 범죄자를 감독하고 추적하기 위해 마련된 제도다. 성범죄자의 소재를 추적함으로써 이들로부터 시민을 더 잘 보호한다는 취지다.

성범죄자 신상정보등록 제도는 우연한 사건의 산물이다. 2006년 연방의회가 제정한 아담왈쉬법(때에 따라 Adam Walsh Act의 약자 AWA, 또는 공식적인 법명인 Sex Offender Registration and Notification Act의 약자인 SORNA로 지칭한다)에 따라 인터넷에 공개되었다. 성폭행 피해자의 이름을 따라 법명을 붙이게 된 연유는 이 장에서 몇 차례 설명하겠다. 아담왈쉬법은 성범죄자 신상정보등록과 공개에 관한 최소기준들을 규정하고, 각 주州에 대해 2009년 7월 27일까지 이에 따른 조치를 이행하도록 의무를 부과하였다. 2006년법상의 기준에 따르면 아동 대상과 성인 대상 성범죄를 전혀 구분하지 않는다. 등록 대상은 성인범죄자뿐만 아니라 성인과 동일한 재판을 받은 소년범 그리고 특정 성폭행 중죄를 저지른 14세 이상의 소년범도 포함된다.

이 책을 집필하는 동안 2006년법 폐지운동이 한창이다. 지나치게 억압적이며 범죄자의 헌법상의 기본권을 침해한다는 이유다. 내 입장은 무엇일지 추측해보라. 아무튼 이 책에서 그런 논쟁에 말려들지는 않겠지만 현재 진행 중인 만큼 독자들은 나름의 입장을 가질 수 있으니 알아두어야 한다고 생각한다.

2006년법상의 최소기준에 따르면 등록 대상 범죄자는 출소와 동시에 등록해야 한다. 이후 범죄자는 매년 생일마다 등록을 갱신해야 하며 여행을 하거나, 직업을 바꾸거나, 취학, 노숙생활, 취직 등 신분에 변동이 있을 경우 3일 이내에 신고해야 한다. 일부 주에서는 폭력적 성범죄자인 경우 90일마다 등록을 갱신해야 한다.

앞서 설명한 대로 2006년법과 기타 관련법들은 논쟁을 불러왔다. 반대론자들은 지나치게 억압적이고 위헌적인 규정에 대해 우려할 뿐만 아니라 다양한 유형의 성범죄를 구별하지 못하는 법규정을 비판한다. 모든 성범죄가 폭력적인 범죄거나 특정한 고의를 필요로 하거나, 재범의 가능성이 있지는 않다. 그런데도 예를 들어 18세의 남자가 14세 소녀와 '합의한' 성관계로 인해 기소되고 유죄평결을 받은 경우에도 성범죄자로 등록되어야 한다.

한편 2006년법과 같은 강제적인 등록제도를 지지하는 사람들은 신상정보등록은 단지 범죄자의 범행 때문에 부과된 조치일 뿐이라고 본다. 폭력적 성범죄가 아닌 아동음란물 소지나 미성년 대상 성매매와 같은 성범죄 역시 등록 대상이어야 한다고 주장한다. 해당 범죄로 체포되면서 잠재적으로 더 중한 성범죄의 기회가 차단되었을 뿐이기 때문이다.

절충적인 입장에 따르면 어떤 유형의 행위가 등록 대상인지 제외 대상인지의 여부를 좀 더 명확하게 규정하고 전국적인 표준을 제시하고자 한다. 예를 들어, 캘리포니아 주에서는 의제강간죄의 경우 등록 대상이 아니지만 음란 행위는 등록 대상이다. 각 주州에서 등록 대상 성범죄에 대한 기준을 통일한다면 시민들이 성범죄자 신상정보등록을 적절하고 의미 있으며 효과적인 제도로 인정할 수 있을 것이라 생각한다.

메간(7세)은 그 나이 또래 여느 아이들처럼 상냥하고 호기심 많고 동물을 사랑하는 아이였다. 자연히 강아지를 보러 놀러오라는 옆집 아저씨의 초대에 응했다. 불행하게도 메간과 메간의 부모는 이웃 아저씨 제시가 성범죄 전과2범에 아동성애자라는 사실을 알지 못했다. 메간이 이웃집 강아지를 보러 놀러간 뒤 모든 부모가 가장 두려워하는 일이 일어났다. 제시는 메간을 강간 살해한 뒤 근처 공원에 사체를 유기했다. 메간의 부모는 성범죄 전과자가 길 건너편에 살고 있다는 사실을 알았더라면 절대 딸이 이웃집에 놀러가도록 내버려두지 않았을 것이다.

잘 알려진 이야기 아닌가? 물론이다. 끔찍한 범죄가 일어난 뒤 메간의 부모가 벌인 캠페인 결과 메간법이라고 알려진 법이 제정되었다. 비공식적으로 메간의 이름을 붙인 관련 연방법 및 주법에 따르면 경찰은 사회적으로 위험성 있는 등록 대상 성범죄자에 대하여 지역주민에게 고지할 의무가 있다. 메간의 부모와 사건 이후 대책의 필요성에 공감한 사람들의 노력 덕분에 이제는 전국 모든 주에서 메간법이 시행되고 있다.

많은 사람들이 성범죄자 신상정보등록제도의 시초는 메간이 살던 뉴저지 주의 1994년 메간법이라 알고 있는데, 사실 성범죄자 등록제도 도입운동은 또 다른 비극적 사건으로 촉발되었다.

1989년 10월 22일, 미네소타에 사는 제이콥 위터링(11세)은 동생인 트레버(10세), 친구인 아론(11세)과 함께 자전거를 타고 지역 편의점에서 비디오를 빌려 집으로 돌아가는 길이었다. 갑자기 도로 옆에서 복면을 한 남자가 총을 들고 나왔다. 아이들에게 자전거를 버리고 바닥에 엎드리라고 명령했다. 소년들에게 나이를 물어보더니 트레버와 아론에게 숲 쪽으로 뛰도록 하고 뒤돌아보면 쏴버리겠다고 했다. 제이콥은 유괴되었고, 오늘날까지 찾지 못했다. 범인을 체포하지도 못했다. 수사 결과 밝혀진 바에 따르면 지역 경찰이나 제이콥의 부모는 사건 현장 인근의 출소 후 범죄자의 사회적응을 돕기 위한 시설에 갓 출소한 성범죄자가 있다는 사실을 알지 못했다.

1989년 2월 제이콥이 실종된 지 넉 달 후, 제이콥의 부모는 제이콥 위터링재단을 설립했다. 제이콥의 엄마는 미네소타 주지사가 구성한 성범죄자 신상정보등록 개선대책팀에도 참여했다.

미네소타 주에서 성범죄자 신상정보등록제도가 성공적으로 도입된 후, 제이콥의 부모 위터링 부부는 연방 입법청원운동을 계속했다. 이들과 많은 지지자들의 노력 덕분에 1994년 제이콥 위터링 성범죄자 신상정보등록법이 제정되었다. 이 법에 따르면 50개주 모두 아동 성추행범을 비롯한 성범죄자 신상정보등록을 위한 효과적 프로그램을 시행해야 한다.

또한 1994년법에 따르면 '흉악성범죄자'로 규정된 위험성이 가장 높은 범죄자 유형에 대해서는 더욱 엄격한 기준을 마련해야 한다.

어떻게 연방의회가 주정부로 하여금 법을 제정하도록 하는 법을 만들 수 있는지 궁금한가? 예를 들어, 위터링법에 따르면 신상정보등록 최소기준에 따른 주법을 제정하지 않을 경우 주 및 지역경찰 지원 프로그램에 대한 재정지원의 10% 삭감을 감수해야 한다. 이 프로그램에 따라 각 주의 폭력범죄 및 중범죄자에 대한 형사 사법 시스템의 기능을 강화하기 위해 연방정부가 재정을 지원한다. 재정지원을 원한다면 관련법을 제정해야 하는 이유다. 물론 많은 주에서 자체적으로 관련법을 제정하고 있지만 연방법에 따라 신속한 제정이 가능하고, 최소기준에 따른 일관성도 확보된다.

또한 1994년법은 시민보호를 위해 필요한 경우 등록정보를 '공개할 수' 있도록 하였다. '공개할 수 있다'는 신중한 법용어를 사용함으로써 각 주에게 등록범죄자에 관한 정보공개여부를 판단할 재량권을 부여하였다. 즉 특정 성범죄자가 공공의 안전에 큰 위험이 될 경우에도 반드시 공개할 것이 요구되지는 않으며, 당국의 판단에 따른다.

위터링 부부는 성범죄자 신상정보등록제도를 규정한 연방법뿐만 아니라 일종의 정보공개제도를 위한 입법청원을 위해서도 노력했다. 1994년 3월 1일, 연방하원 법사위 범죄 및 형사사법소위 청문회가 개최되었다. 청문회는 감옥과 사회를 반복해서 오가도록 방치하는 미국 사법제도의 문제점과 재범방지를 위한 새로운 대책에 관한 증언을 들었다. 피해자와 피해자가족 대표 한 사람을 포함한 다섯 명의 증언자가 참석했다.

증언자는 마크 클라스, 위터링 부부, 슈미트 부부, 강간피해자였던 수잔 스윗서 버몬트 주 상원의원, 무장강도에 피살된 아들의 부모인 아담스 부부였다. 이들은 성범죄자 등록과 지역사회 주민들에 대한 정보고지의 연방법제화 필요성을 강조했다.

폴리(12세)의 아버지 마크 클라스는 클라스 아동재단을 설립했다. 폴리는 자신의 침실에서 친구들과 파자마 파티 도중 칼을 든 상습범죄자에게 납치되어 피살된 채 발견되었다. 클라스 아동재단은 아동대상 범죄방지를 위한 국내법 및 국제법의 실현을 위해 활동하는 비영리 아동보호단체다. 또한 마크 클라스가 설립한 단체인 Beyond Missing은 실종아동정보를 게시하고 관련 사법기관, 언론, 일반인들에게 배포할 수 있는 인터넷 기반 시스템을 제공한다.

캔자스 주 슈미트 부부는 강간살인 피해자 스테파니 슈미트의 부모다. 사건 당시 19세였던 스테파니는 목감기 증세가 있어 집까지 태워주겠다는 직장동료의 제안을 받아들였다. 하지만 친절이 아닌 비극적 사건의 시작이었다. 직장동료는 스테파니를 폭행 강간하고 살해했다. 범인이 강간 범죄로 10년을 복역한 성범죄자였다는 사실을 알지 못했던 것이다. 슈미트 가족은 스테파니 기념재단과 Speak Out for Stepanie(약칭 SOS)라는 비영리단체를 설립했다. SOS는 성범죄자에 대한 인식확대와 공공안전강화 입법을 위해 노력하고 있다. 가장 널리 알려진 성과는 흉악성범죄자를 무기한 격리구금하는 법의 제정이다. 모든 주에서 흉악성범죄자 수용치료처분법 내지 흉악성범죄자 민사구금법(Sexual predator commitment law 또는 Sexual predator civil confinement law에 따르면 성폭력범죄 전과와 정신이상 또는 인격장애로 인해 재범의 위험성이 있다고 판단되는 성범죄자의 경우 형벌이나 보안처분이 아닌 사법적 처분으로 치료목적의 격리수용을 할 수 있다 - 역주)이 제정되었다. 스테파니가 피살된 지 아홉 달 뒤, 스테파니 슈미트 흉악성범죄자법에 따라 수용치료 처분절차가 도입되었으며, 텍사스 주 내의 모든 성범죄자에 대하여 소급적용되었다. 각 주의 수용치료 사법처분 절차는 엄격한 일정요건 하에 형사처분이 아닌 사법처분으로 성범죄자를 정신치료시설에 격리수용하는 제도다. 해당 주법에 대해서는 위헌심판이 제기되었으나, 1997년 연방 대법원은 합헌결정을 내렸다.

수용치료처분 내지 민사구금 법률은 엄청난 제도다. 캘리포니아 주의 경우 흉악성범죄자대책법sexually violent predator law(약칭 SVP)이라고 부른다. 수용치료처분 절차에 따르면 다수의 성폭력 범죄를 저지른 성범죄자에 대해서는 가석방심사위원회나 교정당국의 사회적인 위험성 여부 평가에 따라 석방여부가 결정된다. 심사 결과 석방이 결정되더라도 사회에 대한 위협이 될 것이라 판단될 경우 주 교정당국은 계속 수용할 수 있다. 법원이 선고한 형량 또는 유죄인정협상 결과보다 더 장기간 구금될 수 있다는 의미다. 그래서 SVP는 유죄인정협상에도 도움이 된다. 검사 측에서는 감형을 조건으로 다수 성범죄의 유죄인정을 제안한다. SVP의 대상이 될 수 있게 하기 위해서다.

메간법 지지 부모 모임Parents for Megan's Law은 미국 내 모든 주의 성범죄자 신상정보등록 및 고지제도 실행을 평가하기 위한 전국조사를 2001년에 처음 시행한 단체다. 조사결과에 따르면 모든 주에서 관련법이 제정되어 있지만 통일성이 부족하다. 어디에 거주하는가에 따라 부모가 자녀를 어떻게 안전하게 보호할 수 있을지가 결정되는 셈이다. 나아가 같은 단체의 2003년 조사에 따르면 등록 대상 성범죄자의 약 25%는 해당 주의 등록요건을 준수하고 있지 않았다. 이는 전국적으로 관련 당국의 통제를 벗어난 성범죄자가 10만 명이 넘는다는 뜻이다.

조사결과를 발표한 메간법 지지 부모 모임 사무총장 로라 애이언은 지역사회단체에서 연방법무부에 이르기까지 제도실행상의 문제점과 허점도 지적했다. 이러한 자료는 새로운 입법과 연방차원의 메간법 중 성범죄자 고지제도규정의 개정에 기여했다. 그 결과가 2006년 아담월쉬 아동보호안전법Adam Walsh Child Protection and Safety Act이다. 앞서 설명한 성폭력범죄자등록 및 고지법SORNA을 말한다.

아담 왈쉬의 부모는 다른 관련법의 경우처럼 1981년 아들의 피살 사건 이후 2006년법의 제정을 위해 노력했다. 1982년 실종아동법 Missing Children Act, 1984년 실종아동지원법Missing Children Assistance Act 의 제정이 이들의 성과다. 1984년법에 따라 전국 실종 및 학대 피해아동보호센터National Center for Missing and Exploited Children가 설립되었다.

백악관은 왈쉬의 부모와 애이언 사무총장을 2006년법의 공포식에 초청했다. 아담 왈쉬의 25주기가 되는 날이었다.

  1981년 7월 27일 아담 왈쉬(6세)가 플로리다 할리우드 소재 쇼핑
몰 부근에서 유괴되었다. 아담의 사체는 할리우드에서 100마일 떨어
진 플로리다 주 경계 인근 수로에서 발견되었다. 오티스 툴리가 아
담을 납치 살해했다고 자백했지만, 3개월 후 진술을 번복하고 살해
사실을 부인했다. 아담의 아버지 존 왈쉬가 진행하는 텔레비전 프로
그램 America's Most Wanted(1988년부터 존 왈쉬가 진행하는 범죄자
공개수배 프로그램으로 20년간 1천 명 이상의 수배범죄자의 체포에 기여했
고, 50명 이상의 실종아동을 찾는 성과를 올렸다 - 역주)는 다음과 같이
설명하고 있다.

  사건 후 몇 주가 지나 사건 경과 중 가장 이상한 일이 벌어졌다.
플로리다 경찰국은 자동차 카펫 표본과 툴리가 타던 캐딜락을 잭슨
빌 연방법집행관 US Marshal 사무실로 보냈다. 누군가 툴리가 자백
을 번복했기 때문에 더 이상 증거가 되지 않는다고 여겼는지 카펫
표본을 내다버렸다. 차량도 중고차로 팔렸고, 나중에는 폐차되어 버
렸다. 증거가 소실되는 바람에 툴리의 캐딜락 카펫에서 DNA 검사
를 해볼 기회는 영영 사라져버렸다. 툴리는 자신이 아담을 죽인 범
인인지 단지 허위자백을 했던 것인지 끝내 밝히지 않은 채 1996년
래포드 교도소에서 사망하면서 진실을 무덤으로 가져가 버렸다("The
Story of Adam Walsh," www.amw.com).

증거의 소실에도 불구하고 2008년 12월 16일 플로리다 경찰국은 오티스 툴리가 아담 유괴살인의 진범임을 밝혀냈다. 이로써 사건은 최종적으로 종결되었다.

앞서 설명한 대로 1994년 제이콥 위터링법은 성범죄자 신상정보의 고지를 위한 법적 근거를 주州에 부여했을 뿐이었다. 적극적인 지역 사회 고지조치를 보장하지는 못했다. 그래서 부모들이 경찰서를 찾아가 정기적으로 고지를 확인하지 않는 한 흉악성범죄자가 바로 옆집으로 이사를 와도 결코 알 수가 없었다. 지금은 연방 성폭력범죄자등록 및 고지법에 따라 모든 주가 고지제도를 실행해야 한다. 앞서 설명한 대로 2009년 7월까지 모든 주는 이를 이행해야 한다.

성폭력범죄자등록 및 고지법은 성범죄자 등록기간의 연장, 직접 확인사항의 강화, 적극적인 성범죄자 정보고지 프로그램의 강화, 특정 소년성범죄자 등록조건의 강화, 동법 시행 이전 성폭력범죄 전과가 있는 성인범죄자로서 비非성범죄로 유죄평결을 받은 자에 대한 등록제도의 소급적 확대, 미국 내 입국 성범죄자의 등록 강화, 등록거부자에 대한 10년 이하의 중죄 처벌, 등록거부 및 등록연장 거부 범죄자 추적을 위한 연방법원집행관 재정지원을 규정하여 전국적으로 성폭력범죄자 등록과 고지제도를 크게 강화하였다. 또한 성범죄자에 대한 절대적 최저형을 상향조정하고, 인터넷상 아동 대상 성범죄의 형을 가중하고, 아동음란물방지 법규를 강화하였다. 그리고 같은 법에 규정된 제도 실행을 관리하고, 지방정부의 기금 실행지원을 위한 재정지원 프로그램을 관장하며, 관련 훈련 및 기술지원업무를 전담할 기관으로 연방법무부 산하 성범죄자 양형 · 감독 · 체포 · 등록 · 감시청Office of Sex Offender Sentencing Monitoring Apprehending Registering & Tracking(약칭 SMART)을 설립하였다.

그 결과 캘리포니아 주와 같이 상당수의 주에서는 부모들이 자신들의 지역 내 성범죄자의 거주 여부에 관한 정보를 찾기 위해 더 이상 경찰서까지 찾아갈 필요가 없게 되었다. 대신 편하게 자신의 집에서 인터넷으로 정보를 구할 수 있다. 성범죄자 신상정보공개 웹사이트는 현재 성범죄자의 거주 위치와 주소, 성범죄자의 성범죄 전력, 성범죄자의 키, 몸무게와 얼굴 사진과 같은 외형에 관한 정보 등 모든 유용한 관련 정보를 망라하고 있다. 부모들에게 특별히 중요한 특징은 다수의 신상정보공개 웹사이트들이 해당 성범죄자의 피해자가 아동인지의 여부를 명시하고 있다는 점이다.

이 같은 모든 법률과 지난 10년간 성범죄자 신상정보등록과 공개 분야에서의 큰 발전에도 불구하고 나는 여전히 우리가 더 노력했어야 하는 게 아닐까 하는 얼마간의 죄책감마저 든다. 우리는 더 나은 미래를 위해 노력해야 한다. 관련기술도 지속적으로 발전하고 있다. 그런만큼 필요한 입법을 추진하고, 범죄대책과 제도의 문제점을 개선, 해결해야 한다. 중요한 것은 예방이다. 그렇다면 무엇을 해야 할까? 등록 대상 성범죄자 감독을 개선할 수 있는 신기술을 더욱 유용하게 활용해야 하겠다. 등록 대상 성범죄자로 하여금 단순히 주소뿐만 아니라 자신의 컴퓨터와 인터넷 계정, IP 주소와 전화번호를 등록하는 방안도 구상해볼 수 있겠다. 수정헌법 제4조에 보장된 권리(불법적인 압수수색의 금지와 사생활을 보장받을 권리 – 역주)를 제한해야 하는 일이지만, 아동음란물 배포와 같은 범죄나 인터넷을 통해 피해자를 물색하는 성범죄자의 인터넷 공간상의 활동에 대해서도 당국이 감독권한을 가져야 한다고 생각한다. 또한 성범죄자들은 외국 여행 시에도 당국에 신고하도록 해야 하며, 테러리스트의 경우와 같이 통합된 국제적 등록 시스템을 갖추고 등록 대상 성범죄자들의 출입국을 감독해야 한다. 등록 대상 성범죄자들은 보호관찰 내지 가석방 기간 이후에도 평생 동안 상담치료를 받도록 해야 한다. 아동 대상 성범죄자로서 등록 대상이 된 자는 학교, 놀이터와 공원 등으로부터 일정 거리 이내에는 거주하지 못하도록 하는 일도 매우 중요하다. 이러한 법제도에 대해 극단적 제한 조치라는 인식도 있지만, 우리의 아이들을 재범의 위험성이 매우 높은 가해자들 앞에 노출시킬 이유가 없지 않은가?

2. 부모 역할만한 안전장치는 없다

독자들도 잘 알고 있듯이 성범죄와 아동보호가 내 업무다. 매일 매달리는 일이고, 항상 일 생각에 사로잡혀 있다. 나처럼 성범죄 전문가라는 사람도 이 책을 쓰고 있는 중에야 내가 살고 있는 주의 메간법 웹사이트를 마지막으로 검색한 지 적어도 대여섯 달이 지났다는 사실을 깨달았다. 얼마나 당혹스러운지! 내 이메일, 내 페이스북은 정기적으로 검색하고, 심지어는 세일 중인 핸드백이 있는지 인터넷 쇼핑은 빠지지 않고 찾아보면서 정작 일상적인 웹서핑 목록에 메간법 웹사이트는 빠져 있다. 지금 당장 성범죄자 신상정보등록 웹사이트를 검색해보라고 하면 독자들도 부지런히 찾아볼 것이다. 하지만 다음 주, 다음 달, 그리고 내년에는 어떻게 할까? 메간법 웹사이트를 북마크하고 즐겨찾기 상단에 옮겨두기 바란다.

진심으로 말하건대 늘 불안 속에 살아야 한다는 말을 하려는 게 아니다. 메간법 웹사이트를 검색한다고 해서 당신의 아이들을 안전하게 지켜줄 수 있다는 말도 아니다. 하지만 우리가 자녀를 돌보기 위해 일상적으로 챙기는 일들의 중요한 일부가 되어야 한다. 키보드 몇 번만 두드리면 적어도 내 집 근처, 내 아이의 친구 집과 학교 주변에 성범죄자가 거주하고 있는지를 알 수 있다. 지나치게 심각해지기를 바라지는 않지만 그렇다고 부모들을 안심시키려는 이야기만 중얼거리고 싶지 않다. 사실 성범죄자는 그야말로 어디에나 살고 있다. 성범죄자 정보는 단지 붙잡혀 처벌받은 자들에 한정될 뿐이다. 그러니 성범죄자 등록제도도 믿지 못하고, 경보장치, 최루가스 캔과 같은 '보안장비'를 사기 마련이다.

이런 호신용 장비들은 모두 훌륭한 물건들이다. 사람들을 안심시켜

주는 대단한 장비들이 시중에 나와 있다. 하지만 이런 장비들에 지나치게 의지하지 않도록 유의할 필요가 있다. 부모 역할만한 안전장치는 아무것도 없다. 전통적인 방식대로 자녀들과 대화를 나누고 소통하는 걸 대신할 만한 방법은 없다. 온라인 공간에서, 길거리에서, 학교에서 자녀들이 안전한 선택을 할 수 있도록 부모들이 가르쳐야 한다. 몇 가지 예를 들어보기로 하자.

자녀들이 인터넷을 통해 어떤 낯선 사람과 대화를 나눌 생각을 한다는 걸 알게 된 부모들은 당혹스러워 한다. 흉악성범죄자들이 인터넷을 사용해 범행에 성공할 수 있는 이유는 오늘날 부모가 자녀에게 충분히 베풀어주지 못하는 그것, 즉 전폭적인 관심을 보여줄 수 없기 때문이다. 형식적인 관심이 아닌 성의 있는 관심을 말한다. 성범죄자들은 인터넷상의 표적과 꾸준히 대화를 나눈다. 항상 경청해주고, 아낌없이 칭찬을 해주며, 아동의 일상에 적극적인 관심을 쏟아주고, 무조건 공감해주며 지지해준다.

흉악성범죄자들은 모든 아동이 바라는 걸 정확히 베풀어준다. 자신의 삶에서 가장 혼란스런 시기를 겪고 있는 모든 십대 청소년들이 가장 바라는 건 따지지 않고 열성적으로 성의를 다해 자신의 말을 들어줄 사람이다. 인터넷 공간상의 성범죄자들은 최신 유행과 은어를 포함해서 아동이 좋아하고 싫어하는 모든 일들을 파악하고 있다(메간이 동물을 좋아한다는 걸 알고 있었던 이웃사람을 기억해보라). 조나스 브러더스가 인기라면 성범죄자들도 잘 알고 있다. 이들은 시간을 들여 자신이 표적삼은 연령대의 아이들의 말과 행동을 파악한다. 열세 살 아이에게는 열 살인 것처럼 대화해서는 안 된다는 사실도 안다. 성범죄자들은 표적에 집중한다. 전적으로 아동에게 초점을 맞추고 관심을 보여준다.

일단 피해자의 신뢰를 얻고 나면 흉악성범죄자는 직접 만나자고 할 때까지 피해자 주변을 맴돈다. "놀랐지! 사실 나는 그동안 말했던 것처럼 그렇게 어리지는 않단다." 이런 식으로 자신을 드러내기도 한다. 거짓말이었다지만 아동청소년들은 자기보다 나이 많고 더 세련된 사람이 그처럼 자신에게 애써 관심을 보여준다는 사실에 여전히 우쭐한 기분을 느끼고 연락을 계속하는 경우도 많다.

100% 효과 있는 유일한 피임 방법은 금욕인 것처럼, 알지 못하는 사람으로부터 이메일, 문자나 메신저를 받았을 때 유일한 안전한 대응방법은 응답하지 않는 것임을 아이들에게 가르쳐야 한다. 그런 메시지를 부모에게 바로 보이도록 한다면 훨씬 좋은 방법이다. 만일 자녀가 그렇게 한다면 제발 아이들이 인터넷 사용을 못하게 하지는 말기 바란다. 자녀를 껴안아주고 대견하다고 말해줘야 한다. 자녀가 낯선 사람에게 온 메시지에 어떤 경우에도 일관되게 응답을 거절하기만 한다면 온라인 공간의 흉악성범죄자를 두려워할 필요가 없다.

피해자를 파악하고, 신뢰감을 쌓고, 성폭행을 위해 접근하는 방식은 인터넷상의 성범죄자나 다른 성범죄자나 차이가 없다. 인터넷상의 흉악성범죄자의 차이가 있다면 인터넷과 인터넷 사용의 본질적인 측면 때문이다. 즉 컴퓨터 화면 앞에 앉은 아동이 표적이 된다. 대개는 열린 공간이 아닌 침실이나 서재와 같은 사적 장소다. 이메일, 인터넷 메신저, 블로그나 소셜네트워킹 사이트의 광범한 용도와 접근성과 개인맞춤 서비스 때문에 아이들의 마음속에는 인터넷이 감정을 공유하고, 터부시되는 이야기도 나눌 수 있으며, 멀리 떨어진 곳에 사는 사람과도 대화하고, 실제 만날 수 없을 사람들과도 친구가 되는 천국과도 같은 공간이라는 인식이 형성된다(한 번도 보지 못한 사람과 펜팔을 해본 적이 있는가? 펜팔 친구와 어떤 종류의 이야기를 나누었는지 기억해보라).

인터넷상의 흉악성범죄자들은 아동의 욕구나 불안에 대해 잘 알고, 아동을 자신들의 뒤틀린 욕망을 채우기 위한 먹잇감으로 삼는다. 이러한 현실을 염두에 둔다면 앞서 내가 조언했던 안전대책이 어떠한 성범죄자 등록제도나 호신장비나 안전 서비스보다 훨씬 중요하다. 바로 전통적인 방식의 소통이다. 특별히 효과적인 소통을 할 수 있는 기회인 '교훈의 순간'을 놓치지 않도록 부모들에게 권하고 싶다.

교훈의 순간은 날마다 찾아온다. 자녀를 학교에 데려다줄 때, 외판원이 문을 노크할 때, 성범죄 사건이 뉴스에 나올 때가 바로 그런 순간이다. 뉴스를 예로 들어보자. 이런 생각을 하는 독자도 있다는 걸 안다. "뉴스라구요! 절대 안돼요. 내 아이가 그런 일들을 알기 바라지 않아요." 뉴스 기사나 프로그램은 악한 행동과 그 결과에 대해서, 그리고 가해자가 그런 일을 할 만한 사람이라고 아무도 생각지 못했다는 일도 자주 있다는 사실에 대해서 부모가 자녀들을 교훈할 수 있는 훌륭한 기회다(행동에는 결과가 따른다는 사실을 아이들에게 직접 보여주기보다는 말로 가르쳐줘도 된다).

자녀들이 뉴스에 나오는 이야기에 관해 무엇을 알고 있는지 물어봐야 어떤 형태의 행동이 옳지 못한지 가르쳐줄 수 있다. 대화를 한 후에는 자녀에게 무엇을 알게 되었는지 물어서 가르쳐준 내용을 얼마나 이해했는지도 살펴보아야 한다. 자녀가 질문을 더 하기 시작한다면 더 좋은 일이다. 물음에 하나하나 답해주면서 서로 마주 보고 계속해서 이야기를 나누어야 한다.

뉴스에 등장하는 성폭력 사건에 대해 이야기를 나눌 뿐만 아니라 아이들이 '불안하다는 본능적 느낌'을 알 수 있도록 가르쳐줄 필요도 있다. 공원에서 어떤 잘 생긴 낯선 사람이 쳐다보며 지나치게 자주 미소 짓는다면 불안감을 느껴야 할 경우다. 누군가 알지 못하는 사람이 선물을 주고 싶어 한다면 뭔가 옳지 못한 이유가 있을 것이다. 이 경우도 불안감을 느껴야 한다. 과민하게 불안해하는 자녀로 만들고 싶지는 않겠지만 단순히 "낯선 사람이랑 이야기하지 마라"는 말만으로는 효과가 없다. 대부분의 아이들이 어른을 믿기 쉬운데다가 갈수록 아동 성폭력범죄자들의 접근수법이 교묘해지기 때문이다.

나 역시 부모로서 우연히 기회가 올 때까지 기다릴 것이 아니라 지체 없이 가르쳐주고 싶은 교훈이 있다. 흉악성범죄자로부터 안전하려면 모든 연령대의 아동들이 알아두어야 할 가장 중요한 세 가지 사실이 있다.

첫째, 자신의 몸은 아동 자신의 소유다. 누구도 허락 없이, 특히 아동이 싫다고 그만 하라고 말했다면 만질 수 없다. 싫다고 말한다면 싫다는 뜻이라는 사실을 강조해둘 필요가 있다. 누군가 싫다고 하는 데도 설득하려 하거나 달콤한 말로 계속하려 하거나 의사를 무시한다면 틀림없이 위험한 사람이라 판단하고 경찰에 신고해야 한다.

둘째, 불쾌하거나, 이상하거나, 오싹하거나, 나쁜 기분이 들게 하는 일이 있으면 믿을 수 있는 어른에게 알려야 한다(꼭 부모일 필요는 없다. 어떤 어른이라도 믿을 만하면 된다).

셋째, 어른이라면 아이에게 비밀을 지키라는 말을 하지 않는다(다른 어른이 비밀을 말하면 안 된다고 한 경우라도 엄마나 아빠에게 말해야 한다. 그런 일로 혼나지 않는다).

시간을 내서 자녀와 안전에 관해 이야기를 나눠야 한다. 한 번으로는 안 된다. 이러한 교훈들을 익히려면 한 가지씩 집중해서 일정 기간 동안, 몇 주 이상 주입시켜야 한다. 예를 들어, 다섯 살 이하의 아동이 있는 가족들을 위해서는 엄마의 핸드폰, 집 전화, 할아버지와 할머니 또는 보호기관과 같은 중요한 전화번호를 외우게 하는 것도 좋은 안전교육이다. 안전교육이라고 굳이 말하지 않고 아이가 외울 때까지 노래나 게임으로 만들어 가르쳐줄 수도 있다.

안전교육을 시작할 최적의 나이는 따로 없다. 자녀가 말을 알아듣기 시작할 때부터 가능한 한 빨리 자녀양육의 일부가 되어야 한다. 아이가 자라가면서 자녀와 대화를 나누는 수준이 달라질 뿐이다.

예를 들어, 누군가에게 '나쁜 느낌'이 드는 경우에 관해 이야기를 해보자. 십대와 이야기할 때는 이런 말의 의미가 전달되겠지만, 더 어린 아이와 이야기할 때는 '너를 구역질나게 하거나 좀 무섭게 하는 사람'이라는 식으로 말하는 편이 낫다. '문 열어주기 전에 어른을 먼저 찾기'에 관해 이야기할 때도 더 어린 아이와 이야기할 때는 '집에 혼자 있을 때는 문을 열어주지 않는 법'에 대해서, 십대에게는 '항상 현관문 구멍으로 먼저 확인하기'에 관해서 말한다.

이 모든 안전교육을 다하기에는 너무 많다는 생각이 들 수도 있겠지만 부모로서, 보호자로서 아이들을 더 잘 지킬 수 있는 일이다. 여기까지 읽은 독자들이라면 아동 성폭력 관련 제도를 상세히 살펴보면서 성폭력 방지를 위해 필요한 일들을 이해하게 되었을 것이다. 예를 들면, 늘 하는 "낯선 사람이랑 이야기하지 마라"는 말에 관해서 앞서 설명했다. 낯선 사람이란 누구를 말하는가? 식료품점에서 계산원과 이야기하는 당신을 보고 있는 아이에게 계산원은 여전히 낯선 사람일까? 날마다 신문을 배달하는 소년은 당신의 아이에게 낯선 사람일까? 인터넷 게시판에 자주 인기 있는 글을 올리는 사람은?

뿐만 아니라 우리가 집에 없을 때 우리 아이들이 절대 문을 열어 주지 말아야 할 경우는, 예를 들어 길 건너편 새로 이사 온 이웃이 귀여운 강아지를 품에 안고 찾아올 경우다. 보모에게 문을 열어주는 건 괜찮지만 보모의 남자친구라면 그렇지 않다.

친척들의 경우도 마찬가지다. 기억나는 사건 중에는 부모가 학부형 회의로 학교에 간 사이 동생을 돌보며 집을 지키던 열다섯 살 소녀의 일이 있다. 자매 둘이서 텔레비전을 보고 있는데 갑자기 삼촌이 집을 찾아왔다. 이상한 느낌이 들었지만 낯선 사람이 아니라 친척이니 괜찮다고 여겼다. 삼촌은 소녀 곁에 앉더니 다리를 더듬기 시작했다. 이 소녀는 이런 행동을 그대로 두어서는 안 되며 어떻게 대처해야 하는지 아는 어른스러운 아이였다. 더 나쁜 일이 일어나기 전에 이렇게 말했다. "그만두세요. 경찰을 부를 거예요."

마지막으로, 부모들이 꼭 해야 할 중요한 일은 자녀들에게 언제나 무슨 일이든 찾아와 이야기해도 된다고 말해주는 일이다. 뿐만 아니라 두려워하거나 부끄러워하지 말고 언제든지 찾아와 말해도 된다는 믿음을 주는 일도 필요하다. 다시 말하지만 교훈을 줄 수 있는 작은 기회라도 놓치지 말고, 말해줘서 얼마나 기쁜지, 얼마나 자녀가 자랑스러운지 알게 해주어야 한다. 누군가 억지로 만졌다든지, 무슨 나쁜 짓을 했든지 당신의 자녀들에게 자신의 잘못 때문이 결코 아니라는 점, 부모에게 말했다고 해서 야단을 맞지 않는다는 점을 알려줄 필요가 있다.

이제는 독자들도 확실히 깨달았겠지만 우리 아이들을 흉악성범죄자들로부터 안전하게 지킬 수 있는 묘책이나 확실한 도구 따위는 없다. 다만 당신의 자녀가 내 책상 위의 사건 파일 속 피해자의 한 사람으로 올라올 위험을 줄일 수 있는 방법들은 있다. 뉴욕 몬테피올 의료원 아동병원 부설 아동보호센터 카렐 아마란트 소장의 말이다.

"아동 성폭력은 우리 모두가 관심을 가져야 할 문제다. 정말 아이 하나를 키우는데 마을 전체가 필요하다. 하지만 자녀의 안전을 지키는 방법은 가정 안에서 가르치고 배워야 한다. 부모들은 그 책임을 아주 중하게 여겨야 한다."

흉악성범죄자로부터 자녀를 지키기 위해 부모들이 책임감을 가지고 최선을 다할수록 연방의회, 주州의회, 판사와 검사와 변호사들 역시 책임감을 느끼고 지원해야 한다는 압력을 받게 된다.

이 책의 저자는 1999년부터 2009년까지 로스앤젤레스 지방검찰청 검사로 일하면서 아동 성폭력 사건을 전담했다. 현재는 UCLA 대학과 LA 경찰국 등 각종 기관에서 형사정책과 범죄학을 강의하며, FOX 11, NBC, ABC 등 각종 방송에 성범죄 사건관련 전문가로 고정출연하고 있다.

이 책은 전문연구서라기보다는 날로 심각해져 가는 성폭력 문제로 어린 자녀의 안전을 걱정하는 부모들을 대상으로 집필했으며, 아동 성폭력 사건현장을 직접 경험한 검사의 입장에서 실제 문제점과 현실적 대책을 비교적 쉽고 상세하게 알려준다. 아동 성폭력이라는 참혹한 실상을 적나라하게 드러내 보여주는 만큼 쉽게 읽을 수 있는 책은 아닐지도 모른다. 하지만 우리의 무지와 무관심 속에 성범죄가 더 심각해질 수 있기에, 아동 성폭력에 대한 이해와 관심은 더욱 중요하다.

이 책은 미국 검사가 미국의 현실을 소재로 저술했지만, 우리나라의 아동 성폭력 문제와 관련해서도 귀담아 듣고 배울 만한 내용이 풍부하다. 책을 읽다보면 '불편한 진실'과 마주치지 않을 수 없다. 아동 피해자와 그 가족의 피해현실만 끔찍한 게 아니다. 아동 성폭력의 대부분은 낯선 괴물이 아니라 가족이나 친지가 가해자다. 성범죄자 남편과 아들을 편들고 피해자를 적대시하는 아내와 엄마들의 추악한 모습도 있다. 하지만 아동 성폭력의 실상을 이해해야 올바른 대책을 세울 수 있다.

범죄통계를 봐도 아동 성폭력 사건의 늘고 줄어드는 수치만으로는 현실이 얼마나 심각한지 알기 어렵다. 범죄통계는 실제 일어난 범죄의 일부분만 반영되어 있기 때문이다. 외국의 경우 엄벌에 처한다는 단순비교만으로 우리 법제도가 아동 성폭력범죄자를 효과적으로 처벌하고 있는지 여부를 평가하기도 어렵다. 실제 중한 벌을 받는 범죄자는 극히 일부에 불과하며, 형벌만으로 범죄예방이나 재범방지가 어렵기는 외국과 우리나라의 사정이 다를 바가 없기 때문이다. 게다가 언론에 보도되는 사건들은 아동 성폭력의 극히 일부만을 보여줄 뿐이다. 사건이 터질 때마다 분노하고 두려워하기만 해서는 효과적인 대책이 나올 수 없다.

참혹한 아동 성폭력 사건이 발생할 때마다 사회적인 관심이 높아지면서 형벌을 높이고 범죄자 감시를 강화하는 각종 대책과 제도가 늘어나고 있지만, 자녀를 둔 부모들을 안심시킬 만한 수준에는 미치지 못하는 것도 사실이다. 아동 성폭력 예방과 안전대책, 가해자 처벌과 치료, 피해자 보호와 지원제도가 실제 효과를 거두려면 많은 시간과 자원이 체계적으로 투입되어야 하기 때문이다.

그래서 국가의 책임 못지않게 부모의 책임, 이웃의 관심도 반드시 필요하다. 저자 역시 어린 딸을 키우는 엄마된 입장에서 성폭력 예방을 위해 자녀들을 어떻게 교육해야 할지 상세하게 조언하는 내용 또한 이 책의 큰 장점이다. 저자는 아동 성폭력 범죄자들의 특성을 설명하고, 이어서 아동 성폭력 방지를 위한 국가적 대책과 아동 성폭력으로부터 자녀를 지키기 위해 부모가 할 수 있는 일을 상세히 알려준다. 나아가 아동 성폭력 범죄자를 수사·처벌하고, 피해자를 보호·지원하는 기관과 단체, 전문가들의 체계적 협력을 강조하면서 연계·협력의 현실적 방안도 제시한다. 무엇보다 아동 성폭력 예방은 국가기관에만 맡겨둘 수 없는 과제다. '아동성폭력은 우리 모두가 관심을 가져야 할 문제다. 정말 아이 하나를 키우는데 마을 전체가 필요하다. 하지만 자녀의 안전을 지키는 방법은 가정 안에서 가르치고 배워야 한다. 부모들은 그 책임을 아주 중하게 여겨야 한다.'

아동 성폭력을 일러 '영혼을 파괴하는 범죄'라고들 한다. 피해자와 피해자 가족의 몸과 마음에 깊은 상처를 줄 뿐만 아니라, 이웃과 지역사회의 공존기반도 위태롭게 한다는 점에서 '공동체를 파괴하는 범죄'라 불러 마땅하다. 아동 성폭력 사건이 터질 때마다 어른들만 분노하고 두려워하는 게 아니다. 자기 또래들이 성범죄 피해자가 되는 사건을 거듭 목격하면서 우리 아이들이 불안 속에서 성장해야 한다는 게 더 큰 문제다. 두려움과 위험 속에 방치된 채 성장한 세대가 책임질 우리 사회의 장래 역시 불안해질 수밖에 없기 때문이다. 그러므로 아동 성폭력에 엄격히 대응하고, 피해자를 충실히 보호하는 일은 사회 존립과 공존의 근본과제로 인식해야 한다. 이 책을 통해 아동 성폭력 문제현실을 올바로 이해함으로써 아동 성폭력 방지를 위한 사회적 관심이 높아질 수 있기를 기대한다.

김한균

아이 하나 키우는데 마을 전체가 필요하다

지은이 | 로빈 삭스
옮긴이 | 김한균
펴낸이 | 박영발
펴낸곳 | W미디어
등록| 제2005-000030호
1쇄 발행 | 2014년 7월 17일
주소 | 서울 양천구 목동서로 77 현대월드타워 1905호
전화 | 02-6678-0708
e-메일 | wmedia@naver.com

ISBN 978-89-91761-74-2 03330

값 13,800원